高职高专财经类专业规划教材

消费心理学

杜明汉　主编

中国财政经济出版社

图书在版编目（CIP）数据

消费心理学/杜明汉主编．—北京：中国财政经济出版社，2011.1
高职高专财经类专业规划教材
ISBN 978－7－5095－2683－5

Ⅰ．①消… Ⅱ．①杜… Ⅲ．①消费心理学－高等学校：技术学校－教材 Ⅳ．①F713.55

中国版本图书馆 CIP 数据核字（2010）第 253549 号

责任编辑：洪　钢　　　　责任校对：徐艳丽
封面设计：无极书装　　　　版式设计：兰　波

中国财政经济出版社 出版
URL：http：//www.cfeph.cn
E－mail：jiaoyu @ cfeph.cn

社址：北京市海淀区阜成路甲 28 号　邮政编码：100142
发行处电话：88190406　财经书店电话：64033436
北京财经印刷厂印刷　各地新华书店经销
787×1092 毫米　16 开　14 印张　332 000 字
2011 年 1 月第 1 版　2013 年 5 月北京第 2 次印刷
定价：20.00 元
ISBN 978－7－5095－2683－5/F·2283
（图书出现印装问题，本社负责调换）
本社质量投诉电话：010－88190744
反盗版举报热线：88190492、88190446

总序

高职高专财经类专业规划教材是为了深入贯彻《教育部关于全面提高高等职业教育教学质量的若干意见》（教高〔2006〕16号）、《教育部、财政部关于实施国家示范性高等职业院校建设计划，加快高等职业教育改革与发展的意见》（教高〔2006〕14号），满足高等职业院校财经类专业高素质技能型专门人才培养的需要而开发编写的。

一、课程改革调研与系统化设计

通过行业背景分析、人才需求调研、生源状况分析、召开校企合作专业建设委员会会议等方式，及时跟踪财经类各专业发展趋势和动态，参考《普通高等学校高职高专教育指导性专业目录专业简介》，依照职业标准和企业用人单位的岗位要求，我们确定了市场营销专业的培养目标和所主要面向的职业岗位（群），在此基础上系统化设计课程体系，以充分满足高职高专院校培养工商企业一线的营销人员和营销管理人员的教学需求。具体课程有：《商品学基础与实务》、《消费心理学》、《市场营销学概论与实务》、《市场调查与预测》、《市场营销策划》、《广告理论与实务》、《国际贸易理论与实务》、《推销技术》、《公共关系》、《商务礼仪》、《商务谈判》等课程。

二、教材编写理念

本系列教材力求突出两大理念：一是校企合作开发，课证深度融合，充分体现职业性、实践性和开放性；二是从学做分离转向工学结合，促进综合素养提高，突出学生学习能力、实践能力、创新能力和就业能力培养。

三、教材特色与创新

本系列教材在编写上具有一定的特色和创新性，主要体现在以下几个方面：

1. 在教材内容的设计上注重以学生为本位，力求体现以业务流程引导教学流程，以知识模块整合培养综合应用能力，加强教材帮助学生将理论转化为能力的实训功能，推动以教师为主导、学生为主体的教学观念的转变和教学方法的改革。

2. 在教材体例设计上，结合学生将来就业去向以及从事该领域工作应具备的能力和职业要求来确定每门课程的教学目标和教学要求，然后对此进行分解形成细化的目标和要求，在此基础上架构教材的框架结构，对知识进行重组和序化。教材编写突破传统体例，每章设计了知识要点、能力目标、导入案例。每章中有同步案例、同步实训，章后有本章知识脉络、导入案例点评、思考与练习（包括理论部分题和实务训练题），既有利于老师组织教学，又便于学生自主学习。

3. 教学目标定位准确，教学内容与职业岗位充分对接。本系列教材在教学目标定位上，既关注学生专业能力的培养，又注重学生社会能力和方法能力的培养，既为培养学生胜任职业岗位能力服务，又为学生可持续发展奠定基础。教学内容与推销员、营业员、收银员、采购员等岗位职业能力要求充分对接，强调岗位分工与协作，促进综合职业素养养成，将企业真实工作任务改造后作为学习任务，实现教学过程与工作过程的统一。教学内容的前后排序符合学生的认知规律。

4. 课证深度融合。本系列教材教学内容与商业营业员职业资格证书、推销员职业资格证书、收银员职业资格证书等职业证书考试内容相融合，通过本课程学习后可以考取相关职业证书。

5. 持续改进。首批推出的11种教材，仅仅是我们面向企业、面向社会，在职业化和专业化两个方面对教材进行改革的初步尝试，在课程设置和教材编写方面，还可能存在这样或那样的问题，我们会不断汲取教学实践和社会各界的反馈意见，经过修订完善，把本系列教材打造成经得起时间和实践检验的高水平、有特色的精品教材。

中国财政经济出版社

2011年1月

前言

随着我国社会主义市场经济的快速发展，人们收入水平不断提高，消费者的消费需求越发复杂多变，市场的主宰已经转移到消费者手中，争夺消费者成为企业竞争的焦点，本书以市场营销领域的心理活动及其规律为研究对象，以培养学生分析营销心理，运用心理策略的技能为目标定位，为学好营销系列课程提供心理技能基础。

本书是根据高职高专市场营销专业教学特点，紧紧围绕教育部《关于全面提高高等职业教育教学质量的若干意见（教高［2006］16号)》文件精神，突出市场营销专业人才培养方案的特点；紧紧围绕市场营销过程中的消费者购买心理和行为，选择重组教材知识体系；紧紧围绕消费者心理这个主题，分析研究消费者与营销人员互动中的心理与行为，较为完整、系统地提供了市场营销专业学生在市场营销活动中所涉及的各种心理学知识。

本教材力求做到学思结合，注重知行统一，着力为启发式、探究式、讨论式、参与式教学提供教学内容和素材。具体讲有以下几个特点：一是在内容的选取上对原理等陈述性知识适当压缩，着力扩充“实务”、“案例”实训等程序性知识。二是在案例、实训资料的选取上力求中、西结合，突出中国特色，力求有典型和示范性。三是在教材体系设计上把教、学、做有机地结合起来，突出职业能力、职业道德的教育。四是围绕营销工作综合性、实践性和创新性等特点，通过设计案例分析、同步训练、业务模拟训练等教学内容和方式，突出营销职业能力、职业核心能力的培养。五是教材形式新颖，每章设计了知识要点、能力目标、导入案例。每章中有同步案例、同步实训，章后有本章知识脉络、导入案例点评、思考与练习（分理论部分训练题和业务模拟训练题），既有利于教师组织教学，又便于学生自主学习。

本书由山西金融职业学院杜明汉教授担任主编，山西财贸职业技术学院孙金霞教授担任副主编并负责编写提纲、统筹和定稿。具体分工如下：山西金融职业学院郝春霞编写第1章、第2章、第3章，刘巧兰编写第8章、第9章，孙金霞编写第4章、第5章、第6章，杜明汉编写第7章 、第10章。

本书在编写过程中，参阅了大量中外有关消费心理学方面的教材和文献资料，在此谨向这些教材和文献资料的著者、编者表示衷心的感谢，由于编者水平有限，书中疏漏之处在所难免，恳请同行专家批评指正。

编　者

2011年1月

目 录

第1章 绪 论 …… (1)
1.1 消费心理学的研究对象 …… (2)
1.2 消费心理学的研究方法 …… (5)

第2章 消费者心理活动过程 …… (14)
2.1 消费者的认识过程 …… (15)
2.2 消费者的情感过程 …… (21)
2.3 消费者的意志过程 …… (23)

第3章 消费者个性心理 …… (31)
3.1 消费者个性概述 …… (32)
3.2 消费者个性心理特征 …… (34)

第4章 消费者购买心理 …… (52)
4.1 消费者需要心理 …… (53)
4.2 消费者购买动机心理 …… (59)
4.3 消费者购买决策和购买行为心理 …… (66)

第5章 消费者群体与消费心理 …… (77)
5.1 消费者群体心理概述 …… (78)
5.2 家庭与消费心理 …… (81)
5.3 社会阶层与消费心理 …… (85)
5.4 不同年龄、性别消费者群体的消费心理 …… (89)

第6章 商品因素与消费心理 …… (101)
6.1 新产品开发推广的心理策略 …… (102)
6.2 商品名称、商标设计的心理策略 …… (107)
6.3 商品包装的心理策略 …… (114)

第7章 商品价格与消费心理 …………………………………………… (124)
7.1 消费者的价格心理 …………………………………………… (125)
7.2 商品定价的心理策略 …………………………………………… (131)
7.3 商品调价的心理策略 …………………………………………… (136)

第8章 营销信息传播与消费心理 …………………………………………… (144)
8.1 广告信息传播与消费心理 …………………………………………… (145)
8.2 人员推销过程中的心理策略 …………………………………………… (153)

第9章 营销环境与消费心理 …………………………………………… (165)
9.1 商店外部环境设计的心理功能 …………………………………………… (166)
9.2 商店内部环境设计的心理效应 …………………………………………… (173)
9.3 服务环境与消费心理 …………………………………………… (179)

第10章 网络营销与消费心理 …………………………………………… (190)
10.1 网络营销与网络消费者 …………………………………………… (191)
10.2 网络消费者的需求、动机和购买行为 …………………………………………… (195)
10.3 网络营销与消费心理 …………………………………………… (203)

主要参考文献 …………………………………………… (213)

第 1 章
绪　　论

知识要点　(1) 消费心理；(2) 消费行为；(3) 消费心理与消费行为关系；(4) 购买使用商品时产生的各种心理现象；(5) 心理活动的规律性；(6) 定性、定量研究消费心理的方法。

能力目标　(1) 能够阐述消费心理应用的基本内容；(2) 运用消费心理应用的方法分析消费心理和行为；(3) 培养学生依照职业道德和职业规范与标准，分析企业营销行为的善恶。

导入案例

一次性尿布的故事

一次性尿布在产品推广的初期，广告诉求的重点放在方便使用上，结果销路不畅。后经调查了解，仔细分析消费者的心理，方知该尿布虽然被母亲们认同，确实使用方便，省去了洗尿布的麻烦，但广告关于省事省力的宣传却使她们产生了心理上的不安：如果仅仅是方便使用而无其他品质，那么，购买、使用这种一次性尿布，只是为了母亲图省事，自己就好像成了一个懒惰、浪费的母亲，婆婆也会因此责备自己。鉴于此，新广告着重突出该尿布比布质更好、更柔软、吸水性更强、保护皮肤，婴儿用了更卫生、更舒服等特点。把产品利益的重点放在孩子身上，淡化了对于母亲方便省事的描述。于是，一次性尿布就受到了母亲们的普遍欢迎，因为它既满足了她们希望婴儿健康、卫生、舒适的愿望，又可心安理得地避免懒惰与浪费的指责，同时兼顾了两方面的心理满足。从此一次性尿布开始流行起来。

（资料来源：http：//www. 17pr. com/html/40/n－112540－2. html。）

一次性尿布的故事告诉我们，对于消费者的购买心理的深层把握是非常重要的。在消费者的心目中，产品的价值有时不表现在其物理特性上，而是体现在商品所表达的行为特点或心理特点方面。而这些行为特点和心理特点又常常是隐含着的，存在于深层心理之中，这就需要我们运用消费心理学的分析方法将它们挖掘出来。

1.1 消费心理学的研究对象

任何一门学科必须要有独立的、不同于其他学科的研究对象，否则就不能成为一门独立的学科。消费心理学的研究对象就是消费者在市场经济活动中，在购买、使用商品时产生的各种心理现象、心理活动及其所特有的规律性。

1.1.1 消费者心理现象

消费者心理现象是消费者在交易活动中产生的、客观的心理活动，是影响消费者购买的基本因素。

1. 消费与消费者

消费是指人类消耗物质生活资料和精神产品。消费的主体被称为消费者。

（1）消费

消费是一种行为，是消费主体出于延续和发展自身的目的，有意识地消耗物质资料和非物质资料的能动行为。从广义上讲，人类的消费行为可划分为生产消费和个人消费两大类。

生产消费是指在社会再生产过程中，生产过程要消耗原材料、燃料、工具设备、人力等。

个人消费是指人为了维持生存与发展，需要消耗各种物质资料、劳务和精神产品，这是人类社会最大量、最普遍的经济现象和行为活动，是进行劳动力再生产的必要条件。个人消费是一种最终消费，消费心理学研究的范畴就是消费者的个人消费。

（2）消费者

消费者是指在不同的时空范围内参与消费活动的个人或集体。

从消费过程的角度讲，消费者指各种消费品的需求者、购买者和使用者。

从在同一时空范围内对某一消费品的态度来看，消费者可分为现实消费者、潜在消费者和永不消费者。

从消费单位的角度讲，消费者可划分为个体消费者、家庭消费者和集团消费者。

2. 消费心理与消费行为

任何一种消费活动，都是既包含了消费者的心理活动又包含了消费者的行为活动。准确把握消费者的心理活动，是准确理解消费行为的前提，消费心理是消费行为的内在动力，而消费行为是消费心理的外在表现，消费行为比消费心理更具有现实性。

（1）消费心理

消费心理是指人作为消费者时的所思所想，是消费者在购买、使用和消费商品过程中的一系列心理活动。消费者在消费过程中的偏好和选择，各种不同的行为方式无一不受其心理活动的支配。如，消费者是否购买某种商品，购买某种品牌、款式，何时何地购买，采用何种购买方式以及怎样使用等都和不同消费者的情感、兴趣、气质、性格、能力、价值观念、思维方式以及相应的心理反应密切相关。

(2) 消费行为

从市场流通角度观察，消费行为是指消费者对于商品或服务的消费需要，以及使商品或服务从市场上转移到消费者手里的活动，是消费者为满足需要和欲望而寻找、选择、购买、使用、评价及处置消费物品或服务时所采取的各种活动和过程。我们每一个人都是消费者，每时每刻都在消费，消费行为看上去似乎非常简单和平淡，但每一个消费者的心理和行为却又相当的复杂和多变。消费行为与产品或服务的交换密切相关。在现代市场经济条件下，企业研究消费行为是着眼于与消费者建立和发展长期的交换关系。为此，不仅需要了解消费者是如何获取产品与服务的，而且也需要了解消费者是如何消费产品，以及产品在用完之后是如何被处置的。

1.1.2 消费者心理活动

消费者的各种心理活动受市场经济的影响，受现代市场营销活动所制约。市场营销作为整个社会经济活动的一部分，对消费者的消费心理和行为有重大影响作用。

1. 消费者个体心理活动

从个体角度看，消费心理现象是消费者个人行为的心理表现，必然受消费者个性心理特征所左右。消费者在市场活动中所产生的感觉、知觉、记忆、注意、想像、情绪、思维等心理活动过程，表现出人类心理活动的一般规律。而消费者个人稳定的、本质的心理品质，形成消费者消费心理个性。这种个性在市场营销活动中，表现出消费者在气质、性格、能力等方面的差异，并由此构成消费者购买动机和购买行为的基础。

消费者在市场中，产生对商品、购物环境、广告促销的知觉、注意、记忆，并由此产生对商品消费行为等的认识过程、情感过程、意志过程，这些心理活动既有共性，展示消费者一般的心理规律，又有其个性，由于消费者的能力、气质、性格而产生的消费行为的各种差异。

消费者在市场活动中，受诸多心理因素影响而产生消费行为，其中最重要的、最直接的心理因素就是需要和动机。在工作和生活中，人们由于各种物质的、精神的因素，产生了心理需要，为满足这种心理需要而指向某种具体的商品，就产生了购买动机，进一步发展就可能产生购买行为。

消费者在市场活动中，受商品、购物环境、广告促销等的影响，会产生品牌偏好心理，也会有逆反、预期等心理倾向。

消费者的购买行为是消费者心理活动的外在表现。通过对消费者购买行为的分析，我们可以发现影响消费者心理的内在因素，进而认识消费者心理活动过程，找出消费者形成购买动机、购买决策的基本模式。

2. 消费者群体心理活动

虽然消费者的购买活动是个人行为，但从社会总体去考察，消费者心理和行为又带有群体性的特点。在社会活动中，消费者由于年龄、职业、性别、收入水平、社会地位、民族、宗教信仰相同，在消费行为、消费心理上表现出很大的相似性，由此构成了消费群体。研究这些消费群体的消费心理，可以使我们更好地把握消费心理的共性，认识消费心理的规律性。

消费群体心理有许多共同的表现，由于某一群体共同生活在某一社会阶层，对其进行深入研究，我们可以发现构成消费群体的社会关系、社会环境以及由此形成的共同的消费观念和消费习惯。

3. 消费心理与社会环境

在当代社会中，消费者的消费活动都是在一定的社会环境中进行的，消费者个人或群体的消费心理在很大程度上受社会环境的制约和影响；另一方面，消费者的行为也会在不同程度上影响和作用于环境。因此，研究消费心理需要分析社会环境因素对消费心理的影响。

社会环境因素涵盖面很广，包括社会文化、社会阶层、家庭、相关群体等。

社会阶层是社会中按某种层次排列，同质且具有持久性的群体，同一阶层的人有相似的社会经济地位。同一阶层的人，经济状况、生活背景、受教育程度相近，其生活习惯、消费水准、兴趣爱好相近，对某些商品、品牌、商店、闲暇活动、传播媒体有共同的或接近的心理偏好，在消费活动中，受周围人的影响，会产生相同或相似的心理动机。个人的态度、心理偏好和消费行为会受相关群体的直接影响。家庭是最重要的相关群体，在消费心理形成中起着至关重要的影响作用。

4. 消费心理与市场营销

在市场经济中，企业的市场营销活动同样影响消费者心理与行为。市场营销是商品生产者、经营者围绕市场交换活动而进行的产品设计、开发、命名、定价、包装、分销渠道选择、促销、广告宣传、销售服务、营销场景布置等一系列活动。市场营销的目的是满足消费者需要，激发消费者购买动机，促成购买行为，实现商品的销售。

企业的市场营销活动要围绕消费者进行，要以最大限度地满足消费心理愿望而制定营销策略，要迎合消费者心理，满足消费需求，适应消费习惯，促成购买行为。总之，市场营销的一切活动都是围绕消费者进行的，它对消费心理会产生不同的影响。

由此可见，消费心理与市场营销相互影响、相互作用，两者之间存在着密切联系。市场营销既要迎合消费心理，又要引导消费心理。而研究消费心理，有利于企业搞好市场营销活动，提高营销效果，因而市场营销是研究消费心理的重要内容。

同步案例1-1

“孩之宝”的成功之道

背景资料：

美国玩具行业的“孩之宝”跨国公司生产的玩具变形金刚，曾在美国市场上非常走俏，在赚了13亿美元之后，孩之宝跨国公司将目光瞄准了中国市场，他们认为，虽然，目前中国人民收入水平比较低，但是独生子女政策的普遍实行使家庭对子女的智力开发和教育非常重视，变形金刚玩具在中国的市场潜力巨大。

为了扩大变形金刚玩具在中国的销售量，他们没有采取通常的营销方法，而是首先将一套名为“变形金刚”的儿童动画片无偿赠送给广州、上海及北京等几个大城市的电视台播放。半年之后，等我国广大少年儿童对动画片中的“威震天”、“擎天柱”耳熟能详、津津乐道时，他们便不失时机地将变形金刚玩具大规模推向中国市场，摆放到各大商场的柜台上。眼看自己梦寐以求的大大小小的各种变形金刚呈现在眼前，孩子们兴奋异常，家长们爱子心切，纷纷慷慨解囊，一时间，变形金刚玩具风靡中国各大城市。

问题：

在这个案例中主要说明了什么问题？对你有什么启示？

分析提示：

美国玩具商——“孩之宝”跨国公司深谙中国人爱子心切，对独生子女舍得投资、依顺的心理，先以一部动画片赢得儿童的心，再去赚其父母的钱的文化先行心理战略，不失为谋略高超之举。由此可见，在市场营销活动中，研究人们的消费心理尤为重要。

（资料来源：李晓霞. 消费心理学［M］. 北京：清华大学出版社，2006：5.）

综上所述，消费心理学的研究对象是消费行为中产生的消费心理，是消费者的心理活动，同时，也研究消费群体心理，研究与消费心理关联的社会环境、市场营销，以达到发现消费心理规律，指导市场营销活动的目的。

1.2 消费心理学的研究方法

消费心理学的研究方法很多，总体来说可以分为定量研究方法和定性研究方法，定量研究方法是消费心理学研究的趋势。

1.2.1 定量研究方法

定量研究方法就是实证主义研究方法，是通过一定的方法先搜集数据，再对数据进行统计分析然后发现消费规律的一种方法。用定量研究方法收集数据主要有三种方法：观察法、问卷法与实验法。

1. 观察法

观察法是指调查者在自然条件下有目的、有计划地观察消费者的语言、行为、表情等，分析其内在的原因，进而研究消费者心理活动规律的研究方法。

观察法是研究消费者心理的一种重要方法，因为企业知道深刻认识人和产品的关系的最好方法就是在购买产品和使用产品的过程中仔细地进行观察。在使用行为观察法时，研究者应事先确定明确的观察对象、观察目的、观察时间和地点，制定详细地观察计划，分析观察结果时应区分偶然现象和规律性事实，以便得出科学的结论。观察法包括直接观察、仪器观察、痕迹观察等方法。

直接观察法就是研究人员进入现场对以视和听为主的消费者的行为进行观察，此时消费者并未意识到研究者只是观察基本情况并记录备案：如一段时间的客流量，消费者在柜台前逗留的时间，各组的销售情况，消费者的基本特征，如消费某一品牌的消费者有什么特征，售货员的服务态度等。

仪器观察法是用各种电子仪器设备对消费者进行心理调研。

痕迹观察法，不是直接观察消费者行为，而是对消费者的消费痕迹进行观察。如有的饮料公司去垃圾回收站进行统计，看哪种空饮料瓶更多，以分析消费者的口味与爱好。

观察法能帮助我们得到第一手资料，一般用在研究广告、商标、包装和柜台设计的效果，产品价格对购买行为的影响及企业的营销状况等方面，观察、记录的详细结果可以拿来进行进一步分析。

观察法的优点，就是由于是在消费者并不知情的情况下进行的观察，所以，消费者没有心理负担，心理表现比较自然，因而通过观察所获得的资料也比较客观、真实、可靠和直观。它的不足之处是被动、片面，该方法由于没有对消费者心理活动的产生和发展施加任何有意识的影响和控制，材料不能区分是规律性的还是偶然性的，很难全面深入地了解和掌握消费者心理活动过程。所以，观察法要对消费者的购买行为和心理活动进行科学研究，还要注重与其他研究方法的配合使用。

同步案例1-2

观察法实例

背景资料：

20世纪60年代，美国学者威尔斯和洛斯克鲁托曾在一家超市的菇类食品、糖果和洗衣粉等商品前进行了600小时的观察研究。这两位学者非常耐心地从消费者进入这些商品柜台的过道开始，到离开过道为止，观察了各种类型的消费者以及与购买行为有关的消费活动，并作了1500条记录。事后，他们通过分析观察记录，研究了光顾这些商品的消费者构成、消费者性别及儿童所占的比例；当几个人同行前往商品架时，谁的言行对同行消费者的购买行为有影响，消费者是否在考虑和比较商品的价格，购买前对商标和包装是否注意等。

问题：

在这个观察法实例中，研究人员主要观察了消费者的哪些方面？其作用是什么？

分析提示：

研究人员主要观察了消费者的类型，消费者的构成、性别，儿童所占的比例，购买的影响者，消费者在购买中考虑的因素。这个研究实例，对消费心理学运用观察法进行科学研究，颇有启发。

同步实训1-1

观察法的应用

[实训目标]

培养学生应用观察法研究消费者的心理与行为的能力

[实训内容]

以小组为单位开展观察活动，收集一手资料，在此基本上，对数据进行分析，得出观察结论。

[实训操作]

(1) 首先让学生复习观察法的三种具体方法，了解它们的操作程序。

(2) 将全班学生每5~6人分为一组，并选出小组负责人。教师说明训练内容及成果要求。

(3) 每个小组根据自己的兴趣围绕消费者消费过程中的某个环节设计观察内容。

(4) 根据观察内容做出详细的观察计划，要包括观察对象、观察目的、观察时间、观察地点、观察方法。并且提前做好观察准备工作。

(5) 小组长带领小组成员完成观察任务。

(6) 对同学们在观察活动中产生的效果进行分析、总结。

[**成果要求**]

(1) 每个小组撰写出观察分析报告，得出消费活动中规律性的结论。

(2) 每人写出观察体会。

(3) 依小组报告与个人的观察体会为每位学生评估打分。

(4) 每名同学的成绩由小组的分析报告分数与个人体会分数组成。

2. 问卷法

问卷法又叫测量法，这是消费心理学常用的方法。是通过事先设计的调查问卷，向研究对象提出问题，让其回答，从中了解研究对象心理的方法。这种方法适用于了解消费者购买行为的购买动机、购买态度和消费者性格、价值观等。

问卷法的优点是可以同时在短时间内得到范围广泛的材料，简便易行。但不足之处是主要以文字为媒介，研究者与研究对象无法直接沟通；不容易对这些材料进行重复验证；有些研究对象不配合。

问卷法有邮件调查、电话调查、个人调查和在线调查等方法。

邮件调查可以不受地理限制，回答问题比较真实可信，研究对象一般不会产生防御心理，但速度慢，回收率不高，有的可能答题不完整。为了提高回收率，可在信中随附邮票，或随附礼物。

电话调查是由研究人员通过电话，依据调查提纲或问卷，向研究对象询问以获得信息的调查方法。电话调查速度快、节省调查时间和经费、覆盖面广。但是无法针对研究对象的性格特点控制其情绪。适应于对热点问题、突发性问题的快速调查；关于某特定问题的消费者调查；已经拥有了相当的信息，只需进一步验证情况时采用。

个人调查可以分入户调查与拦截调查，入户调查就是研究者挨家挨户进行调查。拦截调查就是在适当地点，如商场出口、入口等地方，拦截研究对象进行问卷调查。

在线调查，就是要求网络用户，在网络上填写调查问卷，互联网的匿名性可以鼓励研究对象比其他调查方法更真实地表达自己的想法。但这种方法由于样本的局限性，其结果不能代表总体的观点。

在使用问卷法进行科学研究时，要注意问题的编制符合调查的目的，问题要简明扼要；采取不记名方式，以便解除研究对象的顾虑，争取研究对象的合作；故意安排一些相互矛盾的问题，如果研究对象对这些问题的回答是相同的，说明其回答中有不真实的成分，当不真实的成分超过一定限度时，就应将这些答卷加以排除，以免对结果产生不良的影响。

3. 实验法

实验法是一种在严格控制的条件下有目的地对研究对象给予一定的刺激，从而引发其某种反应，进而加以研究，找出有关消费心理活动规律的研究方法。实验法是一种有控制的观察，弥补了观察法的被动性。在研究过程中，两种方法往往配合使用，起到取长补短的作用。实验法包括实验室实验法和自然实验法两种类型。

(1) 实验室实验法

实验室实验法是指在特设的实验室中借助于各种仪器设备来研究消费心理现象的一种方法。如用眼动仪测量研究对象对广告的精确眼动过程，从而制定广告策略；再如请研究对象到实验室看电视上的广告节目，然后测量他能记住多少，或者研究能被他记住的广告有什么特征。实验室实验控制严密，结果一般比较准确。但由于实验室实验大都在人为的特殊条件下进行，实验结果常常受到人为条件的影响，与实际生活中的消费心理活动规律不完全相同，因而对实践活动的指导作用存在局限性，只适宜研究较简单的心理现象。

（2）自然实验法

自然实验法是指在企业日常的营销环境中，有目的地创造或变更某些条件，给予消费者一定的刺激或诱导，从而观察消费者心理活动的表现的方法。自然实验法适用于企业改变商品的价格、广告、促销、包装设计等变量，通过测量对消费者的吸引力，探讨消费者的消费心理。

如，IBM 公司想比较黑色笔记本电脑与白色笔记本电脑的销售效果，就选择了两个计算机商店，这两个商店在空间大小、周围环境、外观等方面都差不多，在一个地方摆放白色，一个地方摆放黑色，机子型号、硬件都一样，只有颜色不同，如果在一段时间内两种颜色的计算机的销售数量有差异，就说明销售量的多少仅仅是因为计算机的特定颜色，因为其他因素都保持不变。

同步案例 1-3

外卖凉菜的促销

背景资料：

某饭店外卖两种一模一样的凉菜，平时都是 6.8 元，但是每天的一个时期，一种凉菜就会降价，降到 4.8 元，于是这个服务员就在这边喊，降价销售啦，降价啦，大家一围过来，看到同样的凉菜一种卖 4.8 元，另一种一样的居然卖 6.8 元，于是纷纷去买 4.8 元的。过一段时间后，4.8 元的价格又回升到 6.8 元，而原来卖 6.8 元的价格开始降到 4.8 元，于是大家就都围到后一种凉菜那里去买。

问题：

该外卖利用了消费者什么心理？

分析提示：

该外卖是通过自然实验法了解消费者对于价格的态度。在每天的不同时期，通过改变凉菜的价格，使消费者对降价有感知，进而起到了促销的作用。

1.2.2 定性研究方法

1. 访谈法

访谈法也称面谈调查，是研究者与研究对象直接交谈，以口头信息沟通的方式来了解消费者的动机、态度、个性和价值观念等内容的一种研究方法。包括结构式访谈与非结构式访谈。

结构式访谈是指研究人员先确定研究预定目标，事先写好访谈提纲，访谈时依次向研究对象提出问题，让其逐一回答的访谈。这种访谈组织比较严密，条理清晰。如电话访谈就是一种结构式访谈。

非结构式访谈虽然有一定目标，但访谈没有固定程序，结构比较松散，可以让研究对象随心所欲地谈论。如深度访谈就是一种非结构式访谈。

同步实训 1-2

大学生手机消费情况访谈

[实训目标]

培养学生应用访谈法研究消费者的心理与行为的能力。

[实训内容]

以小组为单位就大学生手机消费情况在班里开展访谈活动，小组间相互访谈，在此基础上，得出访谈结论。

[实训操作]

(1) 首先让学生复习访谈法的具体内容，了解它的操作程序。

(2) 将全班学生每 5～6 人分为一组，并选出小组负责人。教师说明训练内容及成果要求。

(3) 小组根据训练内容就手机消费的品牌、价格、购买动机、使用情况等内容互相开展访谈工作。

(4) 对同学们在调查过程中产生的效果进行分析、总结。

[成果要求]

(1) 每个小组成员分工合作撰写出访谈分析报告。

(2) 每小组选派代表在班里汇报访谈分析报告结果。

(3) 每名同学的实训成绩由小组的分数与个人分数综合组成。

2. 综合调查法

综合调查法是指在市场营销活动中采取多种手段取得有关材料，从而间接地了解消费者的心理状态、活动特点和一般规律的调查方法。根据不同的目标和条件可以采用邀请消费者座谈、举办新产品展销会、产品商标广告的设计征集、设置咨询意见箱、销售时附带消费者信息征询卡、特邀消费者对产品进行点评、优秀营业员总结经验等手段和方法。

3. 投射测验法

投射测验法是从临床心理学引来的一种心理研究法，主要是透过研究对象表面的防御，探寻其真实心理的方法。这种方法一般具有转移被测试者注意力和解除其心理防卫的优点，在消费心理学的研究中常被用作探寻消费者深层动机的有效手段。

本章知识脉络

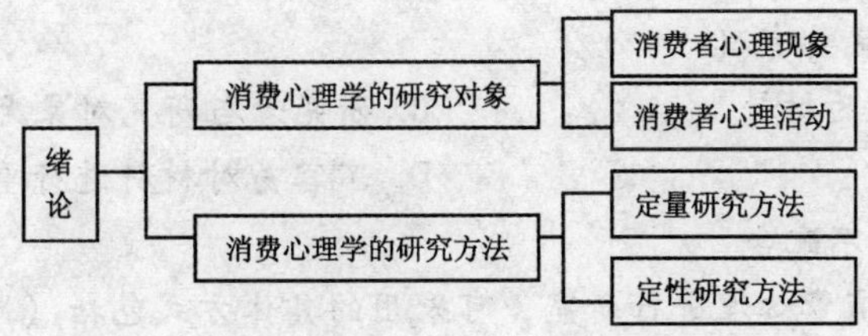

本章导入案例点评

1. 一次性尿布刚刚面市时之所以受到冷落，问题并不在于一次性尿布自身，而是母亲们不愿让人非议，使用一次性尿布会增加她们心理上的不安。

2. 这种深层次的原因，单靠信息收集和直接访问是不能发现的，调研人员必须依靠投射测验法找到实际原因。

思考与练习

1. 理论题

(1) 单选题

①消费心理学的研究对象主要是（　　）。

A. 生产消费　　B. 生活消费

C. 社会消费　　D. 文化消费

②在条件控制下对应试者有目的地给予一定刺激，寻找心理活动规律的研究方法是（　　）。

A. 问卷法　　B. 观察法

C. 调查法　　D. 实验法

③一个人作为消费者的时候，他的所思所想是（　　）。

A. 消费行为　　B. 消费心理

C. 消费过程　　D. 消费习惯

④消费者消费行为的基础是（　　）。

A. 消费心理　　B. 消费习惯

C. 消费保障　　D. 消费文化

⑤调查者根据预定目标事先拟好谈话提纲向受访者提出问题，受访者逐一回答的方式进行的访谈叫（　　）。

A. 结构式访谈　　B. 非结构式访谈

C. 问卷法　　D. 观察法

(2) 多选题

①消费心理学的具体研究方法包括（　　）。

A. 观察法　　B. 访谈法

C. 调查法　　D. 投射测验法

E. 量表法

②问卷法的优点主要有（　　）。

A. 得到范围广泛的材料　　B. 研究者与研究对象无法直接沟通

C. 简便易行　　D. 不容易对材料进行重复验证

E. 有些研究对象不配合

③运用实验法对消费心理进行研究，可采用的具体方式包括（　　）。

A. 社会调查　　B. 问卷调查
C. 自然实验法　　D. 统计调查
E. 实验室实验法

④问卷法有（　　）方法。

A. 量表调查　　B. 电话调查
C. 邮件调查　　D. 个人调查
E. 在线调查

⑤观察法包括（　　）等方法。

A. 直接观察　　B. 实验室观察
C. 仪器观察　　D. 自然观察
E. 痕迹观察

(3) 判断题

①消费行为是消费心理的内在动力，消费心理是消费行为的外在表现。（　　）

②消费行为比消费心理更具有现实性。（　　）

③定性研究方法是消费心理学研究的趋势。（　　）

④定量方法收集数据主要有三种方法：观察法、问卷法与实验法。（　　）

⑤痕迹观察法，不是直接观察消费者行为，而是根据消费者痕迹进行观察。（　　）

(4) 简答题

①消费心理与消费行为是什么关系？

②消费心理学的研究方法有哪些？

③观察法的优点、缺点各是什么？

2. 实务训练题

【案例分析 1】

案例资料：

观察连锁店中消费者购买洗衣粉品牌

在一项研究中，研究者观察了 120 位消费者在三家连锁店购买洗衣粉的行为。观察结果表明，72% 的消费者只看了一种品牌包装的洗衣粉，11% 的消费者看了两种以上品牌或包装的洗衣粉，83% 的消费者只拿起了一种洗衣粉，4% 的消费者拿起了两种以上的洗衣粉。很明显，多数消费者几乎没有在不同品牌或同一品牌不同包装的洗衣粉产品之间作比较分析。

设计问题：

(1) 这项消费者心理的研究使用了什么方法？

(2) 这种方法有哪些优点？

【案例分析 2】

案例资料：

"乐口牌"啤酒实验

某兄弟公司曾经开发出一种"乐口牌"啤酒，广告宣传该产品是一种佐餐啤酒，广告也是以妇女所喜爱的方式制作。但该啤酒上市后消费者一致反映掺水多、口味差。后来，该公司聘请一家咨询公司做了两次实验，请消费者品尝“乐口”啤酒与其他品牌啤酒并评分。第一次试验，各品牌啤酒都没有贴商标，“乐口”啤酒的得分与其他品牌啤酒得分相似。第二次，各种啤酒都贴上了标签，“乐口”啤酒的得分远远低于其他品牌啤酒。

设计问题：

(1) 这项消费者心理的研究使用了什么方法？

(2) 试分析该现象产生的原因。

【业务模拟训练1】

大学生香烟消费情况调查

训练目标：

培养学生应用问卷法研究消费者的心理与行为的能力。

训练内容：

以小组为单位就大学生消费香烟情况开展问卷调查活动，收集一手资料，在此基础上，对数据进行分析，得出调查结论。

训练操作：

(1) 首先让学生复习问卷法的具体内容，了解它们的操作程序。

(2) 将全班学生按5~6人一组分组，并选出小组负责人。教师说明训练内容及成果要求。

(3) 小组根据训练内容做出详细的调查方案，要包括前言、调查目的、意义、调查内容和具体项目、研究对象、调查方法、调查工作的时间进度安排、经费预算、调查结果的表达形式等。

(4) 小组长带领小组成员根据调查方案、调查内容编写调查问卷。

(5) 小组长组织小组成员开展调查工作。

(6) 小组长组织小组成员对调查问卷进行整理、分析，得出合理的调查结论。

(7) 对同学们在调查过程中产生的效果进行分析、总结。

成果要求：

(1) 每个小组撰写出调查方案、调查问卷、调查分析报告，得出合理性的调查结论。

(2) 每人写出调查体会。

(3) 依小组的调查方案、调查问卷、调查分析报告给小组评估打分。

(4) 依个人的调查体会为每位学生评估打分。

(5) 每名同学的实训成绩由小组的分数与个人分数综合组成。

【业务模拟训练2】

综合调查法的训练

训练目标：

培养学生应用综合调查法研究消费者的心理与行为的能力。

训练内容：

以小组为单位到一些大型商业企业，了解企业的一些新产品展销会、消费者信息征询、优秀营业员的经验等，收集一手资料，在此基础上，间接地了解消费者的心理状态、总结一般规律。

训练操作：

(1) 首先让学生复习综合调查法的具体内容。

(2) 将全班学生按5~6人一组分组，并选出小组负责人。教师说明训练内容及成果要求。

(3) 小组根据训练内容做出详细的调查计划，调查对象、调查工作的时间进度安排、经费预算等。

(4) 小组长组织小组成员进入商业企业开展综合调查工作。

(5) 小组长组织小组成员对调查结果进行分析，得出合理的调查结论。

(6) 对同学们在调查过程中产生的效果进行分析、总结。

成果要求：

(1) 每个小组撰写出《××商场综合调查分析报告》。

(2) 每人写出调查体会。

(3) 依小组的调查计划、调查分析报告给小组评估打分。

(4) 依个人的调查体会为每位学生评估打分。

(5) 每名同学的实训成绩由小组的分数与个人分数综合组成。

第2章 消费者心理活动过程

知识要点 (1) 消费者心理活动的认识过程；(2) 消费者情感过程；(3) 消费者意志过程及各自独特的作用机制和表现形式；(4) 消费者心理活动对消费者购买行为的影响作用。

能力目标 (1) 能够掌握消费者对商品的感觉和知觉的心理特征；(2) 能够把握消费者对商品的认识过程、情感过程和意志过程；(3) 善于通过表情观察消费者的情绪变化，运用感觉、知觉规律指导商品的销售活动。

导入案例

“佳佳”和“乖乖”的不同命运

“佳佳”、“乖乖”是我国台湾地区市场上两种香脆小点心的商标，在20世纪70年代，曾相继风靡，掀起一阵流行热潮，致使同类食品蜂拥而上。然而时至今日，率先上市的“佳佳”在轰动一时之后却销声匿迹了，而竞争对手“乖乖”却经久不衰，为什么会出现两种截然不同的命运呢？

经考察，“佳佳”上市前作过周密的准备，其销售对象是青少年，尤其是恋爱男女，还包括失恋者。其广告中有一句话是“失恋的人爱吃佳佳”。显然佳佳把希望寄托在“情人的嘴巴上”，而且做成的是咖喱味，并采用大盒包装。

“乖乖”上市时则是以儿童为目标，以甜味与咖喱味抗衡，用廉价的小包装，去吸引敏感而又冲动的孩子们的小嘴。叫他们在举手之间吃完，嘴里留下余香。这就促使疼爱孩子们的家长重复购买。为了刺激消费者，其广告直截了当地说：“吃，吃得个笑逐颜开!”可见，佳佳和乖乖有不同的消费对象、不同大小的包装、不同的口味和不同的广告宣传。正是这几个不同，也最终决定了两个竞争者的不同命运。乖乖征服了佳佳，佳佳昙花一现。

（资料来源：梁汝英．消费者行为学［M］．重庆：重庆大学出版社，2004：181－182.）

消费者的心理活动过程是支配其购买行为的心理活动的发生和发展的全过程，是消费者不同的心理现象对客观现实的动态反映，消费心理研究指出，在购买活动中，不同消费者的不同心理现象，无论是简单的还是复杂的，都需要消费者对商品的认识过程、情感过程和意志过程这三种既相互区别又相互联系、相互促进的心理活动过程。研究消费者在购买行为中发生的心理活动过程，对企业经营者了解消费者心理变化，进而采取相应的心理策略有很大帮助。

2.1 消费者的认识过程

消费者的认识过程是消费者通过感觉、知觉、记忆、思维、想象、注意等活动对商品的品质属性加以接收、整理、加工、存储，从而形成的综合反映过程。消费者的认识过程直接影响着消费者对消费需求的认识，以及消费者潜在需求是否能向现实需求进行转化。

2.1.1 感觉和知觉

1. 感觉

(1) 感觉的含义

消费者的感觉主要是消费者在购买商品和使用商品的过程中对于商品个别属性的反映。人对客观世界的认识过程，是从感觉开始的。同样，消费者对商品世界的认识过程，也是从感觉开始的。

感觉包括视觉、听觉、嗅觉、味觉、触觉。比如：西红柿有鲜红的颜色、清新的香气、酸甜的滋味、光滑的表皮等。它的这些客观属性作用于我们的眼、鼻、舌、皮肤等感觉器官，通过传入神经到达大脑皮层的神经中枢，使我们形成对该西红柿的主观印象。

(2) 感觉的特征

感觉具有感受性、舒适性、敏感性、适应性、联觉性等特征。

①感受性。感受性即感觉的能力。不同的人对同等强度刺激物的感觉能力是不一样的，感受性高的人能感觉到的刺激，不一定能被感受性低的人感觉到。如有经验的染色工人能辨别出几十种不同的黑色，而一般人则很难分辨。

②舒适性。消费者的感觉都要求消费过程具有舒适性，可以说追求消费商品过程中的舒适是消费者的一个原则。在购物过程中，面对赏心悦目的购物环境和热情细致的服务，消费者便会产生一种舒适感，而这种舒适感会对购物产生积极的作用。

③敏感性。感觉的敏感性是指对商品某一种属性进行辨别的能力。例如，喜欢绘画的消费者对商品的色彩就很敏感，而厨师则对食物的气味比较在行。

④适应性。感觉的适应性是指人们的感觉随着时间的延长，敏感性逐渐下降的现象。例如，刚进浴池感到水热，泡一段时间就不再感觉那样热了；刚入暗室，什么也看不见，等一会就看清了；自暗室突然走出来，光亮刺眼，什么也看不见，等一会又看清了；“入芝兰之室，久而不闻其香，入鲍鱼之肆，久而不闻其臭”，都是由于感觉具有适应性。对各类商品消费适应中的“喜新厌旧”现象正是推动消费者进行下一次消费行为的动力之一，更是商品市场不断发展的动力。

⑤联觉性。感觉的联觉性是指人体的各种感觉器官不是彼此隔绝的，而是相互影响，

相互作用的。即一种感觉器官接受刺激产生感觉后，还会对其他感觉器官产生影响。消费者在同时接受多种消费刺激时，经常会出现由感觉间相互作用而引起联觉现象。如，在进餐时赏心悦目的各色菜肴会使人的味觉感受增强。冬天穿红色衣服使人感到温暖；夏天穿白色衣服则使人产生凉爽的感觉。

（3）感觉在营销中的作用

感觉是一切复杂心理活动的基础。消费者通过感觉获得对商品的第一印象，在消费者购物活动中有着很重要的先导作用。第一印象的好坏，直接影响着消费者购买的态度和行为。对于商品的生产商和销售商而言，任何营销手段，只有更好地诉诸于消费者的感觉才有可能达到预期目的。要有“先入为主”的意识和行为，对商品的色彩、大小、形状、质地、价格等方面精心策划，使其能牢牢抓住消费者的感觉。如，给消费者创造优雅的购物环境，用令人舒适的灯光、音响、色彩、气味来刺激消费者，从而达到招徕顾客和促销的目的。

2. 知觉

（1）知觉的含义

知觉是人的大脑对直接作用于感觉器官的客观事物的整体反映，是消费者在感觉的基础上对商品总体特性的反映。感觉是知觉的前提，没有感觉就没有知觉，但知觉并不是感觉的简单相加。感觉到的个别属性越丰富，对事物的知觉就越全面。例如，当消费者对某件衣服的色彩、大小、手感等个别属性有所反映时，可以说对这件衣服有了感觉。当他对这件衣服形成比较完整的印象时，衣服的色彩、大小、手感等属性在头脑中已经有了综合的反映，这一过程的心理活动就是消费者知觉过程。

（2）知觉的特征

知觉具有整体性、选择性、理解性和恒常性等特征。

①知觉的整体性。尽管知觉对象由许多个别属性组成，但人们并不会把对象感知为若干个相互独立的部分，而是趋向于把它感知为一个统一的整体。知觉的整体性反映在消费者的购买行为上，就是消费者总是把商品的质量、价格、款式、商标、包装等综合在一起，形成对商品的整体印象。例如，消费者对衣服的款式、色彩十分中意，但价格昂贵，那么消费者对这件衣服的整体评价就不会太高。消费者平时购物追求物美价廉就是知觉整体性的表现。

目前许多零售店家都开辟了专门的高档区域，所利用的就是顾客知觉的整体性。因为顾客在高档区域消费，会因高档区域的整体性而抬高自己的消费预期值，从而可以提升单价。

②知觉的选择性。知觉的选择性是指消费者在知觉商品时，不是能够知觉到商品的全部属性，而是仅仅能够知觉到商品的一部分属性。这种选择性不仅与人的注意力的有限性、刺激物的特性有关，而且与消费者的兴趣、需要、消费习惯和消费动机等有关。比如，在茫茫人海中面对匆匆而过的人群，我们能一眼就认出自己所熟识的人，就源于知觉的选择性。企业在为商品设计时，为了突出商品的高贵，为其加以特殊包装，用其他商品加以衬托，以此来吸引消费者的注意。知觉的选择性还表现在消费者能在众多的商品中把自己所需要的商品区分出来，或者在同一种商品的众多特性中，优先注意到某种特性。如一个想购买小轿车的消费者，一定会有意地关注各种有关车的广告信息。知觉的选择性使

消费者在知觉商品中发挥“过滤”作用，使消费者的注意力集中指向感兴趣的或需要的商品及其某些特性。

③知觉的理解性。知觉的理解性是指消费者根据已有的知识和经验对知觉对象进行解释的过程。人们在感知一个对象或现象时，不仅直接反映它的整体形象，还会根据自己以前获得的知识和实践经验来解释和判断这一对象或现象。例如，对一张 X 光片，不懂医学知识的人，是无法从中得到具体信息的，而放射科医师就能从 X 光片中看出身体某部分的病变情况。有丰富购买经验的消费者在挑选商品的时候，要比一般消费者知觉得更快、更细致、更全面。

④知觉的恒常性。知觉的恒常性是指当知觉的条件在一定范围内改变时，知觉的映象仍保持相对不变。我们看到一辆面包车驶来，在 50 米、20 米、10 米远的地方，虽然我们的视网膜上的映象在这些不同条件下是在改变着，但我们所知觉的这辆车的大小、空间、座位却是相对不变的；在七彩灯光线下，红苹果仍被我们知觉为原来的红色；春天的夜晚在田野散步，尽管看不清麦苗的颜色，但我们还是知道它是绿色的，不因为夜晚就会改变原有的知觉。在商品经营活动中，要特别注意培养消费者对商品和企业的良好知觉，这种良好的知觉一旦形成，即使商品出现偶然的失误，消费者也会给予谅解，否则，一旦形成消极的知觉便很难改变。

同步案例 2－1

刚果的土著人

背景资料：

在非洲的刚果，有一族土著人住在原始丛林中，他们从来看不到 400 米远的东西。有一次，当他们被带出森林后，竟把远处的牛说成是虫子，更不相信远处那么“小”的船上能装上那么多的人。

（资料来源：单凤儒．营销心理学［M］．北京：高等教育出版社，2005：5.）

问题：

利用知觉的基本特征分析上述现象。

分析提示：

上述现象说明距离超过了土著人的通常经验的范围后，他们没有正常人在这个距离上所具有的知觉恒常性。

（3）知觉在营销中的作用

知觉在市场营销中对消费者行为的影响主要有以下几点：

①知觉的选择性有助于消费者确定购买目标。可使顾客在众多的信息和商品中能够快速找到符合自己既定购买目标的信息和商品，同时排除那些与既定购买目标不相符合的信息和商品。这就要求销售人员能够迅速地探索出顾客的兴趣点和利益点，将有效的信息传递给顾客，从而利用顾客知觉的选择性达成交易。

②利用知觉的理解性与整体性提高广告宣传效果。根据知觉的理解性这一特点，企业在广告中要针对购买对象的特性，在向顾客提供信息时，其方式、方法、内容、数量必须与信息接受人的文化水准和理解能力相吻合，保证信息被迅速、准确地理解。根据知觉整

体性这一特点，在广告设计中，把着眼点放在与商品有关的整体上，使顾客获得充足的信息，形成一个整体的、协调的商品形象。

③利用知觉的恒常性促进商品销售。由于人们不愿放弃自己使用习惯的商品，所以知觉的恒常性可以成为消费者连续购买某种商品的一个重要因素。企业可以通过名牌商品带动其他商品的销售，或通过畅销的老商品带动新商品的销售。例如，购买某种品牌的隐形眼镜，可以赠送该品牌的护理液。或者如果该公司研发出一种新的护理液，往往会在销售中进行本公司护理液的捆绑促销。

2.1.2 记忆和思维

1. 记忆

(1) 记忆的含义

记忆是指人们对过去感知过的事物，思考过的问题，体验过的情感，都能以经验的形式在头脑中保存，并在一定条件下能够重新反映和显示的心理活动过程。例如，消费者买了某种品牌的服装，使用后这种品牌的服装会给他留下一个整体的印象，一旦再购买这类商品，过去的印象便会重现出来，这种重现出来的记忆可以指导人们重新购买，成为选择商品与品牌的依据。

(2) 记忆在营销中的作用

记忆对消费者的认识发展具有十分重要的作用。当消费者初步感知商品后，往往运用记忆把过去曾使用过的商品，体验过的情感、动作回想起来，进一步加深对商品的认识。因此，商品的命名、商标、包装、广告都是企业要注意加深消费者记忆的主要方面。特别是商品的商标，是消费者识别、购买商品的最主要标志。

同步案例 2-2

饮料公司的选择

背景资料：

某饮料公司拟采用电视媒体做广告宣传，面临两种选择：一种是与其他八种饮料类商品广告一道播放。另一种是与其他无关的八种商品广告一道播放。

（资料来源：单凤儒．营销心理学［M］．北京：高等教育出版社，2005：7.）

问题：

面对这种情况，该公司负责营销策划的人员应该做出何种选择？

分析提示：

面对这种情况，该公司负责营销策划的人员应该选择与其他无关的八种商品广告一道播放，因为这样可以加强消费者的记忆。

2. 思维

(1) 思维的含义

思维是人脑对客观事物一般属性和事物内在联系概括的、间接的反映过程，是人的认识活动的最高阶段。也就是说，人们对客观事物的认识不会停留在感知和记忆的水平上，而总是利用已经感知和记忆的材料，进行分析、综合、比较、抽象、概括等一系列活动，把感性认识升华到理性认识阶段，把握事物的特征和规律。

(2) 思维在营销中的作用

消费者在选购商品时，常常借助有关商品信息，对商品进行分析、比较、判断等思维过程来决定是否购买。例如，消费者对大屏幕彩电的内在质量往往不是太专业，不甚了解，但可以对大屏幕彩电感知表象：图像是否清晰，色彩是否保真，音响是否优美，信号是否灵敏等，再借助已有的知识经验，间接地认识它的内在质量性能。消费者在购买过程中多次感知价格与质量的联系，从而得出“便宜无好货”的概括性结论。在消费行为过程中，消费者也往往会得出“大商场的东西要比街头拐角处购得的东西质量可靠”的结论。因此，消费者要善于思考和总结，通过现象看本质，从而获得对商品内在性质的深刻认识。销售人员在销售商品时，尤其是大件贵重物品，必须要让消费者对商品有充分的了解，全面介绍，使消费者在充分了解以后，经过认真的思考，以确定购买哪种商品。

2.1.3 想象和注意

1. 想象

(1) 想象的含义

想象是人脑在原有感知的基础上创造出新形象的心理过程，是思维的创造性发展，使思维变得更高级、更复杂，没有想象，就没有创造。

(2) 想象在营销中的作用

消费者在形成购买意识、选择商品、评价商品过程中都有想像力参加。例如，消费者看到一件款式新颖的衣服，会想象到穿在自己身上如何高雅时髦；买一台空调，消费者会想象拥有它能给家庭带来四季如春的感受。通过想象，消费者就能深入认识商品的实用价值、欣赏价值和社会价值，其结果是能增强商品对消费者的诱惑，激发其购买欲望。在某些情况下，想象会导致消费者进行冲动性购买。商场利用石膏模特展示时装，在销售现场模拟实用场景等，都是在诱发想象，促进销售。

优秀的营销人员能够利用想象帮助消费者寻找最合适的商品，同时又利用自己的创造性想象设计出满足消费者心理要求的商品广告、商品包装以及商品陈列，扩大消费者的想象空间。

想象能提高消费者购买活动的自觉性和目的性，对引起情绪过程，完成意志过程起着重要的推动作用。

同步实训 2-1

想像力的训练

[实训目标]

培养学生丰富的想像力。

[实训内容]

以小组为单位把一组词语编成故事、讲故事，并续讲故事。

[实训操作]

(1) 首先让学生复习想象的内容及其在营销活动中的作用。

（2）将全班学生分为5～6人一组，并选出小组负责人。教师说明训练内容及成果要求。

（3）每个小组围绕消费者消费过程中的某个环节设计出四个词语，小组依次展示，编故事，讲故事。再出四个词语，续讲故事。让同学们参与，以培养他们的想象能力。想像力最丰富的小组将得到此次活动的最高分，最差的小组成员要受到惩罚，比如说表演节目、脸上涂抹色彩、被打扮成小丑等。

（4）对同学们在活动中产生的效果进行分析、总结。

［**成果要求**］

（1）每人写出体会与分析报告。

（2）依报告与编、讲故事的表现为每位学生评估打分。

（3）每名同学的成绩由小组排序的分数与老师评估分数组成。

2. 注意

（1）注意的含义

注意本身不是一种独立的心理活动，而是伴随着感觉、知觉、记忆、思维、想像同时产生的一种心理机能。是心理活动对客观事物的指向和集中。指向和集中是注意的基本特征。指向，是指消费者心理活动有选择地反映特定事物，而离开其余事物。集中，是指消费者心理活动反映事物达到一定的清晰和完善的程度。例如，消费者在选购商品时，其心理活动会指向某一商品并全神贯注于这一商品，同时又离开其他商品。这就是对这种商品发生了注意，从而对该商品获得清晰、准确的反映，并据此作出自己的购买决策。可见，注意是消费行为过程中必不可少的心理活动。没有注意，消费者对商品的认识活动就无法进行，更谈不上引起购买行为。

（2）注意的分类

根据产生和保持有无目的和意志努力程度，注意可分为有意注意、无意注意和有意后注意。

①无意注意。无意注意是指消费者没有明确的目的和目标，不需要做意志努力的注意。如，与背景反差强烈的商品陈列、造型奇特的新产品、闪烁变换的霓虹灯等都会引起消费者不由自主地看上一眼，这就是无意注意。

②有意注意。有意注意又称故意注意，是指人们有预定目的，需要消费者经过意志努力而产生的注意。它受到人的意识的自觉调节与支配，可持续较长时间。如，急需购买某品牌商品的消费者，会刻意寻找、搜集有关信息，并在众多同类商品中，把注意力直接集中于所期望的品牌上，就属于有意注意。

③有意后注意。有意后注意又称随意后注意，是指有预定目的，但不经意志努力就能维持的注意。消费者对消费对象有意注意一段时间后，逐渐对该对象产生兴趣，即使不进行意志努力仍能保持注意，此时便进入了有意后注意状态。这种注意形式可以使消费者不致因为过分疲劳而发生注意力转移，并使注意保持相对稳定和持久。

一般消费者在购买商品房时，对期房、分期付款、按揭、使用面积等术语不熟悉，觉得单调、枯燥，但认识到掌握这些知识的重要意义和作用时，就会克服困难，尽最大努力掌握这些知识。当以后再接触到这些术语时，就会出现有意后注意。

（3）注意在营销中的作用

发挥注意的心理功能，引发消费需求。正确地运用和发挥注意心理功能，可以使消费者由无意注意转换到有意注意，有意注意进一步发展便转化为有意后注意。从而引发消费需求。我国贵州茅台酒在 1915 年巴拿马世界博览会上获金奖，注意在这里立了头功。博览会开始阶段，各国评酒专家对其貌不扬、包装简陋的茅台酒不屑一顾。博览会临近尾声的一天，中国酒商急中生智，故意将一瓶茅台酒摔碎在展厅地上，顿时酒香四溢，举座皆惊。从此，茅台酒名声大振，走向了世界。中国参展酒商的行为，符合了消费者需要强烈、新奇、鲜明的活动刺激，引起人们无意注意，在提高商品知名度，引发消费需求上取得了成功。

实践证明，在广告设计制作中巧妙地利用刺激物的大小、强度、色彩、位置和间隔等的对比及变化都可以增强消费者的注意力，收到事半功倍的效果。

2.2　消费者的情感过程

消费者的消费活动过程，实际上是充满情感体验的活动过程。情感过程是消费者在购买活动中对商品或服务是否符合个人需要而形成的态度体验，对购买行为的实现有重要影响。

2.2.1　消费者情感过程的含义

消费者的情感过程是指消费者对于客观事物是否符合自己的需要而产生的一种主观体验。消费者的情感过程包括情绪和情感两个方面。

情绪是指短时间内的与生理需要和较低级的心理过程（感觉、知觉）相联系的内心体验，一般带有情景性、不稳定性和冲动性。如，消费者在选购某品牌香水时，会对它的颜色、香型、造型等可以感知的外部特征产生积极的情绪体验。

情感是长时间内的与人的社会性需要（社交的需要、精神文化生活的需要等）和意识联系的心理体验，具有较强的深刻性、长期性和稳定性。情感是在情绪的基础上产生的更高级的心理体验。如，道德感、荣誉感、集体感、理智感、美感等。对美感的评价标准和追求，会驱使消费者重复选择和购买符合其审美观的某一类商品而排斥其他商品。

情绪与情感是两个既有区别又有联系的概念，难以截然分开。一方面，消费者的情绪的各种变化一般都受已形成的情感所制约，另一方面，个人的情感又总是体现在他的情绪之中。在日常生活中，人们对情绪和情感并不做严格区分。情绪一般有较明显的外部表现，时间短，情感的外在表现很不明显，持续的时间相对较长。

2.2.2　影响消费者情感变化的因素

在社会实践活动中，人的情感是极其复杂的，但它最终的基本内心体验表现为积极性情感和消极性情感。企业营销应根据消费者情感变化的影响因素采取有效的方法激发消费者的积极情感，转化消极情感，促进营销活动的顺利实现。

1. 商品

消费者的各种需求大多是借助商品而满足的，商品的使用价值、外观和附加利益往往会使消费者的情感处于积极、消极或矛盾的状态中，商品的内在质量更是影响消费者情感的直接因素，但有的商品质量虽好，若是样式陈旧也不会受到欢迎。企业在营销活动中，不仅应注意商品的质量要符合消费者的时代要求，而且要加强商品包装的改进工作，尽量为消费者提供能充分满足其需要的整体产品，以唤起消费者积极的情感。

2. 服务

消费者不仅要通过购买来满足自己的物质需求和精神需求，而且要通过购买活动满足自己的心理需求。因此，除了商品因素外，影响消费者情感变化的因素还有服务。服务的影响主要包括两个方面：一方面是企业的服务质量。另一方面是销售人员的服务质量。一般来说，热情、细致、周到的服务可以使消费者感到受尊重，产生安全感、信任感，使消费者高兴而来，满意而去，高质量的服务能够提高企业和品牌的知名度和信誉度，产生比广告宣传更好的效果。这就要求企业要树立“一切以消费者为中心”的现代营销观念，做好售前、售中、售后等各项服务工作。要求销售人员要以微笑服务、礼貌待客，善于揣摩消费者心理，在消费者不熟悉商品时能站在消费者的立场上当好参谋，为他们解决购买过程的困难，以博得消费者的好感，让他们购买到满意的商品。

3. 环境

心理学研究表明，情感不是自发产生的，而是由环境中的多种刺激因素引发的。宽敞的店堂、充足的商品、清新的空气、明快的色彩、宜人的温度、轻松的音乐、完美的服务、有序的管理等，都会使消费者处于舒畅、愉悦的情感状态中，增加购物享受的心理效应，容易激发其购物的欲望。所以，通过营造良好的购物环境，培养消费者的积极情感已成为商业企业竞争中的重要手段之一。

一个消费者到某家商店购买糕点，看见食品柜中苍蝇飞舞，营业员用手既拿糕点又收钱，不由得内心作呕，立即打消了购买念头，甚至发誓永远不买这家商店的糕点。

同步案例 2－3

一位年轻母亲的情感变化

背景资料：

有一位母亲在报纸上看到“初生婴儿不宜喂食蜂蜜”的报道，联想起她天天给宝宝吃的某品牌的米粉，恰好是含有蜂蜜的，于是她非常担心地打电话到该公司询问。接电话的人一副“你真没知识，怕什么”的态度，似乎认为她所问的问题非常愚蠢。对方不但指责某报纸信口胡说，最后还用相当自满的口气说：“我们的东西一定没有问题。”这位年轻母亲不但大失所望，而且还受了一肚子气，使她对该品牌信心大失，不但立即转换品牌，还逢人就数落该品牌的不好。

（资料来源：梁汝英．消费者行为学［M］．重庆：重庆大学出版社，2004：28.）

问题：

（1）该年轻母亲情感变化的直接原因是什么？给企业造成的损失是什么？

（2）如何才能做好这位消费者消极情感的转化工作？

分析提示：

(1) 导致该年轻母亲情感变化的直接原因是：该公司的接电话者不但没有解开她的疑惑，而且态度与口气不友善，使她受了一肚子气。这给企业造成的损失是非常大的，该年轻母亲立即转换了品牌，还劝阻相关群体购买。

(2) 要做这位消费者消极情感的转化工作需要从商品与服务两方面入手。

同步实训 2－2

购物消费体验

[实训目标]

(1) 培养学生分析消费者购买过程中心理活动过程的能力。

(2) 培养学生运用培养消费者积极情感的因素开展营销的能力。

[实训内容]

(1) 以你最近一次比较大的消费活动为例，分析购买商品的心理活动过程。

(2) 分析研究这种心理活动过程对市场营销人员的启示。

(3) 思考在这次购买中营销人员是否利用了某种因素以培养消费者的积极情感。

[实训操作]

(1) 教师说明训练内容及成果要求。

(2) 每人回顾并写出一次消费体验分析报告。

(3) 在班里进行交流。

[成果要求]

(1) 每人写出消费体验与分析报告。

(2) 在全班组织交流座谈会。

(3) 根据每人的分析报告和个人在交流中的表现进行考核。

2.3　消费者的意志过程

消费者经历了认识过程和情感过程之后，最终是否采取购买行动，还有赖于消费者的意志过程。

2.3.1　消费者意志过程的含义

消费者不仅要通过感知、记忆及思维等活动来认识商品，并伴随对商品的认识产生一定的情感和态度，而且，有赖于意志过程来确定购买目的，并排除各种主客观因素的影响，实现购买的目的。

意志是指人们为了实现一定的目的和行为所做出的自觉的坚持不懈的努力。在营销活动中，消费者意志过程就是消费者在购买活动中有目的地、自觉地支配和调节自己的行动，克服各种困难，实现既定的购买目标的心理过程。

2.3.2 消费者意志过程的基本特征

在消费者意志过程中包含以下三个基本特征。

1. 购买目的明确

消费者的意志行为与其目的性紧密联系。通常为了满足自己的需要，消费者总是经过思考后预先提出购买目标，然后，自觉地、有意识、有计划地按照此购买目标去支配和调节自己的购买行动。如，几年来我国各大城市楼市价格居高不下，许多购房者为了购买自己中意的新房而数十年如一日地艰辛劳作、节衣缩食，把所有的积蓄拿出购房。

2. 主动克服困难

在消费者购买目的的实现过程中，通常会遇到各种各样的困难，这些困难既有与消费者思想方面的矛盾、冲突，也有外部的障碍和阻挠。消费者排除干扰、克服困难的过程就是意志行动过程。如，购房者在楼盘开盘前几天就在售楼处前搭起帐篷，排队等待等。消费者在挑选商品时，面对几种自己都喜爱的商品，或遇到较高档的商品，但经济条件又不允许，就会考虑选择或重新物色购买目标，或者克服经济上的困难，去实现自己的购买目的。

3. 调节购买行为

消费者的意志对行为的调节，包括发动和制止两方面。发动表现为激发起消费者积极的情绪，推动消费者为达到既定目的而采取一系列的行动；制止则是指抑制消极的情绪，制止并达到既定目的的行动。两方面共同作用，使消费者得以控制购买行为的全过程。

2.3.3 消费者意志过程的阶段

消费者的意志过程是一个极其复杂的过程，当消费者购买商品时，其意志过程包括以下三个阶段。

1. 作出决策阶段

作出决策阶段是意志过程的开始阶段，决定着意志行动的方向和行动计划。它包括购买目标的确定、购买动机的形成、购买方式的选择和购买计划的制定等一系列购前准备工作。消费者的购买动机是由对商品的需要激发的，其购买行为具有明确的目的性和有用性。在商品琳琅满目、品种多样、价格各异的情况下，消费者从自身需求考虑，根据自己的支付能力，广泛收集商品信息、比较权衡、排除干扰，要以意志的努力和理智的思维分清需要的主次、轻重、缓急，做出最符合自己目的和意愿的购买决定，即是否购买以及购买的顺序。

2. 执行决策阶段

执行决策阶段是消费者意志过程的高峰阶段，是将购买决策转化为实际的购买行动的过程。在执行过程中，不会是很顺利的，仍然会遇到种种困难和障碍。首先，商品质量、价格、式样等因素需要消费者进行比较和权衡，在对商品反复认识中重新修正原来的购买决策，不断优化购买决策后才执行购买。其次，在购买时还会出现各种障碍，如有时无货，或者有货，但消费者要货比三家，而交通、通信工具的不方便，造成劳累、繁琐、费时等。可见，执行决策阶段是真正表现意志的中心环节，它不仅要求消费者克服自身的困难，还要排除外部的障碍，为实现购买目的，付出一定的意志努力。

3. 购后评价阶段

购后评价阶段是消费者意志过程的最后阶段，是指消费者购买商品后，在消费过程中的自我感觉和相关群体评价的过程。意志的这种购后评价是通过思维进行的，消费者通过对商品的使用及相关群体的评价，对商品的性能、质量、价格、外观等有了更为实际的认识，并以此检验、评判自己的购物行为是否明智，所购商品是否理想，这种对购买决策的检验和评判，直接影响到消费者今后的购买行为，或者是重复购买或者是回避对该商品的购买，或者是鼓动别人购买，或者是劝阻别人购买。因此，在销售活动中，要重视消费者的购后评价，随时调整自己的销售策略，做好售后服务工作，使消费者产生满意感。

同步案例 2-4

一部新手机

背景资料：

王晴一大早一踏进办公室，就看见对面同事的办公桌上摆放着一部崭新的手机，浅粉色的，整个机子看起来晶莹剔透。“又换手机了。”王晴不以为然地撇撇嘴。她是一直对时尚手机不感兴趣的，能打电话就好，这是她对手机的评价标准。

王晴一早上都是在同事们对那部新手机喋喋不休的议论中度过的。电子书、蓝牙、甩屏换屏保、MP4、手机 QQ……一个个词不停地往耳朵里钻。王晴心想：“手机只要能打电话就行，那么多花哨的功能干什么用啊？”不过想归想，一早上的时间，倒是让从不关心手机潮流的她了解了不少名词。

星期天，王晴去逛街，在一手机柜台前看到了那款手机。手机摆放在一圈 Hello Kitty 和史奴比玩偶中间，“真的很可爱！”王晴心里赞叹了一下，走向专柜。专柜小姐很热情，拉着王晴把那款手机仔细地介绍了一遍，极力推荐她购买。王晴心动了，“是不是该把那部老掉牙的手机换掉？可是总不能与同事买一模一样的啊，撞机就太俗气了。”王晴在柜台前犹豫着，把目光投向了柜台里另外一部看起来更具有高雅气质的 Anycall 手机。

星期一的早上，王晴的办公桌上多了一部新手机，不过是后来的那款“高雅”型的。

（资料来源：肖涧松. 消费心理学［M］. 北京：高等教育出版社，2010：38.）

问题：

为什么对时尚手机不感兴趣的王晴，周一办公桌上多了一部新手机？

分析提示：

导致王晴对时尚手机态度发生变化的主要原因来源于消费者心理活动过程中的意志过程。在其采取决定购买阶段，其思想发生过激烈的冲突，主要表现在她有传统的思想观念，考虑购买时尚商品是否会遭遇别人的非议。王晴最终的购买主要取决于她的勇气和意志。

2.3.4　消费者心理活动过程的统一性

消费者心理活动在购买商品时所发生的认识过程、情感过程和意志过程，是消费者购买心理过程的统一的、密切联系的三个方面，在消费者购买心理活动中，认识、情感、意志这三个过程彼此渗透、互为作用，不可分割。情感依靠感知、记忆、联想、思维等活动，同时，情感又左右着认识活动。积极的情感可以促进消费者认识的发展，消极的情感可能抑制认识活动。认识活动是意志的基础，认识活动又离不开意志的努力，对待商品的情感可以左右意志，可以推动或者阻碍购买的意志和行为。意志又能够控制情绪，进行客观冷静的分析。认识过程、情感过程、意志过程三者之间互相制约、互相渗透、互相作用。当消费者对某一商品的购买完成之后，又将根据新的需要，进入新的认识过程、情感过程、意志过程，如此循环，以至无穷。

认识过程、情感过程、意志过程三者之间的关系如图 2－1 所示。

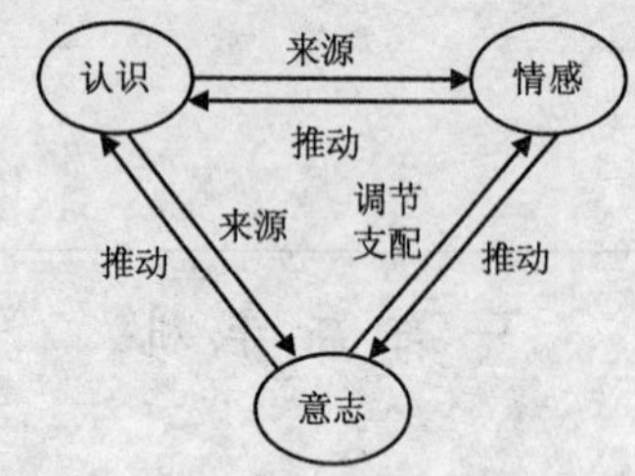

图 2－1　认识过程、情感过程、意志过程三者间的关系

本章知识脉络

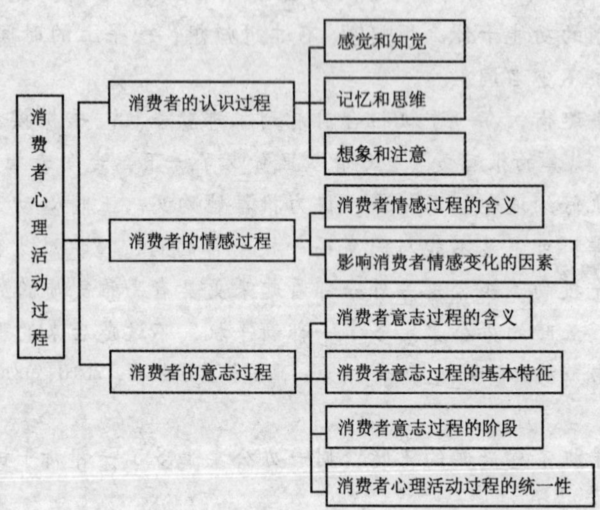

本章导入案例点评

首先，从消费者心理活动的认识过程来看，消费者购买行为发生的心理基础是对商品已有的认识，但并不是任何商品都能引起消费者的认识的。心理实验证明，商品只有某些属性或总体形象对消费者具有一定强度的刺激以后，才被选为认知对象的，如果刺激达不到强度或超过了感觉阈限的承受度，都不会引起消费者认知系统的兴奋。商品对消费者刺激强弱的影响因素较多。以佳佳和乖乖为例，商品包装规格大小设计、消费对象、宣传语

言的选择均对消费者产生程度不同的刺激，佳佳采用大盒包装，消费者对新产品的基本心理定势是试试看，偌大一包不知底细的食品，消费者颇费踌躇，往往不予问津；而消费对象限于恋爱情人，又赶走了一批消费者；再加上广告语中的“失恋者爱吃佳佳”一语，又使一部分消费者在与我无关的心理驱动下，对佳佳视而不见。乖乖的设计就颇有吸引力：一是廉价小包装，消费者在“好坏不论，试试再说”的心理指导下愿意一试，因为量小，品尝不佳损失也不大；二是广告突出“吃”字，吃得开心，开心地吃，正刺激了消费者食欲的兴奋点。两者相比“乖乖”以适度、恰当的刺激引起了消费者兴趣，在市场竞争中，最终击败了“佳佳”。

其次，从消费心理活动的情感过程来看，通常情况下，消费者完成对商品的认知过程后，具备了购买的可能性，但消费行为的发生，还需要消费者情感过程的参与，积极的情感如喜欢、热爱、愉快，可以增强消费者购买欲望，反之，消极的情感如厌恶、反感、失望等，会打消购买欲望。佳佳的口味设计，咖喱的辣味与恋爱情调中的轻松与甜蜜不太相宜。未免有些扫兴。再加上“失恋的人爱吃佳佳”这种晦气的印象，给人以消极的情感刺激。因此，它最终败下阵来也就没什么可奇怪的了。

在商品购买心理的认知过程和情感过程这两个阶段，佳佳都未能给消费者造成充分的良性情感刺激度，失去了顾客的爱心。而乖乖则给人以充分的积极情绪的心理刺激，大获消费者青睐，因此，消费者在意志过程的决断中，舍谁取谁，也就在不言中了。

思考与练习

1. 理论题

(1) 单选题

①中国有句俗语“久闻不知其臭”，说明了感觉的（　　）。

A. 感受性　　B. 敏感性
C. 联觉性　　D. 适应性

②人们在观看趣味性、娱乐性广告时，会出现（　　）现象。

A. 没有注意　　B. 无意注意
C. 有意注意　　D. 有意后注意

③盲目和冲动的消费行动是（　　）。

A. 由意志决定的行动　　B. 缺乏意志的行动
C. 有目的的行动　　D. 有计划的行动

④在消费条件相同的情况下，人们注意程度的高低与刺激强度之间是（　　）。

A. 正向关系　　B. 反向关系
C. 强关系　　D. 弱关系

⑤商场里的商品琳琅满目，但是消费者能够注意到一部分商品而对另一部分商品视而不见，这说明了知觉的（　　）。

A. 整体性　　B. 选择性
C. 理解性　　D. 恒常性

(2) 多选题

①知觉的特征有（　　）。

A. 知觉的整体性　　B. 知觉的选择性

C. 知觉的理解性　　D. 知觉的恒常性

E. 知觉的协调性

②注意的种类有（　　）。

A. 无意注意　　B. 有意注意

C. 无注意　　D. 有意后注意

E. 有意不注意

③影响消费者情感的商品因素包括（　　）。

A. 商品质量　　B. 商品命名

C. 商品陈列　　D. 商品包装

E. 商品功能

④消费者在购买活动中的意志过程是分阶段的，这些阶段包括（　　）。

A. 购买决定阶段　　B. 作出决策阶段

C. 购买选择阶段　　D. 执行决策阶段

E. 购后评价阶段

⑤注意的基本特征有（　　）。

A. 心理性　　B. 集中性

C. 思维性　　D. 指向性

E. 行为性

(3) 判断题

①情绪与情感是一个相同的概念。（　　）

②人们凭借以往的知识经验去认识对象是指知觉理解性。（　　）

③注意是一个独立的心理过程。（　　）

④人们对所认识的事物进行处理，并采取一定措施，以便达到一定目的的心理过程是认识过程。（　　）

⑤商店的环境是培养消费者对商品积极情感的因素之一。（　　）

(4) 简答题

①感觉的基本特征是什么？

②在购买活动中，如何培养消费者的积极情感？

③消费者的意志过程有哪些基本阶段？

2. 实务训练题

【案例分析1】

案例资料：

马路售货的议论

某公司已有30多年的历史，生产销售冰箱、冰柜。由于历史原因，销售科一直设在公司大院外临街的一排简易房内。每天在路旁便道上摆着各种规格的冰箱和冰柜，树下立着价格牌。

一次，一位消费者走进低矮的销售科办公室，对销售员甲说："听说你们公司的冰箱质量不错，售后服务很好，本地许多家庭都用你们的产品。可是，这么漂亮的产品放在马路边销售。太不雅观，我还以为你们公司的产品卖不出去呢。"事后，供销员甲把消费者的话在科室会议上重复了一遍，引起一番议论。

供销员甲说："这个消费者真多事儿，我们的产品销售这么红火，产品好就行了，他买冰箱又不是买房子，管我们在哪儿卖呢。"

供销员乙有不同的看法，他说："我和这位消费者有同感。我们这么大的企业，多少年在这破房子里卖冰箱，好象鸡窝里蹲着凤凰，影响企业形象。甭说消费者到这里觉得不舒服，我每天上班一进门就提不起情绪。好几个消费者曾问我，这里卖的是不是处理品？真让人窝囊。咱们应该给公司领导建议一下，建个销售大厅。"

销售科副科长沉思了一会说："马路边售货有它的优点，商品暴露能见度高，老远就能引人注意，不用花钱就起了广告宣传作用。消费者的感觉好不好关键在我们的冰箱质量、外形和价格。常言说'人叫人千声不语，货叫人自然上门'，人们只要记住这里卖的冰箱价格合理、节约电能、外观漂亮就行，修不修销售厅无所谓。"

销售科长听了大家的发言，最后说："这些年在这样差的条件下，我们为公司做出很大贡献。现在消费者要求高了，没有良好的销售环境，会影响消费者对我们公司的印象，破门破户像地摊售货，直接影响消费者对产品的感觉，长此以往，我们产品的知名度会降低，销售不容乐观。南方一家产品行销全国的冰箱市场，进去后感觉像到了三星级饭店，可以想象企业资金雄厚，欣欣向荣，买这样企业生产的产品消费者自然放心。我打算给公司写个报告，恳请公司领导同意拨款，装修建造销售大厅。"

设计问题：

(1) 那位顾客的意见对你有何启发？

(2) 你同意哪种意见？为什么？

(3) 假如你是这位销售科长，这个报告你会从哪些方面入手写？

【案例分析 2】

案例资料：

啤酒爆炸事件后

某啤酒厂的啤酒发生爆炸后，好多消费者和经销商纷纷打电话到啤酒厂询问事件的真相，却发现电话分别由不同的人员接听，答案也莫衷一是，令人无所适从，未能有效地解除他们心中的疑虑与不安。对方只是站在厂商的立场上，辩称所有产品都经过了严格的生产程序、消费者协会的处置欠公允，以及同业者恶意中伤等。这些消费者与经销商在得不到满意答复后纷纷转向其他品牌，一来求得安心，二来以示对该公司的不满意。

设计问题：

(1) 消费者与经销商态度与情感转化的直接原因是什么？给企业造成的损失是什么？

(2) 如何才能做好这些消费者与经销商消极情感的转化工作？

【业务模拟训练 1】

给巧克力厂商提供建议

训练目标：

培养学生在营销活动中利用影响消费者心理活动过程的各种因素的能力。

训练内容：

一个条形巧克力厂商要设计一种包装，以打开已经饱和的市场，要求你就产品外观的颜色、象征意义、包装等方面提供建议。

训练操作：

(1) 将全班学生按每5~6人一组分组，并选出小组负责人。教师说明训练内容及成果要求。

(2) 每个小组围绕训练内容为巧克力厂商提供建议。

(3) 小组选代表陈述小组的建议与所提建议的原因。

(4) 对同学们在活动中产生的效果进行分析、总结。

成果要求：

(1) 每小组写出建议与分析报告。

(2) 依报告与陈述表现为每位学生评估打分。

(3) 每名同学的成绩由小组排序的分数与老师评估分数组成。

【业务模拟训练2】

情感对消费者购买心理活动影响的训练

训练目标：

熟悉影响消费者情感变化的因素，培养学生利用这些因素影响消费者购买行为的能力。

训练内容：

以自己最近的一次购买活动为主题，分析影响你购买的情感因素。分析并总结影响消费者情感变化的因素。

训练操作：

(1) 首先让学生复习影响消费者情感变化的主要因素的具体内容。

(2) 结合自己最近的一次购买活动进行分析总结。

(3) 说明你购买过程中的情感变化及对今后购买行为产生的影响。

(4) 根据自己的情感体验，分析影响你情感变化的主要因素有哪些，你希望商家怎么做。

(5) 写出分析报告。

成果要求：

(1) 每个人根据训练操作写出《××情感因素对消费者购买心理活动影响的分析》。要求结合自己的真实情感体验进行分析，从而加深对影响消费者情感变化的诸因素的理解。

(2) 依个人的分析报告为每位学生评估打分。

第 3 章
消费者个性心理

知识要点　(1) 个性心理倾向；(2) 个性心理特征；(3) 气质类型；(4) 气质理论对营销的影响；(5) 性格的形成；(6) 不同性格类型对营销活动的影响；(7) 消费者能力；(8) 消费者能力与购买行为的关系。

能力目标　(1) 能够区分消费者的气质、性格、能力方面的差异；(2) 能够根据消费者不同的气质、性格和能力等个性心理表现，有针对性地做出营销决策。

导入案例

商场不予退商品该怎么办？

在“中国质量万里行”活动中，不少制造、销售伪劣商品的工商企业被曝光，消费者感到由衷的高兴。3 月 15 日，正值世界消费者权益日，某大型零售企业为了改善服务态度，提高服务质量，向消费者发出意见征询函，调查内容是“如果您去商店退换商品，售货员不予退换怎么办”，要求被调查者写出自己遇到这种事是怎样做的。其中，有这样几种答案：

(1) 耐心诉说型。这类消费者会尽自己最大的努力，苦口婆心地慢慢解释退换商品的原因，直至得到解决。

(2) 自认倒霉型。这类消费者往往认为向商家申诉也没用，商品质量不好也不是商场生产的，自己吃点亏下次会长经验。

(3) 灵活变通型。这类消费者往往向好说话的其他商场管理人员解释，甚至找主管或值班经理申诉，只要有一个人同意退货就可望解决。

(4) 据理力争型。这类消费者绝不求情，不依不饶地与商场人员讲道理，不行就往媒体投稿曝光，再不解决就向工商局、消费者协会投诉。

(资料来源：李晓霞等. 消费心理学 [M]. 北京：清华大学出版社，2006：45.)

在购买活动中我们经常会发现有的消费者缺乏主见，不是征求营销人员的意见就是咨询其他顾客，而有的消费者不考虑别人的评价，营销人员的推荐在他们身上也很难发挥作用，自己想买什么就买什么。这种种现象，都是人的个性在发挥作用。

3.1 消费者个性概述

消费者的个性心理特征反映着人的个性倾向，研究消费者个性心理的形成和发展，有助于揭示构成不同消费行为的内部原因，预见和引导消费者的购买行为。

3.1.1 个性的含义及其形成因素

个性是指在先天素质的基础上，在社会条件的影响下，通过个人的活动而形成稳定的心理特征的总和。它反映出人的心理活动的经常而稳定的本质特点。

从生理学的角度看，人的个性是在生理素质的基础上，并在一定社会条件下，通过参与社会实践活动逐步形成和发展起来的。因此，个性是先天因素与后天因素共同作用的结果，两者相互联系和统一。生理素质具有人的感觉器官、运动器官、神经系统等生物属性，是一切心理活动产生的物质基础，是形成个性差异的重要原因之一。而后天因素具有包括人所处的社会环境、生活经历、社会影响等方面的社会属性。它对人的个性心理特性的形成、发展和转变具有决定的意义。

从消费者行为的角度看，个性可理解为消费者适应其生活环境的独特行为方式。消费者面对客观事物除了反映出他们的需要、动机和心理过程的一般共性之外，还会产生各种心理现象。在日常生活中，每一个消费者都同其他的消费者有着差别。这种差别不仅是生理上的差别，而且也体现为行为的差别。不同的消费者具有自身的特点，这是消费者个性心理特征作用的结果。

消费者个性心理特征，就是消费者在各自的实践活动中所经常表现出来的比较稳定的个性心理特征和特殊性。消费者个性心理特征的差异性，是通过不同的购买行为表现出来的。

3.1.2 个性的构成

个性包括个性心理倾向和个性心理特征两个方面。这两个方面错综复杂地交织为一体，构成了人们各不相同的个性。每个人通过各种社会活动在体验中逐步形成相对稳定的心理趋势，使个体心理活动带有经常的、稳定的性质。但每个人又有着不同的生活环境和社会经历，从而形成不同的性格、气质和能力特点。这两方面特点的结合形成个性心理特征的特殊性。

1. 个性心理倾向

个性心理倾向主要指个人的需要、动机、兴趣、理想等，它反映的是人对社会环境的态度和行为的积极特征，是个性发展的潜在动力。

人的心理是脑的机能，是物质发展到一定的高级阶段所发生的属性。心理是客观现实能动的反映。人是在生活实践中积极能动地反映客观世界。通过实践活动，人才能由对事物的表面的认识发展到对事物本质的认识。对客观事物表现出一定的态度与意识行为，从而发生兴趣，产生一定的能力。由于实践的多样性，使人们形成不同的个性特征，即使对同一事物的相同评价，也会以不同的方式表现出来。

2. 个性心理特征

个性心理特征包括气质、性格、能力等方面，是多种心理特点的一种独特的结合，它集中地反映了人的心理的独特性和个别性。气质反映着人的心理活动在强度、速度、稳定性、灵活性等动态性质方面独特的个体差异性。不同气质类型的消费者会有不同的行为特点。性格则鲜明地显示出人对现实的态度及其习惯化了的行为方式。消费者的性格千差万别，这反映出在消费过程中各种不同的购买态度和购买行为。能力标志着人完成某种活动的一般能力和特殊能力。如注意力、记忆力、分析能力、决策能力等，这些能力不仅影响消费行为而且也决定了消费行为的方式。气质、性格和能力三方面的个性心理特征在一个人身上的结合方式是因人而异的，这就形成了千差万别的个性。

3.1.3 消费者个性的基本特征

个性心理特征是人们通过各自社会活动得到不同的体验而逐渐形成的相对稳定的心理趋势，是一个人具有一定倾向性的心理特征的总和。每个个体都有区别于他人的特点。消费者的个性具有以下几个显著的特征。

1. 个性的稳定性

个性的稳定性是指消费者经常表现出来的某种心理倾向和心理特征具有稳定不变的倾向。偶尔一时表现出来的心理特点不能算是个性的特征。消费者个性的稳定性表现在消费者的购买风格的一致性和稳定性。在实际情况下，消费者个性会随着现实的多样性和多变性会发生或大或小的变化，也就是说个性的稳定性是相对的。

2. 个性的整体性

个性的整体性是指消费者的各种心理倾向、心理特征以及心理过程错综复杂地交互联系、相互制约、相互协调地联系在一起。个性的各个侧面只有同个性的整体性联系起来，才能具有其确定的意义。

3. 个性的独特性

个性的独特性是指消费者所体现出来的个性心理特征都具有独特的个性倾向，“人心之不同，各如其面”正是个性独特性的写照。独特性是个性最突出的特征之一，它与自身的生理活动、神经系统特点的影响有关系，同时也与消费者个体所接受的外界刺激的个别性有关。不同的社会生活经历与实践活动，就会形成不同的个性。它表现在消费者的购买行为上，就是消费者不同的购买兴趣、购买能力等。在营销人员的销售活动中，要求营销人员因人而异，采取不同的方法，恰到好处地接待消费者。

4. 个性的倾向性

个性的倾向性是指消费者在实践的活动中，对于客观事物所持有的一定的看法、态度和感情倾向。它可以体现出个体的需要、动机、兴趣、理想、价值观念等，而且又能体现出个体对特定事物的特定的选择以及特定的行为方式。个性的倾向性对于一个人个性的完善与改变有重要的影响。

5. 个性的可塑性

个性的可塑性是指个体随着生活经历的变化而发生不同程度的变化，从而在不同的年龄阶段呈现出不同的个性特征。稳定性和可塑性是对立的统一。年龄的增长或者客观环境的变化都会不同程度地影响或改变个性。

3.2 消费者个性心理特征

3.2.1 消费者的气质

1. 气质的含义

气质从本质上讲，是人的心理特性之一，是个人心理活动的稳定的动力特征。它所表现的，是人的心理活动的强度、速度、稳定性、灵活性和指向性等方面的差异。比如说，一个人反应速度的快慢、情绪的强弱、注意集中时间的长短和转移的难易，以及心理活动倾向于外部世界还是内部世界等，虽然和外界环境有一定的联系，但是在很大程度上则与人的气质密切相关。气质相同的人，往往会在不同内容的活动中，表现出性质相同的动力特征来。

2. 气质的特征

（1）先天性

气质是由生理机制决定的，每个人从呱呱坠地开始，就具有了与众不同的气质特点。在日常生活中，可以发现，有的婴儿爱哭、爱闹、爱动，有的婴儿安静、怯生，这说明，先天的生理机制构成了个体气质的基础。

（2）稳定性和可塑性

气质一经形成，受先天遗传因素的影响会有一定的稳定性。当然，气质的这种稳定性是相对的，气质也具有一定的可塑性，在环境和教育的影响下，人的气质在一定程度上是可以改变的。

气质受先天因素的影响，各种气质类型并没有好坏之分，不能从社会道德意义上去评价。在影响气质变化的诸多因素中，人的主观世界对气质的自然表露有重要影响。不管一个人的气质类型如何，当他以积极的态度从事工作和生活时，都会表现出饱满的热情、充足的干劲，反之则意志消沉、情绪低落。

3. 消费者气质类型与基本特征

每个人都有自己独特的气质，也具有与其他人相同或相似的气质。国外心理学家通过长期观察与研究，把人的气质特征划分为四种类型。

（1）胆汁质

这种气质类型的人，行为表现直率热情、精力旺盛、敏捷果断、反应迅速强烈；但性急暴躁、任性、容易冲动。例如《水浒传》中的李逵是典型的胆汁质。

在正确教育下，他们可能具备坚强的毅力，主动而热情，有独创精神；在不良环境影响下，他们可能出现缺乏自制、粗暴、爱生气、易冲动等不良品质。其显著特点是兴奋性强、外倾。

这类消费者表情外露，心急口快，选购商品时言谈举止显得匆忙，一般对所接触到的第一件合意的商品就想买下，不愿意反复选择比较，因此往往是快速地，甚至是草率地做出购买决定。他们急于完成购买任务，如果等候时间稍长或营业员的工作速度慢、效率低，都会激起其烦躁情绪。他们在与营业员的接触中，其言行主要受感情支配，态度可能在短时间内发生剧烈变化，挑选商品时以直观感觉为主，不加以慎重考虑。

接待这类消费者要求营销服务人员动作要快捷、态度要热情耐心，应答要及时。可适当向他们介绍商品的有关性能，以引起他们的注意和兴趣。另外，还要注意语言友好，不要刺激对方。

（2）多血质

这种气质类型的人，行为表现活泼好动、反应迅速、思维敏锐、善于交际、适应性强、性格开朗、动作灵活；但往往粗心大意、情绪多变、兴趣易转移、轻率散慢。其显著特点是灵活性强、外倾明显。《红楼梦》中的王熙凤是典型的多血质。

在正确的教育下，他们对学习、劳动、社会生活会持积极主动的态度；在不良教育下，他们会表现轻率、疏忽大意、散漫、自我评价过高等不良行为和态度。

这类消费者在购买过程中，容易受商品的外表、造型、颜色、命名的影响，注意力容易转移，兴趣忽高忽低，行为易受感情的影响。他们比较热情、开朗，在购买过程中，愿意与营业员交换意见或者与其他消费者攀谈；有的会主动告诉别人自己购买某种商品的原因和用途；喜欢向别人讲述自己的使用感受和经验；自己不知道，也希望从别人那里了解到。另外，选购过程中，易受周围环境的感染、购买现场刺激的影响。

接待这类消费者，一是营销服务人员应主动介绍、与之交谈，注意与他们联络感情，以促使其购买；二是与他们的“聊天”，应给以指点，使他们专注于商品，缩短购买过程。

（3）黏液质

这种气质类型的人，行为表现安静稳重、耐心谨慎、自信心强、善于克制、沉默寡言、反应缓慢、情绪隐蔽；但往往固执、保守、精神怠惰、缺乏生气、动作迟缓。其显著特点是安静、内倾。例如《水浒传》中的林冲属典型的黏液质。

在正确教育下，他们容易形成勤勉、实事求是、坚毅等品质；在不良的影响下，可能发展为萎靡、迟钝、消极、怠惰以及对人对事漠不关心、冷淡顽固等不良品质。

这类消费者挑选商品比较认真、冷静、慎重，信任文静、稳重的营业员。他们善于控制自己的感情，不容易受广告、商标、包装的干扰和影响。他们对各类商品，喜欢自己加以细心的比较、选择后才决定购买，给人慢悠悠的感觉，有时会引起服务人员和别的顾客的不满情绪。

接待这类消费者要避免过多的提示和热情，否则容易引起他们的反感；要允许他们有认真思考和挑选商品的时间，接待时更要有耐心。

（4）抑郁质

这种气质类型的人行为表现孤僻、自卑、羞怯、动作迟缓、反应缓慢、敏感多疑、情绪隐蔽而体验深刻；但感受性高，善于观察到别人不易察觉的细节，富于同情心。其显著特点是敏感、孤僻、缺乏自信心、内倾。例如《红楼梦》中的林黛玉是典型抑郁质。

在顺利的环境中，在友爱的集体里，他们可以表现出温顺、委婉、细致、敏感、坚定，能克服困难，富有同情心等优良品质；在不利条件下，会表现出伤感、沮丧、忧郁、神经过敏、深沉悲观、怯懦、孤僻、优柔寡断等不良品质。他们常常会病态地体验到各种委屈情绪。

这类消费者选购商品时，表现得优柔寡断，显得千思万虑，从不仓促地作出决定；对营业员或其他人介绍将信将疑、态度敏感，挑选商品小心谨慎、过于一丝不苟；还经常因犹豫不决而放弃购买。

接待这类消费者要注意态度和蔼、耐心；对他们可作些有关商品的介绍，以消除其疑虑，促成买卖；对他们的反复，应予以理解。

4. 气质理论在营销活动的作用

在营销活动中，消费者的气质特点，是不可能一进商店就鲜明地反映出来，但在消费者一系列的购买行为中会逐步显露出来。在营销活动中，尽管也偶尔碰到四种气质类型的典型代表，但纯属某种气质类型的人则不多，更多的人则是以某种气质为主，兼有其他气质的混合气质类型。在现实的购买活动中，我们并非一定要把消费者划归为某种类型，而主要是观察与测定构成他们的气质类型的各种心理特征，以及构成气质生理基础的高级神经活动的基本特征。消费者的言谈举止、反应速度和精神状态等一系列外在的表现，都会不同程度地将其气质反映出来。消费心理学研究消费者气质类型及其特征，其目的就是为了提供一种理论指导，帮助营销服务人员学会根据消费者在购买过程中的行为表现，去发现和识别其气质方面的特点，进而引导和利用其积极方面，控制其消极方面，使工作更有预见性、针对性、有效性。营销服务人员学习了解人的气质类型及其行为特征，也有助于提高自身的心理素质，即可以有意识地对自己的气质加以调节和控制，从而完善自己的气质，有利于形成良好的个性，做自己气质的主人，以此来提高服务质量和营销效果。

同步实训 3-1

自我测试气质类型

［实训目标］

让学生了解各自的气质类型。

［实训内容］

自我测试气质类型，并邀请一位你认为最了解你的同学或朋友对你的气质进行评价。

［实训操作］

(1) 首先让同学复习气质的类型与表现，了解做这次测试的意义与目的。

(2) 每位学生按照以下气质类型测试题对自己的气质类型进行测试，得出测试结果。

(3) 每位学生邀请一位最了解你的同学或朋友对你的气质进行评价。

(4) 综合评价得出自己的气质类型。

(5) 根据以上结果撰写气质测试分析报告。

［成果要求］

(1) 每人写出测试分析报告。

(2) 分析报告应包括测试的结果，同学或朋友对你的气质评价是什么，与你的测试结果比较是否有差距。如果有差距，你认为差距的原因是什么。你综合评价最终得出自己的气质类型应该是什么。

(3) 分析你的气质类型在你的职业生涯规划中有哪些优势与劣势。今后应该从哪些方面入手扬长避短。

附：

气质类型测试题

指导语：下列共有60个题目，请你根据自己的情况如实回答。每题共有5个档次分数，你认为符合自己情况的，请在□内记下数值2；较符合的记1；介于符合与不符合之间的记0；较不符合的记 -1；完全不符合的记 -2。

气质类型测试题（每题都要回答）

(1) 做事力求稳妥，一般不做无把握的事。□

(2) 遇到可气的事就怒不可遏，想把心里话全说出来才痛快。□

(3) 宁可一个人干事，不愿很多人在一起。□

(4) 到一个新环境很快就能适应。□

(5) 厌恶那些强烈的刺激，如尖叫、噪音、危险镜头等。□

(6) 和人争吵时，总是先发制人，喜欢挑衅。□

(7) 喜欢安静的环境。□

(8) 善于和人交往。□

(9) 羡慕那种善于克制自己感情的人。□

(10) 生活有规律，很少违背作息制度。□

(11) 在多数情况下情绪是乐观的。□

(12) 碰到陌生人觉得很拘束。□

(13) 遇到令人气愤的事，能很好地自我克制。□

(14) 做事总是有旺盛的精力。□

(15) 遇到问题常常举棋不定，优柔寡断。□

(16) 在人群中从不觉得过分拘束。□

(17) 情绪高昂时，觉得干什么都有趣；情绪低落时，又觉得干什么都没有意思。□

(18) 当注意力集中于一事物时，别的事很难使我分心。□

(19) 理解问题总比别人快。□

(20) 碰到危险情景时，常有一种极度的恐怖感。□

(21) 对学习、工作、事业怀有很高的热情。□

(22) 能够长时间做枯燥、单调的工作。□

(23) 符合兴趣的事情，干起来劲头十足，否则就不想干。□

(24) 一点小事就能引起情绪波动。□

(25) 讨厌那种需要耐心、细致的工作。□

(26) 与人交往不卑不亢。□

(27) 喜欢参加热烈的活动。□

(28) 爱看感情细腻、描写人物内心活动的文学作品。□

(29) 工作学习时间长了，常感到厌倦。□

(30) 不喜欢长时间谈论一个问题，愿意实际动手干。□

(31) 宁愿侃侃而谈，不愿窃窃私语。□

(32) 别人说我总是闷闷不乐。□

(33) 理解问题常比别人慢一些。□

(34) 疲倦时只有短暂的休息就能精神抖擞，重新投入工作。□
(35) 心里有话宁愿自己想，不愿说出来。□
(36) 认准一个目标就希望尽快实现，不达目的，誓不罢休。□
(37) 学习、工作同样一段时间后，常比别人更疲倦。□
(38) 做事有些莽撞，常常不考虑后果。□
(39) 老师或他人讲授新知识、技术时，总希望他讲的慢些，多重复几遍。□
(40) 能够很快地忘记那些不愉快的事情。□
(41) 做作业或完成一件工作总比别人花的时间多。□
(42) 喜欢运动量大的剧烈体育运动，或参加各种文艺活动。□
(43) 不能很快地将注意力从一件事情转移到另一件事情上去。□
(44) 接受一个任务后，就希望把它迅速解决。□
(45) 认为墨守成规比冒风险强些。□
(46) 能够同时注意几件事。□
(47) 当我闷闷不乐时，别人很难使我高兴起来。□
(48) 爱看情节跌宕起伏的激动人心的小说。□
(49) 对工作抱认真严谨、始终如一的态度。□
(50) 和周围人们的关系总是相处不好。□
(51) 喜欢复习学过的知识，重复已掌握的工作。□
(52) 希望做变化大、花样多的工作。□
(53) 小时候会背的诗歌，我似乎比别人记得清楚。□
(54) 别人说我“出语伤人”，可我不觉得这样。□
(55) 在体育活动中，常因反应慢而落后。□
(56) 反应敏捷，头脑机智。□
(57) 喜欢有条理而不甚麻烦的工作。□
(58) 兴奋的事常使我失眠。□
(59) 老师讲新概念，常常听不懂，但弄懂以后很难忘记。□
(60) 假如工作枯燥无味，马上就会情绪低落。□

确定你属于哪种气质的办法如下：

1. 把每题得分按表 3 - 1 题号相加，并算出各栏的总分。

2. 如果多血质一栏得分超过 20，其他三栏得分较低，则为典型多血质；如这一栏在 20 以下、10 以上，其他三栏得分较低，则为一般多血质；如果有两栏的得分显著超过另两栏得分，而且分数比较接近，则为混合型气质，如胆汁—多血质混合形，多血—黏液质混合型，黏液—抑郁质混合型等等；如果一栏的得分很低，其他三栏都不高，但很接近，则为三种气质的混合型，如多血—胆汁—黏液质混合型或黏液—多血—抑郁混合型。

多数人的气质是一般型气质或两种气质的混合型，典型气质和三种气质混合型的人较少。

表 3-1　　气质类型得分表

胆汁质		多血质		黏液质		抑郁质	
题号	得分	题号	得分	题号	得分	题号	得分
2		4		1		3	
6		8		7		5	
9		11		10		12	
14		16		13		15	
17		19		18		20	
21		23		22		24	
27		25		26		28	
31		29		30		32	
36		34		33		35	
38		40		39		37	
42		44		43		41	
48		46		45		47	
50		52		49		51	
54		56		55		53	
58		60		57		59	
总分		总分		总分		总分	

同步案例 3-1

看电影迟到的人

背景资料：

前苏联的心理学家以一个人去电影院看电影迟到为例，对人的几种典型的气质作了说明。假如电影已经放映了，门卫又不让迟到的人进去，不同气质类型的人会有不同的表现：

(1) 第一种人匆匆赶来之后，对门卫十分热情，又是问好又是感谢，急中生智会想出许多令人同情的理由，如果门卫坚持不让他进门，他也会笑哈哈地离开。

(2) 第二种人赶来之后，对于自己的迟到带着怒气，想要进去看电影的心情十分迫切，向门卫解释迟到的原因时，让人感到有些生硬，如果门卫坚持不让他进门，也会带着怒气而去。

(3) 第三种人来了之后，犹犹豫豫地想进去又怕门卫不让，微笑而又平静地向门卫解释迟到的原因，好像不在乎这电影早看一会儿或迟看一会儿，门卫一定不让他进去的话，也很平静地走开。

(4) 第四种人来到的时候，首先可能看一看迟到的人能不能进去，如果看到别人能够进去，他也跟进去，如果门卫不让他进去，他也不愿意解释迟到的原因，默默地走开，最多只是责怪自己为什么不早一点来。

问题：

（1）上述四种人分别属于哪种典型的气质类型？

（2）如果上述四种人进行购物时，会是怎样表现？

分析提示：

（1）根据上述四种人的行为表现，可以判断他们的气质类型分别为：多血质、胆汁质、黏液质、抑郁质。

（2）根据四种典型的气质类型消费者的购买表现来回答。

3.2.2 消费者的性格

在销售活动中，消费者个体性格的差异是形成各种独特的购买行为的另一重要的原因。消费者千差万别的性格特点，不仅表现在现实生活中，也往往表现在他们对商品购买活动中各种事物的态度和习惯化的购买方式上。营销人员应根据消费者的不同性格特点，开展不同的营销策略。

1. 性格的含义及其形成因素

性格是个性的重要方面。它是指一个人在个体生活中形成的，对现实的稳定态度和习惯化了的行为方式。它主要表现在人对现实的态度、语言和行为方式中。如，在待人处事中有的人表现出豪爽果断、有原则性、肯帮助人；有的人则懒惰，自私自利；有的人学习、工作拖延马虎、不负责任；有的人谦虚谨慎，有的人狂妄自大等等，所有这些特征都是人的性格差异的表现。由此可见，性格就是由各种特征所组成的有机统一体。每一个人对现实的稳固态度有着特定的体系，其行为的表现方式也有着特有的样式。由于一个人在对待事物的态度和行为方式中总是表现出某种稳定倾向，因此性格标志着某个人的行为和其行为的结果，它可能有益于社会，也可能有害于社会，有着道德评价的意义。

人的性格不是天生的，人的实践和人的内部世界在每时每刻都制约着性格的发展，它的形成过程是主体与客体相互作用的过程。任何性格特征也不是一朝一夕形成的，它是从儿童时期开始就不断受到社会环境的影响、教育的熏陶和自身的实践，经过长期塑造而形成的。一个人的性格是较稳定的，同时又是可塑的。在新的生活环境和教育影响下，在社会新的要求影响下，通过实践活动，一个人的性格可以逐渐改变。

2. 性格与气质的关系

在现实生活中，人们常常混淆气质与性格这两种个性心理。其实它们是相互制约、相互作用，既有联系，又有区别的。

性格和气质相互渗透、彼此制约。主要表现为：①气质能影响性格的形成和表现方式，使性格带有明显的个性特征；不同气质类型的人都可以培养积极的性格特征。②同时性格对气质有深刻的影响，它在一定程度上能掩盖和改造气质，使气质的消极因素得到抑制，积极因素得到发挥。

性格和气质之间又有明显的区别：①气质是先天因素形成的，主要受高级神经系统的影响，表现为人的情绪或活动的动力特征，具有牢固性和稳定性，变化较缓慢，没有好坏之分；②性格主要是后天养成的，更多的受社会生活和实践的影响，是个性心理特征的核心，具有相对稳定性和较强的可塑性，能够改造，有明显的好坏之分。

3. 消费者的性格类型

消费者千差万别的性格特点，往往表现在他们对消费活动的态度和习惯化的购买行为方式，以及个体活动的独立性程度上，从而构成千姿百态的消费性格。

（1）按消费态度分类

①节俭型。这类消费者勤俭节约、朴实无华、生活方式简单，认识事物，考虑问题比较现实。他们选购商品的标准是实用，不追求外观，不图名声。对于商品信息，容易接受说明商品内在质量的内容，购买中不喜欢营销人员人为地赋予商品过多的象征意义。

我国人民视俭朴为美德，尽管现在生活比解放前富裕多了，但购买消费品大多精打细算，讲究实用性。这种消费态度强烈地、明显地体现在消费行为上，并成为其他各种具体消费行为的主导。此类消费者在我国为数众多，尤其在中年消费者中更是多见。

②自由型。这类消费者态度浪漫，生活方式比较随便，选择商品标准多样，既考虑质量，也讲求外观，但相比之下，质量不是最主要的。他们不拘泥于一定的市场信息，有时也受销售宣传的诱导，联想丰富，不能完全自觉地、有意识地控制自己的情绪。

③保守型。这类消费者态度严谨、固执，生活方式刻板，喜欢遵循传统消费习惯，对有关新产品的市场信息抱怀疑态度，有意无意地进行抵制，信奉传统商品，经常怀恋往昔。

④怪癖型。这类消费者态度傲慢，往往具有某种特殊的生活方式或思维方式。选购商品时往往不能接受别人的意见、建议；有时会向营销人员提出一些令人不解的问题和难以满足的要求，自尊心强而过于敏感，消费情绪不稳定。

⑤顺应型。这类消费者态度随和、生活方式大众化。他们一般不购买标新立异的商品，但也不固守传统。其行为受相关群体影响较大，和与自己相仿的消费者群体保持比较一致的消费水平，对社会时髦不积极也不反对，能够随着社会发展、时代变迁，不断调节、改变自己的消费方式和习惯。

（2）按心理活动的倾向分类

①外向型。外向型性格的消费者对外部事物比较关心，感情外露，活泼开朗，自由奔放，当机立断，独立性强，待人接物随和，不拘小节，善于交际，勇于进取，容易适应环境的变化，但有轻率的一面。在购买过程中，热情活泼，喜欢与营销人员交换意见，主动询问有关商品的质量、品种、使用方法等方面的问题，易受商品广告的感染，言语、动作、表情外露，这类消费者的购买决定比较果断，买与不买比较爽快。

②内向型。内向型性格的消费者一般表现为对外界事物反应较缓慢，感情深沉，处事谨慎，深思熟虑，沉静孤僻，缺乏决断能力，但一旦下定决心办某件事总能锲而不舍，交际面窄，适应环境不够灵活。在购买活动中沉默寡言，动作反应缓慢，不明显，面部表情变化不大，内心活动丰富而不露声色，不善于与营销人员交谈，挑选商品时不希望他人帮助，对商品广告冷淡，常凭自己的经验购买。

（3）按消费者购买方式分类

①习惯型。这类消费者，当他们对某一厂牌、商标的商品有深刻体验后，便保持稳定的注意力，逐步形成习惯性的购买和消费，不轻易改变自己的信念，不受时尚和社会潮流的影响，购买中遵循惯例，长久不变。

②慎重型。这类消费者，在采取购买行为之前，要做周密考虑，广泛收集有关信息；

在选购时，尽可能认真、详细地对商品进行比较，衡量各种利弊之后才作出购买决定。

③挑剔型。这类消费者，一般都具有一定的购买经验和商品知识。挑选商品主观性强，善于观察别人不易观察到的细微之处，检查商品极为小心仔细，有时甚至达到苛刻程度。

④被动型。这类消费者，往往是奉命购买或代人购买，没有购买经验，在选购商品时大多没有主见，表现出不知所措的言行，渴望得到营销人员的帮助。

（4）按消费者活动的独立程度分类

①独立型。这类消费者有主见，能独立自主地作判断和选择，不易受外界因素影响，他们是家庭购买决策的关键人物。

②顺从型。这类消费者易受暗示，购买时会犹豫不决。

另外，有的学者从社会文化生活方式出发，把消费者划分为：理论型、经济型、审美型、社会型、权力型和宗教型的消费者。

4. 性格理论在营销活动的作用

研究消费者的性格，有利于更好地做好销售和服务工作，因此，有着重要的实践意义。

（1）从市场营销的角度看

营销人员必须根据消费者的不同性格表现，采取合适的、行之有效的销售策略。

①对待选购商品速度快和慢的消费者的策略。消费者的性格不同，选购商品的速度也有所不同。一般地说，对慢性的消费者，营销人员要有充分耐心，不可因为消费者选购商品的时间长而急躁，甚至显出不耐烦的表情；对急性的消费者，营销人员对他们没有经过充分思考匆忙做出的购买决定应谨慎稳重，及时提醒他们仔细挑选商品，防止他们后悔退货。

②对待言谈多和寡的消费者的策略。不同性格的消费者在购买活动中，有的爱说话，有的则沉默寡言。对爱说话的消费者，营销人员的接待要稳重，掌握分寸，多用纯业务性的语言，态度要热情。对少言的消费者，营销人员应根据他们的面部表情和目光注视方向等表现，及时摸清他们的购买意图，用客观的语言来介绍商品，并尽快找出共同语言，促使消费者的购买行为尽快实现。

③对待随意和疑虑的消费者的策略。随意型消费者对商品的性能和特点往往不太了解和熟悉，在选购商品时常表现出拿不定主意。营销人员应主动帮助他们出主意，检查商品的质量，挑选合适的商品，不可弄虚作假，要诚信为本。对疑虑型消费者，营销人员的最好办法是尽量让他们自己去观察和选定商品，如果消费者有疑问，应用真诚和客观的语言给以解释或介绍，尽可能帮助他们打消对商品的疑虑。

④对待购买行为积极和消极的消费者的策略。购买行为积极的消费者，购买目标明确，购买计划清晰，购买过程中的举止和语言表达较流畅。营销人员在了解他们的意图后，应主动配合，使他们的购买行为迅速实现。购买行为消极的消费者，常常无明确的购买目标和意图，进店后能否产生购买行为，在很大程度上取决于营销人员能否积极、热情、主动地接待他们，并激发他们的购买热情，引发他们的购买行为。

⑤对待不同情绪的消费者的策略。性格不同的消费者，在购买过程中，由于各种因素的影响，会有各种不同的情绪表现。对待情绪容易激动的消费者，营销人员应认真注重他

们使用的语言，要冷静、耐心地接待，不能随便开玩笑，否则，会激起消费者情绪的兴奋而难以抑制。对待情绪温和的消费者，营销人员应主动、热情地向他们介绍商品，帮助他们选择适合、需要的商品。

(2) 从对营销人员的选择和培养的角度看

性格理论在营销活动的作用，还表现在对营销服务人员的选择和个人良好性格类型的培养上。

营销服务人员承担着把产品从生产领域转移到流通领域，最终到达消费领域的任务。营销服务人员需要与各种各样的消费者打交道，与社会各界联络沟通，参加各种营销活动(即社交活动)。因此，营销服务人员应选择和培养自己具有有助于人与人之间接触、沟通的外向型性格类型。因为外向型性格的人，心理活动倾向于外部，经常对外部事物表示关心和兴趣，开朗、活泼，特别善于社交。在性格的培养过程中，特别重要的是要学会对自己的性格进行自我调节和自我教育。一切外因只有通过内因才能起作用。只有当营销服务人员意识到自己的性格必须符合自己所从事的工作时，他才能产生积极的动机，自觉地调节自己的行为方式，重视在工作实践中培养自己良好的性格特征。在社会实践中，人们适应并改变着环境，同时也改变着自己的性格。因此，营销工作实践是培养营销人员良好性格特征和使它变为习惯化的行为方式的有效途径。

3.2.3　消费者的能力

在消费者的个性心理特征中，除了气质和性格以外，消费者的能力对消费者的消费行为也起着至关重要的影响。

1. 能力的含义

能力是指人们能够顺利完成某种活动所必备的并且直接影响活动效率的个性心理特征。它是影响人的活动效果的基本条件，能力高低直接影响一个人从事活动的快慢、难易程度。其活动的内容和性质不同，对能力的构成和要求也不同。

人的能力是在先天遗传因素的影响下，经过后天的环境影响（家庭、学校、社会等因素）和个人的努力逐步形成的。能力的发展和提高必须依靠知识、技能的学习；同时，掌握知识和技能又必须以一定的能力为前提，能力的大小影响着掌握知识和技能水平的高低。

2. 消费者能力分析

消费者在购买商品的过程中，需要运用多种能力。消费者通过知识和技能的学习和实践，逐渐形成和提高了自己的消费能力。

比如，购买服装或布料的时候，就需要手的感觉能力，摸一摸服装或布料的质地；需要观察力，观察服装的颜色是否适合，款式有无缺陷，制作是否精致，质量是否过关；还需要同其他服装或布料比较一下，看看哪一种更适合自己的需要，哪种款式、哪种花色更好等。

消费者应具有的能力有：

(1) 一般能力

一般能力是指消费者在许多活动中都必需的带共同性的基本能力。在消费活动中，一般能力包括以下几点。

①注意力。注意力是指消费者对商品及相关事物的心理指向的能力。注意可以从主动注意和被动注意来分析。当消费者主动寻找、发现某一事物时，就是主动注意；当消费者被某事物吸引而关注时就是被动注意。人的注意力是有差异的，有的消费者很快就能买到自己所需要的商品，而有的消费者在商店里转了大半天也找不着自己所需要的商品。人的注意力是有限的，企业应该把消费者有限的注意力吸引到自己的商品上，这是企业提高促销活动效果的重要手段。

②观察力。观察力是个体对事物进行准确而又迅速感知的能力。观察力强的消费者，往往能很快地挑选出他所满意的商品。如果消费者观察能力较差，往往看不到商品的某种不太明显的优点或缺点，就可能失去买到优质商品的机会。

③想象力。想象力是消费者以原有表象为基础创造新形象的能力。丰富的想象力可以使消费者从商品本身想象到该商品在一定环境和条件下的使用效果，从而激发美好的情感和购买欲望。

④判断力。判断力表现在消费者选购商品时，通过分析、比较对商品的优劣进行的判断。一般来说，判断力强的顾客，能迅速果断作出买或不买的决策；反之，判断力差的顾客，经常表现为优柔寡断，有时甚至会作出错误的判断。这种能力，也表现在对商品的使用中，有的能迅速发现商品的优劣，作出正确的评价。

⑤记忆力。记忆力也是消费者在购买活动中必须具备和经常运用的基本能力。消费者在选购商品时，经常要参照和依据以往的购买、使用经验及所了解的商品知识，这就需要消费者具备良好的记忆能力，以便把过去消费实践中感知过的商品、体验过的情感以及积累的经验在头脑中回忆和再现出来。消费者能否记住某种商品的特性，还关系到他能否有效地作出购买决策。有的决策是面对商品时作出的，而有的决策则是在没有见到商品的情况下作出的。在后一种情形中，记忆是一个关键。消费者一旦记住了他所需要的商品的特点、商标、产地等，那么他可以在没有走进商店之前就作出购买决策。

⑥购买决策力。购买决策力是指消费者在运用注意、识别、评价、想像、鉴赏等能力对商品进行综合分析的基础上，及时、果断地做出购买决定的能力。在购买过程中，决策是购买意图转化为购买行动的关键环节，也是消费者感知和分析评价商品信息结果的最终体现。通过建立在理性认识基础上的果断决策，消费者的消费活动才能由潜在状态进入现实状态，购买行为也才能真正付诸实现，因此，消费者决策能力是消费者能力构成中一个十分重要的方面，它对消费者的购买活动起着决定性作用。这种能力直接受其个人性格和气质的影响。同时，还与消费者对商品的认知程度、卷入程度、使用经验和购买习惯有关。

（2）特殊能力

特殊能力是某种专门性活动所必需的知识和技能，它属于专业技术方面的能力。

①识别力。识别力是指消费者对商品的识记、辨认的能力。人由于生理的限制识别能力有很大的局限性。例如，有数十种的黑色，一般人的眼睛最多能区分出四五种，但是从事这一职业的染色工人能分辨出40多种。这也说明能力与经验有关。另外，消费者识别能力的差别还体现在识别方法上。一些重传统经验的消费者，识别方法比较简单，习惯于手摸、口尝、耳听。而受教育程度高、接受新事物较快的消费者识别方法既灵活也比较科学。他们不仅依靠自己的感官感觉商品，而且能利用各种形式，如商品说明书、产品质量鉴定书等收集有关商品的信息，鉴别商品性能，企业应采取各种手段提高消费者的识别

能力。

②评价力。评价力是指消费者依据一定的标准分析判断商品性能、质量，从而确定商品价值大小的能力。评价力也是建立在消费者对商品知觉的基础上。但消费者对商品的知觉往往是模糊的、不确定的。20世纪70年代，有一项实验证明，大多数消费者在蒙眼的味觉实验中不能辨别可口可乐与百事可乐的区别，许多声称爱喝可口可乐的人在蒙眼实验中却选择了百事可乐。可见，消费者评价能力既与掌握商品信息有关，也受自身感觉影响。

同步案例3-2

评价地毯的实验

背景资料：

有一个专家曾做过这样的实验：在同一卷地毯中割下四块相同的地毯样本，要求被试者对四个样本的质量从低到高划分等级。每块地毯的样本前分别标有：高级商店、高价格；高级商店、低价格；低级商店、高价格；低级商店、低价格。结果发现，人们认为高价格地毯的样本质量比低价格样本要好得多。同样从高级商店中买的地毯样本比低级商店要好。

（资料来源：梁汝英．消费者行为学［M］．重庆：重庆大学出版社，2004：45．）

问题：

分析出现上述结果的原因。

分析提示：

消费者是依据一定的标准来分析判断商品质量，从而确定商品价值大小的。消费者的评价能力是非常有限的，这种能力往往受其所掌握商品的信息与自我感觉影响。人们之所以认为高级商店的地毯样本比低级商店要好、高价格地毯的样本质量比低价格样本要好得多，是因为人们分析判断商品质量的标准是商品的销售地点及商品的价格，受其所掌握商品信息影响而得出的结论。

③鉴赏力。鉴赏力主要是指消费者对商品的艺术欣赏能力。这是一种较高层次的能力，随着社会生产的不断发展，人们精神生活日益丰富，产品的欣赏价值和产品的实用价值同样重要，人们对商品的审美要求也越来越高。消费者对商品的鉴赏能力除了消费者自身要不断学习，提高修养之外，在购买活动中也要时时感受，不断熏陶自己。一个人的审美和鉴赏力的强弱将直接影响其生活质量的高低。这种能力往往使他们在服饰搭配、居室装饰布置、美容美发、礼品选择等方面获得较大的成功。

一般能力与特殊能力在人的实践活动中是相互联系的，共同组成一个辩证的统一体，共同发挥作用，共同发展。一般能力寓于特殊能力之中，再通过特殊能力表现出来；而特殊能力则是一般能力的特殊化和具体化。不同的能力在人类的实践活动中发挥着各自不同的作用。

(3) 人际交往能力

从心理学角度看营销工作是一种商业交际活动，是人与人之间的交往活动。在社会生活中，每个人所处的地位，肩负的任务不同（即他所担任的角色不同），他的行为方式和行为准则也会不同。在市场活动中，作为买卖双方的消费者和营销人员，就代表着不同的社会角色进行着交际活动。

（4）应变能力

营销活动要想获得满意的效果是相当困难的。这是因为买卖双方利益有明显的歧异性，使得双方在心理上难以认同；还有双方在市场地位上的对立性，这种对立性尤其在市场供求严重失衡的情况下表现得更为明显。这就要求消费者具有一定的应变能力来把握购买行为的最终效果。

3. 消费者能力与购买类型

消费者不同的能力决定了不同的购买类型。一般可从以下角度划分。

（1）按购买目标的确定程度分类

①确定型。此类人有比较明确的购买目标，事先掌握了一定的市场信息和商品知识，他们进入商店后，能够有目的地选择商品，主动提出需购商品的规格、式样、价格等多项要求。如果购买目标明确且能够通过语言清晰、准确地表达，购买决策过程一般较为顺利。

②半确定型。此类消费者进入商店前已有大致的购买目标，但对商品的具体要求尚不明确。他们进入商店后，行为是随机的，与营业员接触时，不能具体地提出对所需商品的各项要求，注意力不是集中在某一种商品上，决策过程要根据购买现场情景而定。

③盲目型。此类消费者购买目标不明确或不确定。他们进入商店里，无目的地浏览，对所需商品的各种要求意识朦胧，表达不清，往往难以被营业员掌握。这种人在进行决策时容易受购买现场环境的影响，如营业员的态度，其他消费者的购买情况等等。

（2）按对商品的认识程度分类

①成熟型。此类消费者了解较多有关的商品知识，能够辨别商品的质量优劣，能很内行地在同种或同类商品中进行比较、选择。这类人在选择中比较自信，往往胸有成竹，有时会向营业员提少量关键性问题。营业员接待这类顾客时要尊重他们自己的意见，或提供一些技术性的专业资料，不必过多地解释和评论。

②普通型。此类消费者掌握部分有关的商品知识，需要营业员在服务中补充他们欠缺的部分知识，有选择性地向他们介绍商品。

③幼稚型。这是就消费者对某一具体商品的认知而言的。此类消费者缺乏有关的商品知识，没有购买和使用经验，挑选商品常常不得要领，犹豫不决，希望营业员多做介绍、详细解释。他们容易受广告、其他消费者或营业员的影响，买后容易产生“后悔”心理。因而营业员要不怕麻烦，主动认真、实事求是地介绍商品。

划分消费者的类型，是一件十分复杂的事情，因为每个消费者的性别、年龄、职业、经济条件、心理状态、空闲时间和购买商品的种类等方面不同，以及购买环境、购买方式、供求状况，营业员的仪表和服务质量等方面有别，都会引起消费行为的差异现象。

4. 能力理论在营销活动的作用

在消费者的购买活动中，消费者的购买能力，不仅受诸如自身素质因素的影响，而且其他客观的因素也同样在发挥作用，如消费者的受教育程度。消费者在面临新的消费环境时，需要不断地更新知识和观念，于是营销人员向消费者传达商品的信息（介绍商品的性能，讲解商品知识、培训维修和保养方法，示范商品的操作技术等）时，应该采用适当的方法引起消费者的兴趣，通过消费的实践提高消费者的各自能力。消费的实践活动是消费者能力发展的决定性条件，制约着消费者能力的发展性质与水平。

能力是人在改造和适应客观世界的实践活动中形成和发展起来的。在实践和完成任务的活动过程中，不断地克服困难，以及薄弱环节，从而使自身的能力得到相应的发展与提高。因为能力不同，使得消费者的购买行为呈现出多样性或差异性，于是要求营销人员遵守职业道德，合理地引导消费者的购买活动，促进商品的销售。切不可有意利用顾客的能力弱点去推销伪劣商品，欺诈顾客。

营销人员的营销能力与他们的营销效果有很密切的联系，例如在销售服务中，营销人员如何争取主动吸引顾客的注意力，唤起顾客的兴趣以及购买的欲望，语言的表达非常的重要，这也就表现为营销人员的营销能力。因此，营销人员也应当通过实践和加强理论学习，来不断提高自己的营销能力，更好地为消费者服务，促进消费者的购买活动的进行。

本章知识脉络

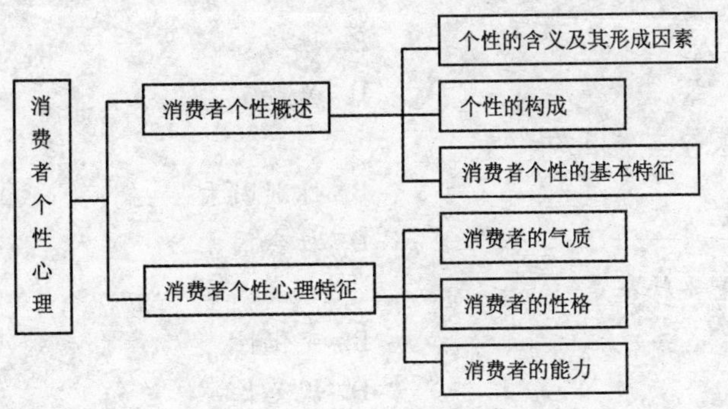

本章导入案例点评

1. 这个调查内容能够在一定程度上反映出消费者个性心理特征本质。

从个性的基本特征看，除了个性具有稳定性、整体性外，还具有独特性和倾向性。从该案例的“去商店退换商品，销售员不予退换”这件事情的四种消费者如何反映做的调查，体现了消费者个性中存在相当大的差异。每个消费者在某种程度上都具有不同于他人的心理特征，有的外向，有的内向，有的反映温和，有的反映激烈。这说明每个消费者都以自己的独特行为模式和思想方法来适应购物中的环境或问题。

2. 根据四个消费者的不同表现能判断出他们的气质类型：

气质是个人典型、稳定的心理特征，主要指人的心理活动在动力方面的特点。根据有关理论，气质可以分为多血质、胆汁质、粘液质和抑郁质四种。

第 1 类，“慢慢解释退换商品的原因”说明该类消费者反应速度慢，不够灵活；“直至得到解决”说明该类消费者固执、细致，所以属于黏液质。

第 2 类，“这类消费者往往认为向商家申诉也没用，商品质量不好也不是商场生产的，自己吃点亏下回长经验”表现出胆小，内向，不灵活，所以属于抑郁质。

第 3 类，“这类消费者往往找好说话的其他商场管理人员解释，甚至找主管或值班经理申诉，只要有一个人同意退货就可望解决”，表现出反应快，灵活性强。活泼、开朗、善于交际，所以属于多血质。

第4类，“这类消费者绝不求情，不依不饶的与商场人员讲道理，不行就往媒体投稿曝光，再不解决就向工商局、消费者协会投诉”，表现出不灵活，直率，情绪易激动，暴躁，所以属于胆汁质。

思考与练习

1. 理论题

(1) 单选题

①活泼好动，反应敏捷，善于交际，但注意力分散，是（　　）气质的特征。

A. 多血质　　B. 胆汁质

C. 黏液质　　D. 抑郁质

②下列属于个性心理特征的是（　　）。

A. 意志　　B. 性格

C. 动机　　D. 兴趣

③决定人的气质的主要因素是（　　）。

A. 职业因素　　B. 性别因素

C. 先天因素　　D. 社会因素

④个性心理的重要特征是（　　）。

A. 稳定性　　B. 变化性

C. 强制性　　D. 规范性

⑤按照气质类型的划分，你认为“桃园三结义”里脾气暴躁的张飞属于（　　）气质。

A. 多血质　　B. 胆汁质

C. 黏液质　　D. 抑郁质

(2) 多选题

①消费者个性形成的影响因素包括（　　）。

A. 先天素质　　B. 社会环境

C. 个性倾向　　D. 经济条件

E. 社会经历

②性格按心理活动的倾向可分为（　　）。

A. 顺从型　　B. 独立型

C. 外倾型　　D. 内倾型

E. 被动型

③按购买目标的确定程度进行划分，消费者的能力类型可划分为（　　）。

A. 确定型　　B. 成熟型

C. 半确定型　　D. 幼稚型

E. 盲目型

④按购买方式进行划分，消费者的性格类型可划分为（　　）。

A. 习惯型　　　　B. 慎重型

C. 情感型　　　　D. 挑剔型

E. 被动型

⑤消费者的个性心理特征主要有（　　）。

A. 气质　　　　B. 需要

C. 动机　　　　D. 性格

E. 能力

（3）判断题

①消费者个性的可塑性决定消费者需求的可诱导性。（　　）

②在生活中我们经常评价某人气质优雅或气质粗俗，即个性心理特征中所指的气质。（　　）

③活泼好动，反应迅速，动作敏捷，思维灵活，但往往不求甚解，注意力易转移，情绪不稳定，这些都是抑郁质气质类型的典型特点。（　　）

④性格无好坏之分，而气质有好坏之分，人们都愿意和多血质的人交朋友。（　　）

⑤对慢性的消费者，营销人员要有充分耐心，千万不能因为消费者选购商品的时间长而沉不住气，更不能急躁，显出不耐烦的表情。（　　）

（4）简答题

①消费者个性有什么特征?

②简述气质与性格的区别和联系。

③简述消费者的能力有哪些。

2. 实务训练题

【案例分析1】

案例资料：

某女士的购物过程

一位女士在某商场的购物过程如下：因为原有的手机丢失，先到通讯器材柜通过营业员介绍买了一款新推出的手机；然后到摄照器材柜准备挑选一部数码相机，虽经营业员详细讲解，但因为没有使用经验，还是决定下次找个懂行的朋友一起来购买；最后在日用品自选超市买了某种著名品牌的洗发水。

设计问题：

（1）从对商品的认识程度分类，这位女士在三次购买过程中分别属于什么能力类型的消费者?

（2）上述三次不同的购买过程中的消费行为分别具有什么特点?

【案例分析2】

案例资料：

李静的四个消费者

某酒店的销售员李静销售酒店的会员卡，其中有四个消费者都有购买意向，她又与四个消费者分别用电话进行了谈判和沟通。

A消费者：这个会员卡听起来还行，但我没有时间同你谈这个事情，你跟我的助理谈吧。然后很快就说：先这样，下次再说。就很快挂断了她的电话。

B消费者：真的哦，假如我去旅游，这张会员卡是不是在旅游景点也可以用的？不过好像蛮贵的，有什么特殊的优惠政策吗？

C消费者：行吧，我觉得你们的会员卡还蛮好的，很多地方也可以用，折扣也蛮高，你还是让我先考虑考虑吧，谢谢你啊！

D消费者：你把你们的会员卡说得这么好，那我问你：假如我不能享受这样的折扣，你该怎么解决？还有，假如我去一个城市，没有你说的折扣酒店，你是不是要赔偿我的钱还有时间？因为我肯定会和你联系的。

设计问题：

(1) 李静的这四个消费者的性格一样吗？试进行分析。

(2) 面对这四个消费者李静应该采取哪些措施？

【业务模拟训练1】

商场内消费者个性心理分析训练

训练目标：

(1) 培养学生观察分析消费者个性心理差异的能力。

(2) 培养学生根据消费者的个性心理特征而引起的购买行为的差异开展营销活动的能力。

训练内容：

(1) 以小组为单位利用周末到大商场作现场观察，注意不同消费者购买商品时的不同特点，推测他们的气质、性格、能力方面的差别。

(2) 观察并分析这个商场的服务员接待不同消费者采用的方法是否是合适的，为什么？

训练操作：

(1) 将全班学生按5~6人一组分组，并选出小组负责人。教师说明训练内容及成果要求，每个小组选择欲现场观察的大商场。

(2) 小组成员在小组负责人的带领下到预先选定的大商场现场分头观察并记录不同的消费者在购买商品时的不同特点，以推测他们的气质、性格能力方面的差异，分析为这些消费者服务的服务员接待消费者所采用的方法是否有针对性。

(3) 每个小组成员至少观察、记录3组购买过程。

(4) 小组成员分工协作撰写观察分析报告。

成果要求：

(1) 以小组为单位写出观察分析报告。

(2) 在全班组织交流座谈会。

(3) 根据各小组的分析报告和个人在交流中的表现进行考核。

【业务模拟训练2】

消费者购买能力分析

训练目标：

熟悉消费者购买能力的内容，培养学生增强各种消费者的能力。

训练内容：

以自己最近的一次购买活动作为主题，分析自己的购买过程需要具备哪些能力，分析自己还需要加强哪些能力。

训练操作：

(1) 了解消费者能力的具体内容。

(2) 结合自己最近的一次购买活动，分析这次购买过程需要具备哪些能力，自己在哪些方面还需要继续加强学习与锻炼。

(3) 写出分析报告。

成果要求：

根据自己最近的这次购买活动，写出《××消费者购买能力分析》，要求结合自己真实的体验，分析合理，从而加深对消费者各种能力的理解。

第4章
消费者购买心理

知识要点 (1) 需要、动机与行为的关系；(2) 需要对消费心理的影响；(3) 动机的形成；(4) 购买动机的功能；(5) 消费者购买动机与行为之间的关系；(6) 消费者购买决策过程；(7) 消费者心理活动对购买决策的影响；(8) 消费者购买行为模式。

能力目标 (1) 能够分析消费者的消费需要，并利用消费需要的特性开展相应的营销活动；(2) 利用购买动机的可诱导的特性，诱导消费者产生符合企业需要的购买行为；(3) 运用消费者购买行为决策过程和心理过程的相互关系，把握购买心理，运用消费者购买动机促成购买行为。

导入案例

速溶咖啡为何受冷落

20世纪40年代，当速溶咖啡这个新产品刚刚投放市场时，厂家自信它会很快取代传统的豆制咖啡而获得成功，因为它的味道和营养成分与豆制咖啡相同，但饮用方便，不必再花长时间去煮，也不要再为刷洗煮咖啡的器具而费很大的力气。出乎意料的是，速溶咖啡刚面市时却受到了冷落，购买者寥寥无几。为此，心理学家们对消费者进行了问卷调查，请被试者回答不喜欢速溶咖啡的原因和理由。很多人一致回答是因为不喜欢它的味道，这显然不是真正的原因。为了深入了解消费者拒绝使用速溶咖啡的潜在动机，心理学家们改用间接的方法对消费者真实的动机进行了调查和研究。他们编制了两种购物单，这两种购物单上的项目，除一张上写的是速溶咖啡，另一张写的是豆制咖啡这一项不同之处，其他各项均相同。把两种购物单分别发给两组妇女，请她们描写按购物单买东西的家庭主妇是什么样的妇女。结果表明，两组妇女所描写的想象中的两个家庭主妇形象是截然不同的。看速溶咖啡购物单的那组妇女几乎有一半人说，按这张购物单购物的家庭主妇是个懒惰的、邋遢的、生活没有计划的女人；有12%的人把她说成是个挥霍浪费的女人；还有10%的人说她不是一位好妻子。另一组妇女则把按豆制咖啡购货的妇女描绘成节俭的、讲究生活的、有经验的和喜欢煮调的主妇。这说明，当时的美国妇女有一种带有偏见的自我意识；作为家庭主妇，担负繁重的家务劳动乃是一种天职，而逃避这种劳动则是偷懒的、应当谴责的行为。速溶咖啡的广告强调的正是速溶咖啡的省时、省力的特点，因而并没有给人以好的形象，反而被理解为它帮助了懒人。由此可见，速溶咖啡开始时被人们拒绝，并不是由于它的本身，而是由于人们的动机，即都希望作一名勤劳的、称职的家庭主妇，而不愿做被别人和自己所谴责的懒惰、失职的主妇，这就是当时人们的一种潜在的购买动机，这也正是速溶咖啡被拒绝的真正原因。谜底揭开之后，厂家对产品的包装作了相应的修改，除去了使人产生消极心理的因素。广告不再宣传又快又方便的特点，而是宣传它具有新鲜咖啡所具有的美味、芳香和质地醇厚等特点；在包装上，使产品密封十分牢固，开启时十分费力，这就在一定程度上打消顾客因用新产品省力而造成的心理压力。结果，速溶咖啡的销路大增，很快成了西方世界最受欢迎的咖啡。

（资料来源：徐平．消费心理学教程［M］．上海：上海财经大学出版社，2008.）

在影响消费者行为的诸多心理因素中，需要和动机占有重要的地位，并与消费行为的产生有着密切的联系。这是由于人们的任何消费行为都是有目的的活动，这些目的的实质是为满足人们的某种需要或欲望。需要是消费者行为的最初原动力，动机则是消费者行为的直接驱动力。本章将对消费者需要与动机的内容、特征及消费者心理与消费行为的内在规律等进行研究。

4.1　消费者需要心理

4.1.1　消费者需要的含义和特征

1. 消费者需要的含义

需要是个体由于缺乏某种生理或心理因素而产生的内心紧张，从而形成与周围环境之间的某种不平衡的状态。需要的实质是个体为延续和发展生命，并以一定的方式适应环境所必须的客观事物的需求反映，通常以欲望、渴求、意愿的形式表现出来。所以，需要就是人们在一定的生活条件下，为延续和发展生命而产生的对客观事物的渴求或欲望。

消费者的需要包含在人类的一般的需要之中，它反映了消费者某种生理或心理体验的缺乏状态，并直接表现为消费者对获取以商品或劳务形式存在的消费对象的要求和欲望。例如，当一个人感到饥饿时，就产生对食物的需要；当感到寒冷时，就产生对御寒衣物的需要；当感到孤独寂寞时，就产生对社会交往及娱乐活动的需要；当感到被人轻视时，就产生对提高身份地位的高档、贵重商品的需要等等，这些需要成为人们从事消费活动的内在原因和根本动力。正是为了满足这些形形色色的需要，消费者才努力采取相应的消费行为，而原有的需要满足之后，消费者又会产生新的需要，新的需要推动新的消费行为发生，如此循环往复，形成延续无尽的消费行为。需要、动机、行为之间的关系如图 4－1 所示。

人们形成需要往往必须具备两个前提条件：一是感到不满足，即缺少什么东西；二是期望得到某种东西，有追求满足的愿望。需要就是由这两种状态形成的一种心理现象，属

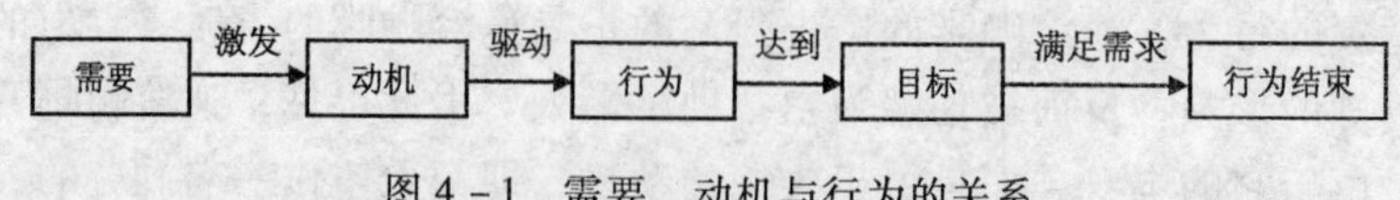

图 4－1 需要、动机与行为的关系

于人的个性中的个性心理倾向。任何需要都是有对象的。在商品社会中，消费者的需要主要体现为对商品和劳务的需要。

2. 消费者需要的特征

尽管消费者的需要多种多样、纷繁复杂，但也有某些倾向性和规律性，具体表现为以下几个方面。

（1）消费需要的多样性和差异性

多样性和差异性是消费需要最基本的特征之一。它首先表现在不同消费者之间多种需求的差异上，由于消费者性别、年龄、职业、民族、文化程度、收入水平、社会阶层、生活方式、个性特征等主客观条件的千差万别，由此形成多种多样的消费需要。例如，有的人以经济实用作为选择标准，有的人则要求外观新颖、包装精致，从而显示出不同消费者之间需要的差异性和异质性。其次，就同一消费者而言，需要也是多方面的，消费者不仅需要吃、穿、用、住，而且还需要娱乐消遣，参加各种活动等，这都要求具有特定功能的商品或劳务与之相适应。不仅如此，同一消费者对某一特定消费对象常常同时兼有多方面的要求，如既要求商品质量好，又要求其外观新颖美观，具有时代感。消费者需要的多样性创造了无限的市场机会，决定了市场的差异性，这是企业进行市场细分和选择目标市场的客观基础。

（2）消费需要的层次性和发展性

消费者的需要是有层次的。按照不同的划分办法，可以把消费者的需要划分为高低不同的层次，例如，充饥、御寒属于较低层次的需要；受人尊重、实现人生的自我价值属于较高层次的需要。通常情况下，消费者首先满足较低层次的需要，在较低层次需要满足的基础上才能追求较高层次需要。当然在特殊的情况下，需要满足的层次的顺序也可以改变，即消费者可以跨越低层次的需求去首先满足高层次的需求。

就发展性而言，消费者的需要与社会生产及自身情况紧密相关，是一个由低级向高级、由简单向复杂、由物质到精神、由追求数量上的满足向追求质量上的充实不断发展的过程。特别是在现代社会，科学技术和生产力更加发达和先进，物质产品极大丰富，新的消费领域、新的消费方式也不断涌现，人们的消费需求在内容、层次上不断更新和发展，如吃要营养可口、穿要时尚漂亮，还要求通过各种有形、无形产品的消费满足社交、尊重、情感、审美、求知、实现自我价值等多方面的高层次的需求。

（3）消费需要的伸缩性和周期性

伸缩性又称需求弹性，是指消费者对某种商品的需求会因某些因素，如支付能力、价格、储蓄利率等影响而发生一定程度的变化。如消费者在购买商品时会在数量、品种等方面随收入和商品价格的变化而变化。一般来说，生活必需品的伸缩性较小，而像高档耐用品、奢侈品等，消费需要的伸缩性就较大。影响消费需要的伸缩性原因可能是消费者自身，也可能是商品供应、促销活动、价格变动、售后服务、储蓄利率等外因。

人类的消费是一个无止境的活动过程，而消费需要的满足是相对的，当某些需要得到满足以后，在一段时间内可能不再发生，但随着时间的推移，已经消退的需要又会重新出现，并周而复始，呈现周期性，当然重新出现的需要不是对原来需要的简单重复，而是在内容、形式上有所变化和更新。例如，食品的需要周期间距短、循环快、重复性高，服装的需要周期受气候变化的影响，表现出明显的季节性，某些流行时尚的变化周期则具有不确定性，像 20 世纪二三十年代流行的旗袍，在沉寂的几十年之后，如今又成为女性服装市场中的流行商品，只不过现在的旗袍，已经在过去的基础上有所改进。

消费者需要的周期性循环出现，不仅是需要形成和发展的重要条件，也是社会经济发展的直接推动力。

(4) 消费需要的可变性和可诱导性

消费者需要直接受到所处环境状况的影响和制约，因此，一定阶段社会政治经济制度的变革，伦理道德观念的更新，生活和工作环境的变迁，社会交往的启示，广告宣传的诱导以及生态环境的变化等，都可能改变消费者需要的具体内容，使某一种需要转变为另一种需要，潜在的需要转变为显现的需要，微弱的需要转变为强烈的需要。这说明消费需要不是一成不变的，无论何种内容、层次的需要都会因社会环境的变化而发生改变。也正由于此，消费者需要也具有可诱导性，可以通过人为地、有意识地给予外部诱因或改变环境状况，诱使和引导消费者的需要按照预期的目标发生变化和转移。例如，由于新产品的上市或广告宣传的影响，人们由不准备购买或不准备现在购买，变为具有强烈的购买冲动。

(5) 消费需要的互补性和互替性

各种消费需要之间不是孤立的，消费者对一种商品的需要常常与对另一种商品的需要密切相关，这就是消费需要的相关性。这种相关性有正相关和负相关两种形式，即互补性和互替性。如对电脑的需要带动了外围设备和多种耗材的需要，对数码相机或摄影机的需要带动了对数码存储卡和电池的消费，这是正相关，即互补性，即一种消费需要会促使另一种消费需要产生和扩大。再比如空调的使用降低了对电风扇的需要，人们对鱼的食用减少了对其他肉类的食用，这是负相关，即互替性，一种消费需要抑制了另一种消费需要。

4.1.2 消费者需要的分类和基本内容

1. 消费者需要的分类

作为个体的消费者，其需要是丰富多彩的。这些需要可以从多个角度予以分类。

(1) 根据需要的起源，可以分为生理性需要和社会性需要

①生理性需要。生理性需要是指个体为维持生命和延续后代而产生的需要，如进食、饮水、睡眠、运动、排泄、性生活等等。生理性需要是人类最原始、最基本的需要，它是人和动物所共有的，而且往往带有明显的周期性。比如，受生物钟的控制，人需要有规律地、周而复始地睡眠，需要日复一日地进食、排泄；否则，人就不能正常生活，甚至不能生存。应当指出，人的生理需要和动物的生理需要有本质区别。人的生理需要，从需要对象到满足需要所运用的手段，无不烙有人类文明的印记。人类在满足其生理需要的时候，并不像动物那样完全受本能驱使，而是要受到社会条件和社会规范的制约。不仅如此，人类还能够运用生产工具和手段创造出面包、黄油、稻谷等需要对象，而动物则只能被动地依靠大自然的恩赐获取其需要物。

②社会性需要。这是指人类在社会生活中形成的，为维护社会的存在和发展而产生的

需要，如求知、求美、友谊、荣誉、社交等需要。社会性需要是人类特有的，它往往打上时代、阶级、文化的印记。人是社会性的动物，只有被群体和社会所接纳，才会产生安全感和归属感。社会性需要得不到满足，虽不直接危及人的生存，但会使人产生不舒服、不愉快的体验和情绪，从而影响人的身心健康。一些物质上很富有的人，因得不到友谊、爱，得不到别人的认同而产生孤独感、压抑感，恰恰从一个侧面反映出社会性需要的满足在人的发展过程中的重要性。

（2）根据需要的对象，可以分为物质需要和精神需要

①物质需要。这是指对与衣、食、住、行有关的物品的需要。在生产力水平较低的社会条件下，人们购买物质产品，在很大程度上是为了满足其生理性需要。但随着社会的发展和进步，人们越来越多地运用物质产品体现自己的个性、成就和地位，因此，物质需要不能简单地对应于前面所介绍的生理性需要，它实际上已日益增多地渗透着社会性需要的内容。

②精神需要。主要是指认知、审美、交往、道德、创造等方面的需要。这类需要主要不是由生理上的匮乏感，而是由心理上的匮乏感所引起的。

（3）按由低级到高级的顺序，可以分为五个层次的需要

美国人本主义心理学家马斯洛将人类需要按由低级到高级的顺序分成五个层次或五种基本类型。

①生理需要。为维持个体生存和人类繁衍而产生的需要，如对食物、氧气、水、睡眠等的需要。

②安全需要。即在生理及心理方面免受伤害，获得保护、照顾和安全感的需要，如要求人身的健康，安全、有序的环境，稳定的职业和有保障的生活等。

③归属和爱的需要。即希望给予或接受他人的友谊、关怀和爱护，得到某些群体的承认、接纳和重视。如乐于结识朋友，交流情感，表达和接受爱情，融入某些社会团体并参加他们的活动等等。

④尊重的需要。即希望获得荣誉，受到尊重和尊敬，博得好评，得到一定的社会地位的需要。尊重的需要是与个人的荣辱感紧密联系在一起的，它涉及独立、自信、自由、地位、名誉、被人尊重等多方面内容。

⑤自我实现的需要。即希望充分发挥自己的潜能，实现自己的理想和抱负的需要。自我实现是人类最高级的需要，它涉及求知、审美、创造、成就等内容。

（4）按照需求的形式，可以分为生存需要、享受需要和发展需要

①生存需要。是指人们为维持机体生存而产生的对基本生活用品的欲望和要求，如对粮食、服装、住房等的需要。生存需求是人类最基本的需要。

②享受需要。是指人们为增添生活情趣，实现感官和精神愉悦而产生的各种欲望和要求，如对音响、彩电、DVD、冰箱、高档衣料、装饰品、奢侈品等供娱乐、休闲用的各种消费品及服务的需要。享受需要不是人类生存所必须的基本生活需要，但是随着生产力水平的提高和科学技术的进步，其在人类各种需要中所占的地位变得越来越重要。

③发展需要。是指人们为发展智力和体力，提高个人才能，实现人生价值而产生的欲望和需要，如对书籍、学习机、电脑、打字机、滋补品等的需要。当人们的生存需要、享受需要得到基本满足之后，发展需要就显得突出了。

2. 消费者需要的基本内容

(1) 对商品基本功能的需要

基本功能指商品的有用性，是商品被生产和销售的基本条件，也是消费者需要的最基本内容。任何消费都不是抽象的，而是有具体的物质对象的，而成为消费对象的首要条件就是要具备能满足人们特定需要的功能。例如，小汽车要能高速灵活驾驶，冰箱要能冷冻冷藏食品，护肤用品要能保护皮肤，这些都是消费者对商品功能的最基本要求。正常情况下，基本功能是消费者对商品诸多需要中的第一需要，如果不具备特定功能，即使商品质量优良，外观诱人，价格低廉，消费者也难以产生购买欲望。

(2) 对商品质量性能的需要

质量性能是消费者对商品基本功能达到满意或完善程度的要求，通常以一定的技术性能指标来反映。但就消费需要而言，商品质量不是一个绝对的概念，而是具有相对性的。一方面，消费者要求商品的质量与其价格水平相符，即不同的质量有不同的价格，一定的价格水平必须有与其相称的质量；另一方面，消费者往往根据其实用性来确定对质量性能的要求和评价。经常有某些质量中等甚至低挡的商品，因已达到消费者的质量要求，也会被消费者所接受。例如，甲、乙两种品牌的洗衣机，乙品牌在容量、耗电量、洗净率、磨损率、振动噪音等技术指标方面均逊于甲品牌，但其价格远低于甲品牌，且适合多人口家庭使用，因而，对于中低收入的消费者来说，乙品牌洗衣机的质量就是令人满意、可以接受的。消费者对商品质量要求的相对性，对于企业正确进行产品市场定位具有重要意义。

(3) 对商品安全性能的需要

消费者要求所使用的商品卫生洁净、安全可靠、不危害身体健康。这种需要通常发生在对食品、药品、卫生用品、家用电器、化妆品、洗涤用品等商品的购买和使用中，是人类追求安全的基本需要在消费需要中的体现。

(4) 对商品审美功能的需要

对美好事物的向往和追求是人类的天性，它体现于人类生活的各个方面。在消费者需要中，广大消费者对消费、对审美的追求，是一种持久性的，普遍存在的心理现象，主要表现在对商品的工艺设计、造型、色彩、装潢、风格等方面的追求。由于社会地位、生活背景、文化水平等方面的差异，不同的消费者往往具有完全不同的审美观和审美标准，因而也就具有不同的审美需要。每个消费者都是按照自己的审美观来评价商品的，因此对同一商品不同消费者会得出完全不同的审美结论。

(5) 对商品情感功能的需要

对商品情感功能的需要是指消费者要求商品蕴涵浓厚的感情色彩，并通过购买和使用商品获得情感的补偿、追求和寄托。消费者作为有着丰富情绪体验的个体，在从事消费活动的同时，会将喜怒哀乐等各种情绪映射到消费对象上，即要求所购商品与自身的情绪体验相吻合、相呼应，以求得情感的平衡。例如。在欢乐愉悦的心境下，消费者往往喜爱明快热烈的商品色彩；在压抑沉痛的情绪状态下，人们则经常倾向于暗淡冷僻的商品色调。

(6) 对商品社会象征性的需要

商品的社会象征性，是指消费者要求商品体现和象征一定的社会意义，使得购买、拥有某种商品的消费者能够显示出自身的某些社会特征，得到某种心理上的满足，如提高声望和社会地位、得到社会承认、受人尊敬等需要。因此有不少消费者在购买商品时，往往对商品的实用性要求不高，却特别看重商品所具有的社会象征性。比如，有的人希望通过某种消费活动表明他的社会地位和身份；有的人则想通过某种消费活动表明他的社会责任感；有的人想通过所拥有的商品提高在社会上的知名度。

（7）对享受良好服务的需要

随着商品经济的发达和人们消费水平的日益提高，服务已不仅仅是一种交换手段，它已成为商品交换的基本内容和条件，贯穿于商品流通的全过程。良好服务可以使消费者获得尊重、情感交流、个人价值认同等多方面的心理满足。随着经济收入水平的提高，消费者会越来越重视购买产品时的良好服务，因此，提高服务品质已成为当今企业竞争的重要手段。

同步案例 4-1

奢侈品并非功能性产品

背景资料：

一位女士在一家服饰店试穿了一件香奈儿洋装后遗憾地表示，款式很漂亮，就是手臂上举时肩膀处有些紧绷。老板解释说，奢侈品并非人们传统概念中的功能性产品。他详细介绍说，这件大衣的制作是为经常出席正式场合，无须太多大幅度活动的特定人群设计的。它彰显的是一种身份与地位。并非任何场合、任何人都可以穿着，需要与人的生活状况紧密相连。

许多时尚女士对路易威登女包十分推崇，有的甚至花上万余元购买，买后对其爱不释手，无论春夏秋冬都要背带。其实，这是步入了同一个误区，奢侈品不是功能性的四季产品。熟知路易威登的人都知道，它的皮具分为十字纹、三三彩、老花等多个系列，每种表现一种风格，代表一种对生活的理解。因此，人们应该熟悉它们，不同场合下携带不同的女包，最好不要一包背四季，违背设计者的初衷。

（资料来源：www. fol. icxo. com/htmlnews/2007/11/23/1217867 _1. htm。）

问题：

奢侈品的功能是什么？

分析提示：

香奈儿洋装、路易威登女包都是奢侈品，价格不菲，它不同于一般的成衣或女包，它定位于高端消费群体，强调个性化与装饰性，注重的是引导流行趋势，主要功能是显示一种社会地位、身份或经济实力，而非迎合大众需求。明白这一点，奢侈品才会成为一种愉悦身心的商品。

4.1.3 需要对消费者心理的影响

需要直接影响消费者的心理和生理活动，需要对消费者心理的影响主要表现在以下几个方面：

1. 需要对消费者情感的影响

人们一旦产生某种需要就要力求获得满足，而人们的需要是否能够满足，满足的程度以及满足的方式与手段的不同，都可以直接影响消费者的情绪或情感的变化。凡是能满足人们需要的事物与现象，都能使人产生满意、高兴、愉快等正面情绪，如优良的产品性能、新颖别致的商品设计、热情周到的服务等。反之，就会使人产生不满意、抵触、沮丧、愤怒等负面情绪，情绪的变化又会直接影响人们态度的变化，如支持、漠然、反对、厌恶等。

2. 需要对消费者意志的影响

消费者在满足某种需要的过程中，往往需要克服各种困难，需要付出极大的意志努力和能力。也就是说，有了需要，才会确定满足需要的目标，然后靠意志努力去实现这一目标。因此，人们在为满足需要而进行努力的同时，意志也得到了锻炼和发展。

3. 需要对消费者能力的影响

需要被满足的过程，就是人们对遇到的各种事物进行分析研究，并探寻各种可能的途径、方案的过程，所以需要对人们的认识与实践活动起着重要的影响作用。在购买活动中，消费者需要具备多种能力。比如，为了买到称心如意的服装，消费者要有一定的识别力，靠手感感觉服装的质地；需要一定的观察力，观察服装的颜色；需要一定的审美能力，更好地进行搭配等。正是有了消费者的需要，才使得这些能力得到培养和提高。

4.2 消费者购买动机心理

购买动机是在消费需要的基础上产生的、引发消费者购买行为的直接原因和动力。相对于消费者的需要而言，动机更为清晰显现，与消费行为的联系也更加直接具体。

4.2.1 消费者购买动机的概念和特征

1. 动机的概念及形成

（1）动机的概念

动机是引起行为的内在动力。心理学中往往把引起个体活动，维持已引起的活动，并促使活动朝向某一目标进行的内部心理倾向和动力称为动机。动机在需要的基础上产生，是指向行为的直接动力，是一种内在的、主动的力量。正常人只要在头脑清醒的时候，采取的任何行动都要由动机引起和支配的，因此人类的行为实质上是一种动机性行为。

（2）动机的形成

动机是一种基于需要而由各种刺激引起的心理冲动。其形成要具备一定的条件：

①动机的形成必须以需要为基础。只有当个体感受到对某种生存和发展条件的需要，并达到足够强度时，才有可能产生采取行动以获取这些条件的动机。动机实际上是需要的具体化。

②动机的形成还需要相应的刺激条件。并不是所有的需要都能表现为动机，动机的形成还需要相应的刺激条件。当个体受到某种刺激时，其内在需要会被激活，使内心产生某种不安情绪，形成紧张状态。这种不安情绪和紧张状态会演化为一种动力，由此形成动机。

③动机的形成必须有满足需要的对象和条件。需要产生以后，还必须有满足需要的对

象和条件。如：消费者普遍具有御寒的需要，但是，只有当冬季来临，消费者因寒冷而感到心理紧张，并在市场上发现待售的冬装时，才会产生购买冬装的强烈动机。

在消费动机的形成过程中，上述三方面条件缺一不可，其中尤以外部刺激更为重要。因为通常情况下，消费者的需要处于潜伏或抑制状态，需要外部刺激加以激活。外部刺激越强，需要转化为动机的可能性就越大。否则，需要将维持原状。因此，如何给消费者以更多的外部刺激，是推动其购买动机形成乃至实现购买行为的重要前提。

2. 购买动机的概念和特征

（1）购买动机的概念

当人的各种需要必须通过购买行为才能获得满足时，便产生了对商品的购买动机。消费者购买动机，是指能够引起消费者购买某一商品或选择某一目标的内在动力。它是购买行为的原因和条件。

（2）购买动机的功能

消费者购买动机作为购买行为的先导，对购买行为具有三方面的功能。

①始发和终止行为的功能。动机是人们行动的根本动力，具有引发个体活动的功能。当动机指向的目标达成，如消费者某方面的需要获得满足之后，便会终止有关的具体行动。而原有的购买动机获得满足之后，新的动机又会相继产生，从而发动新的行为过程。

②指引行动方向的功能。消费者的购买动机具有指向性，它能使购买行为保持一定的方向和目的，即满足人们某方面的需要。另一方面还可使消费者在购买动机的冲突中进行选择，即首先满足人们最强烈、最迫切的需要。

③维持、增加或制止、减弱购买行为的功能。动机的实现大都要有一定的时间过程，在这个过程中，动机将贯穿行动的始终，不断激励人们为实现目标而努力行动，直至动机实现。另外，动机对人的行动还具有重要的强化作用，即由某种动机引起的行动结果对该行为的再次产生具有加强或减弱的作用。使人满意的动机结果能够保持和巩固行为，也称正强化；反之，导致不满结果的动机会减弱和消退行为，称为负强化。消费者在消费过程中，经常对某些信誉良好的商店或商品重复光顾和购买，就是这一功能的体现。

（3）购买动机的特征

①原发性。动机是消费者受外界条件刺激或影响，以及个体主观需要所形成的心理倾向。不论引起动机的原因是什么，都是主体由于需要而产生的欲望。这种主体欲望与现实世界的具体对象建立了心理联系，即成为动机。无论外界刺激如何变化，如果没有消费者主体的心理活动，则无所谓动机。这就是动机的原发性特征。

②内隐性。消费者的行为是外显的，但支配其行为的动机并不总是显露无遗的。消费者的真实动机经常处于内隐状态，难以从外部直接观察到。正如弗洛伊德所说，动机犹如一座海中的冰山，显现在海面上的只是很小一部分，大部分隐藏在看不见的水下。人的心理活动是极为复杂的。现实中，消费者经常出于某种原因而不愿意让他人知道自己的真实动机。如某消费者购买钢琴，当别人问起时，他总说是为儿子学钢琴用，但真正的主要动机可能是显示自己的富有。

③冲突性。当消费者同时具有两种以上的动机且共同发生作用时，动机之间就会发生矛盾和冲突。这种矛盾和冲突可能是由于动机之间的指向相悖或相互抵触，也可能是出于各种消费条件的限制。人们的欲望是无止境的，而拥有的时间、金钱和精力却是有限的。

当多重动机不可能同时实现时，动机之间的冲突就是不可避免的，而冲突的本质是消费者在各种动机实现所带来的利害结果中进行权衡比较和选择。

④实践性。动机不是意向，它经常与一定的作用对象建立了心理上的联系。所以，动机一旦形成，必将引起行为，这就是动机的实践性。因此，动机是消费者活动的推动者，有动机产生，就有人的行为活动。

⑤可引导性。通过外界的刺激和影响，消费者的购买动机是可以发生变化的，这就是动机的可引导性。例如，消费者原不打算购买或不想很快购买某种商品，但由于受广告的影响，于是就产生了购买动机及购买行为。因此，生产者和销售者不仅应当满足消费者的需要，还应当引导和调节消费者的需要，使之产生购买动机。

同步案例 4-2

洞察消费者的真正动机

背景资料：

雀巢咖啡在中国大陆市场的销量远远高于麦氏咖啡，雀巢咖啡是如何击败麦氏咖啡的呢？

在 20 世纪 80 年代，麦氏和雀巢共同进入中国市场的时候，两家公司委托了不同公司做市场调查。麦氏委托国际公司调查的结果是，向往西方文化的知识分子才会尝试喝咖啡，因为咖啡是舶来品。于是麦氏的广告语非常文雅："滴滴香浓，意犹未尽"。

相反，雀巢咖啡通过市场调查，明确地知道目标消费者绝不是大学教授、知识分子，因为在当时大学教授一个月的工资才 100 多元，而一杯雀巢咖啡的价格是 20 多元。并且当时发现一个特殊的现象，喝完雀巢咖啡的人都会把雀巢的罐子带到办公室当茶杯用，几个月过后罐子上雀巢的标志还会保持得非常好。本来在国外一个非常普通的品牌，在中国却变成了一个炫耀品牌，所以雀巢咖啡的广告语非常简单："味道好极了！"雀巢咖啡炫耀其香浓诱人的味道，也洞察到消费者想炫耀高档饮品的内心想法。其实咖啡的味道并不好喝，尤其是对于以茶为主饮的中国人来说。但是它的广告语天天暗示你："味道好极了！"天天在人脑海中进行灌输和心理暗示，习惯成自然，自然就认为雀巢咖啡味道就是好。麦氏咖啡错失良机，没有找准目标消费者内心对咖啡品牌的真正需求是什么，只能屈居于雀巢咖啡之下。其广告语"滴滴香浓，意犹未尽"播了半年还有很多人认为是卖香油的。

（资料来源：李光斗. 以谁人之心度谁人之腹 . www. globrand. com/2006/14642. shtml。）

问题：

消费者购买雀巢咖啡真正的动机是什么？

分析提示：

消费者对雀巢咖啡的真正购买动机是求名动机，其基本心理就是显名和炫耀。因此，唯有真正了解到目标消费者的内心是如何看待此品牌的真实想法和心理感受，才能抢占市场先机稳坐翘楚地位。

4.2.2　消费者购买动机的类型

消费者的需求和欲望是多方面的，其消费动机也是多种多样的。就购买活动而言，消费者的购买动机往往十分具体，表现形式复杂多样。一般情况下，将购买动机分为以下几类。

1. 生理性购买动机

生理性购买动机，是由人类生理本能引起的购买动机。俗话说，饥思食，渴思饮，乏思止。为了保持和延续人的生命，人类都具有吃饭、穿衣、休息、繁衍后代等生存本能。因而由这种生理本能需要所引起的购买动机，称生理性购买动机，也称本能动机。

①维持生命动机——为了保持人的生命，人类都具有吃饭、穿衣、休息等本能。

②保持生命动机——消费者为保护生命安全而购买的建筑材料，修建房屋，为防止疾病购买药品，保险等。

③延续生命动机——消费者为组织家庭，抚育儿女而购买的商品。

④发展生命动机——为了提高劳动技能和学习知识，以求生存和发展而购买的商品。

一般来讲，在生理性动机驱动下的购买行为，具有经常性，重复性等特点。

2. 心理性购买动机

由于人们的认识、感情和意志等心理活动而引起的动机，称心理性购买动机。它是消费者为了满足社交、友谊、娱乐、享受和事业发展而产生的购买动机。

①感情动机——由人的情绪和情感引起的购买动机。人都有喜、怒、哀、乐等不同的情绪，有道德感、集体感、美感等人类高级情感，所以都会存在感情动机。

②理智动机——消费者对商品进行认真的分析、比较后所产生的购买动机。它不受感情支配，冷静慎重，具有客观性、实用性、周密性的特点。

③信任动机（惠顾动机）——基于感情和理智的经验，消费者对某一特定的商品或商店产生一种特殊的偏爱和信任，在近乎习惯性地、无条件反射的情况下产生的购买动机。形成惠顾动机的原因是多方面的，可能是商品本身质量上乘、外观精美、商标驰名等；或者是商店本身服务周到、价格公平、地点便利等。惠顾动机一般不会受到外界环境和其他购买行为的影响，是比较稳定的购买动机。它有助于企业获得本商店或本产品的忠实消费者群，保持稳定的市场占有率。

3. 个性购买动机

由于消费者各自的需要，兴趣、爱好、性格和价值观的不同，在具体购买商品时的心理活动要复杂得多，一般来说常见的、具体的个性购买动机大体上有以下几种：

（1）追求实用的购买动机

这是以追求商品的使用价值为主要目的的购买动机。具有这种购买动机的消费者比较注重商品的功能和质量，要求商品具有明确的使用价值，讲求经济实惠，经久耐用，而不过多强调商品的品牌、包装、装潢和新颖性。如果商品的使用价值不明确，甚至徒有虚名毫不实用，消费者便会放弃购买。这种购买动机并不一定与消费者的收入水平有必然联系，而主要决定于个人的价值观念和消费态度。

（2）追求廉价的购买动机

这是以注重商品价格低廉，希望以较少支出获得较多利益为特征的购买动机。出于这种购买动机的消费者，选购商品时会对商品的价格进行仔细比较，在不同品牌或外观质量相似的同类商品中，会尽量选择价格较低的品种。同时喜欢购买优惠品、折价品或处理品，有时甚至因价格有利而降低对商品质量的要求。求廉的动机固然与收入水平较低有关，但对于大多数消费者来说，以较少的支出获取较大的收益是一种带有普遍性的动机。

（3）追求新奇的购买动机

这是以追求商品的新颖、奇特、时髦为主要目的的购买动机。具有这种动机的消费者往往富于想象，渴望变化，喜欢创新，有强烈的好奇心。他们在购买过程中，特别重视商品的款式是否新颖独特、符合时尚，对造型奇特、不为大众熟悉的新产品情有独钟，而不大注意商品是否实用和价格高低。这类消费者在求新、求奇动机以及好奇心的驱动下，经常凭一时兴趣或好奇，进行冲动式购买。

（4）追求美感的购买动机

追求美好事物是人类的天性。体现在消费活动中，即表现为消费者对商品美学价值和艺术欣赏价值的要求与购买动机。具有求美动机的消费者在挑选商品时，特别重视商品的外观造型、色彩和艺术品味，希望通过购买格调高雅、色彩精美的商品获得美的体验和享受。同时注重商品对人体和环境的美化作用，以及对精神生活的陶冶作用，例如通过款式色彩协调的服装搭配美化自我形象；选购家庭装饰用品美化居住环境，以及对美容、美发服务的消费等，都是求美动机的体现。

（5）追求名望的购买动机

这是因为仰慕产品品牌或企业名望而产生的购买动机。持有这种动机的消费者在购买前即将名牌产品确定为购买目标；在购买过程中，面对众多同类产品，仍会将注意力直接指向名牌产品。求名购买动机不仅可以满足消费者追求名望的心理需要，而且能够降低购买风险，加快商品选择过程，因而在品牌差异较大的商品如家电、服装、化妆品购买中，成为带有普遍性的主导动机。

（6）追求安全、健康的购买动机

现代消费者越来越注重自身的生命安全和生理健康，并且把保障安全和健康作为消费支出的重要内容。持有这种动机的消费者通常把商品的安全性能和是否有益于身心健康作为购买与否的首要标准。就安全性能而言，消费者不仅要求商品在使用过程中各种安全性能可靠，如家用电器不出现意外事故，化妆品不含有毒物质，而且刻意选购各种防卫保安性用品和服务，如保险等。与此同时，追求健康的动机日益成为消费者的主导性动机。在这一动机的驱动下，选购医药品、营养品、保健品、健身产品已经成为现代消费者经常性的购买行为。

（7）好胜攀比的购买动机

这是一种因好胜心、与他人攀比不甘落后而形成的购买动机。抱有这种动机的消费者，购买某种商品往往不是出于实际需要，而是为了争强好胜，赶上他人超过他人，借以求得心理上的平衡和满足。这种购买动机具有偶然性和浓厚的感情色彩，购买行为带有一定的冲动性和盲目性。在社会生活水平不断提升、贫富差距较大的时期，攀比性动机表现得较为普遍和强烈。

（8）模仿或从众动机

它是指消费者在购买商品时自觉不自觉地模仿他人的购买行为而形成的购买动机。模仿是一种很普遍的社会现象，其形成的原因多种多样。有出于仰慕、钦佩和力图获得认同而产生的模仿；有由于惧怕风险、保守而产生的模仿；有缺乏主见，随大流而产生的模仿。不管源于何种缘由，有模仿动机的消费者，其购买行为受他人影响比较大。一般而言，普通消费者的模仿对象多是社会名流或其所崇拜、仰慕的偶像。电视广告中经常出现某些歌星、影星、体育明星使用某种产品的画面或镜头，目的之一就是要刺激受众的模仿动机，促进产品销售。

(9) 追求便利的购买动机

追求便利是现代消费者提高生活质量的重要内容。受这一动机的驱动，人们把购买目标指向可以降低家务劳动强度的各种商品和劳务，如洗衣机、洗碗机、方便食品、家政服务、家庭装修等，以求最大限度地减轻家务劳动负担。为了方便购买，节约购买时间，越来越多的消费者采用送货上门、直销服务、电话购物、电视购物、网络购物等现代购物方式。随着社会生活节奏的加快，消费者追求便利的动机也日趋强烈。

(10) 满足嗜好的购买动机

这是以满足个人特殊偏好为目的的购买动机。许多消费者由于生活习惯和业余爱好，而特别偏爱某一类商品，如集邮、摄影、花鸟鱼虫、古玩字画、音响器材等。这些嗜好往往与消费者的职业特点、知识领域、生活情趣有关，因而其购买动机也比较理智，购买指向也比较稳定和集中，具有经常性和持续性的特点。

(11) 自我表现的购买动机

这是以显示自己的身份、地位、威望以及财富为主要目的的购买动机。具有这种购买动机的消费者在选择商品时不太注重商品的使用价值，而是特别重视商品所代表的社会象征意义，喜欢购买名贵商品、稀有商品、某些极品商品，以及价格惊人的特殊商品；选择特殊的消费方式如入住豪华宾馆的总统套间、奢华的宴席等，以显示其生活的富有、地位的特殊或能力的超群，达到宣扬自我、炫耀自我的目的。

同步案例 4－3

不许偷看

背景资料：

一家泰国酒吧的主人在门口放了一只大酒桶，很长时间也没有引起人们多大的关注。后来有一天，酒桶的外面蒙上一块布，上面写了几个字："不许偷看"。说来很奇怪，过往的行人见此纷纷驻足，非要打开布看个究竟。只见里面是香气扑鼻的陈酒，酒水下面还有一行字："本店美酒与众不同，请享用"。顾客们先是会心一笑，然后就寻着酒香走进酒吧了。

问题：

这利用了消费者什么样的购买动机？

分析提示：

这利用了消费者的好奇动机。人人都有好奇心，所以企业可以根据消费者的好奇心理，制定营销对策。而且人的动机是多种多样的，善于利用消费者的购买动机可以收到意想不到的效果。

4.2.3 消费者购买动机与行为的关系

当消费动机转化为消费行为的时候，有些消费动机直接促成了一种消费行为，而有些动机要促成多种消费行为的实现，也有可能在多种动机的支配下才促成一种消费行为，因此动机与消费行为之间不完全是一一对应的关系。

人们在饥饿、口渴等状态下，主导动机一般只有一个，即尽快地摄取食物和水分，满足充饥与解渴的生理需要，所促成的消费行为即直接购买食品或饮料。在这种情况下，消费动机与消费行为之间一般表现为一一对应的关系。而稍微复杂一点的消费行为，动机与行为之间会出现多重关系。比如对喜爱音乐的消费者而言，由于爱好高品质音响的动机，他可能首先购买一套顶尖的音响器材，还会购买特殊的电线、专用插头、插线板等。

在消费动机向行为转化的过程中，任何影响、干扰、阻碍、限制消费动机向前发展的因素都称为消费阻力。消费阻力主要分为内、外两大部分：内部阻力是指消费者自身对动机实现的压制，比如信息太少可能产生的风险知觉，以及收入水平低、购买力不足等经济原因产生的动机压抑、消费回避等心理因素；外部阻力是指商品、服务及相关因素不符合消费者的期望，或商品与服务本身假冒伪劣，消费者自我阻止了行为的发生。

对于销售人员来说，研究消费阻力如同研究消费动机一样重要，消费阻力研究与消费动机研究是紧密联系在一起的。一些主要的消费阻力见表 4 - 1 所示。

表 4 - 1　　一些主要消费阻力

内部消费阻力		外部消费阻力	
消费信息不足	没有任何信息、没有消费经验、没有参照群体等	购买困难	铺货不均、物流不畅、供不应求等
风险知觉	支出风险、社会风险、形象风险等	商品质量	质量不稳定、质量无法检验、售后服务跟不上等
动机压抑与回避	动机冲突、消费回避、社会禁忌等	商品形象	商品形象低劣、形象代言人选择不当等
动机演变	动机发生变化、心理厌弃等	商品衰退	功能不全、式样老化、商品进入衰退期等
个性方面	消极态度与偏见、原有习惯稳定、价值观不认同等	商品价格	价格过高、价格偏低等
生理性因素	生理性排斥、没有生理需要与基础等	营业环境	环境布置差、服务质量差、相关设置不配套等
互动因素	情绪波动、流行过期等	互动因素	群体规范、社会禁忌等
收入方面	收入过低、支出有限等		

同步实训 4 - 1

购买动机调查

[实训目标]

学习和掌握消费者购买动机调查的方法和技巧。

[实训内容]

针对一种商品，设计一份消费者购买动机调查问卷。并利用节假日，深入该商品销售场所进行调查（每组应选不同商品）。

[实训操作]

(1) 学生每5人分为一组，选定一人为负责人，明确分工和具体责任。

(2) 通过走访商场销售人员，选定准备调查的商品名称，通过网络和图书馆查阅相关资料，设计消费者购买动机调查问卷初稿，征求同学和老师的意见及建议，完善调查问卷。

(3) 利用节假日，到选定的商场柜组调查10—15位购买同一商品的消费者。

(4) 将调查问卷筛选、整理，写出消费者购买动机问卷调查报告。

(5) 在班级交流，并由老师点评。

[成果要求]

(1) 每组撰写一份《××商品消费者购买动机调查报告》，报告要说明调查时间、调查方式、调查过程、调查结果分析和启示。

(2) 根据每组同学调查问卷设计，调查组织和调查报告的质量，调查中成员完成任务情况，评定每个同学的实训成绩。

4.3 消费者购买决策和购买行为心理

4.3.1 消费者购买决策的过程

决策是指为了达到某一预定目标，在两种以上被选方案中选择满意方案的过程。消费者的购买决策就是在特定的心理动机驱动下，按照一定程序发生的心理与行为活动过程。购买决策在消费者购买行为中占有极为重要的地位。首先，消费者购买决策进行与否，决定了其购买行为发生或不发生；其次，决策的内容确定了购买行为的方式、时间及地点；最后，决策的质量决定了购买行为的效用大小。因此，正确的决策会促使消费者以较少的费用、精力，在短时间内买到质价相符、称心如意的商品，最大限度地满足自身的消费需要。

1. 消费者购买决策的内容

消费者购买决策的内容，因人、因条件及所处环境不同而不同，但所有消费者购买决策都离不开以下几个方面的内容：

(1) 为什么购买

即确定购买动机。消费者的购买动机是多种多样的。同样是购买手表，有人是为了看时间，有人则是为了显示富有和身份。

(2) 购买什么

即确定购买对象。这是决策的核心和首要问题。决定购买目标不只是停留在一般类别上，而是要确定具体的对象及具体的内容，包括商品的名称、品牌、款式、规格和价格等。

(3) 购买多少

即确定购买数量。购买数量一般取决于实际需要、支付能力及市场供应情况。如果市场供应充足，消费者既不急于购买，买的数量也不会很多；如果市场供应紧张，即使不是目前急需或支付能力不足，也会负债购买。

(4) 在哪里购买

即确定购买地点。购买地点是由多种因素决定的，如距离的远近、交通条件、可挑选的品种数量、价格以及服务等。它既和消费者的惠顾动机有关，也和消费者的求廉动机、求变动机等有关。

(5) 什么时候购买

即购买时间的确定。这也是购买决策的重要内容，它与主导购买动机的迫切性有关。在消费者的多种动机中，往往由需要强度高的动机来决定购买时间的先后缓急；同时，购买时间也和市场供应状况、营业时间、交通状况和消费者可供支配的闲暇时间有关。

(6) 如何购买

即确定购买方式。购买方式是现场购买还是邮购、函购、预购或网络购物，是现金支付、信用卡支付、开具支票，还是分期付款。

同步实训 4－2

消费者购买决策的调查

[**实训目标**]

掌握对消费者购买商品时的购买决策的分析能力。

[**实训内容**]

选定一种商品，记录消费者在购买现场购买商品的购买决策特点（运用观察法记录，每组应选不同商品）。

[**实训操作**]

(1) 学生每5人分为一组，选定一人为负责人，明确成员分工和具体责任。

(2) 通过在商场某一柜台前观察了解不同消费者购买同一商品的过程，分析其购买决策的特点，要观察10位以上消费者（商品价值选在100—300元之间，购买者以男、女分类或以青年、中年、老年分类等）。

(3) 要通过录像或笔记的形式，将现场对话和情景记录下来。

(4) 将记录的资料筛选、整理，小组成员共同讨论，写出消费者购买决策特点的调查报告。

(5) 在班级交流，并由老师现场点评。

[**成果要求**]

(1) 每组撰写一份《关于消费者购买××商品购买决策特点的调查报告》。

(2) 根据每组观察记录、调查报告质量和在调查中的具体表现，评定每位同学的实训成绩。

2. 消费者购买决策的过程

消费者购买决策过程，就是消费者为实现满足需求的特定目标，在购买过程中对商品或服务进行评价、选择、判断、决定的过程。这一过程包括若干前后相继的程序或阶段，消费者购买决策的运行规律蕴涵于这些程序之中。如图4－2所示。

(1) 认知需要

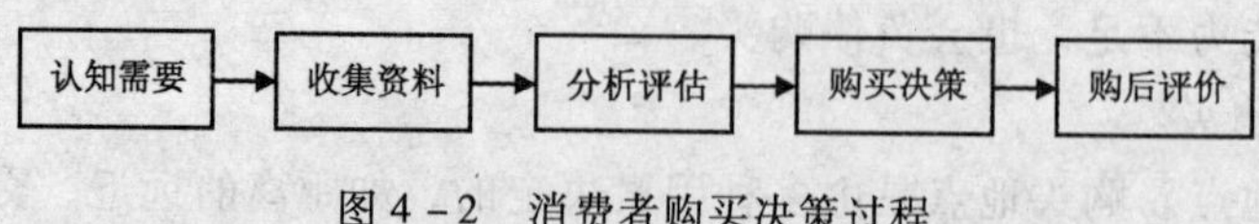

图4-2 消费者购买决策过程

消费者对某类商品的购买需要来源于消费者自身的生理或心理需要。当某种需要未得到满足时，消费者内心即产生一种不平衡感，促使消费者发现需要的所在，认知需要的内容，进而产生寻找满足需要的方法、途径的动机。引起消费者认知需要可以来自个体内部未满足的需要，也可以来自外部环境，如广告、流行的时尚、他人的评价等。经内外刺激引起的消费者对自身需要的正确认知，为决策限定范围、明确指向，是有效决策的前提。

（2）收集资料

如果消费者的动机强烈，可供满足的产品能很方便地得到，那么他就很可能会购买该产品。在这种动机的驱使下，消费者将会广泛收集有关信息，包括能够满足需要的商品种类、规格、型号、价格、质量、维修服务、具体使用情况等。消费者信息来源途径有：社会来源，即从家庭、亲戚、朋友、同事和其他熟人以及大众媒体报道和消费者团体评价得到的信息；商业来源，即从广告、营销人员介绍、商品陈列、商品包装、商品说明书、商品展览以及DM传单等得到的信息；经验来源，以往的购买和消费经验以及通过体验和学习所获得的信息。

以上这些信息来源的相对影响，随着产品的类别和购买者特征而变化。一般说来，就某一产品而言，消费者最多的信息来源是商业来源，也即营销人员所控制的来源，另一方面，最有效的信息是社会来源和经验来源。

（3）分析评估

在这一阶段中，消费者将根据所掌握的信息，对选择范围内的各种品牌的商品进行评估和比较，从中选择和确定他所偏好的品牌的商品，形成购买意向。这里的主要问题是了解消费者如何评价选择范围内的各个品牌的商品，以及如何选择本企业的商品。由于分析评价的标准因消费者价值观念的不同而不同，如有的人以价格低廉作为基本尺度；有的人以追求时尚作为选择标准；有的人要求外观新颖；有的人希望结实耐用；有的人追求个性化，求新求异；有的人宁可从众，与所属社会群体趋同等等。因此，不同的消费者会做出不同的评价，其取舍的结果也迥然相异。但无论标准的具体内容如何不同，在形式上都可以归纳为：最大限度的满足，比较满意的标准，最小遗憾和风险最小。

（4）购买决策

消费者对各种方案进行比较评估后，便可确定最满意的方案，作出购买决策。所谓最优方案就是花费最少、所得最多、能够最大限度满足消费者需要的方案。但购买决策并不等于购买行为，是否产生购买行为还要受其他一些因素的影响：一是他人的态度，这取决于他人否定态度的强度、他人与消费者关系的密切程度、他人的权威性等。如丈夫选择购买计算机A品牌，但妻子却认为应该购买价格更为低廉的B品牌，他可能改变主意。二是预期环境因素，消费者购买决策要受到预算收入、商品预期价格、预期服务、预期质量等因素的影响，如果这些预期条件受到一些意外因素的影响发生变化，就有可能改变其购买决策。如某人决定购买住房，但房地产市场出现价格波动，它可能会推迟购买。三是非预期环境因素，如营销人员的态度、广告促销、购买条件等，它与企业的营销手段有关。

(5) 购后评价

完成购买决策，消费者实际购买产品，并不意味着决策活动的结束。为验证自己的决策是否是最优，所得的利益是否为最大，消费者还需进行购后评价。

购后评价集中指向所购商品，评价标准也以产品效用为主要内容。评价可以由消费者个人进行，也可以征求亲友、同事的意见，观察社会反映。评价时间可以发生在买后即时，也可以在使用一段时间以后再进行评价。评价结果表现为很满意、基本满意和不满意以及很不满意等几种情况。消费者根据自己从卖主、朋友以及其他来源所获得的信息来形成产品期望，如果卖主夸大其产品的优点，消费者将会感受到不能证实的期望，这种不能证实的期望会导致消费者的不满意感。当他们感到十分不满意时，肯定不会再买这种产品，甚至有可能退货、劝阻他人购买这种产品。所以，卖主应使其产品真正体现出其可觉察性能，以便使购买者感到满意。事实上，那些有保留地宣传其产品优点的企业，反倒使消费者产生了高于期望的满意感，并树立起良好的产品形象和企业形象。

同步案例 4－4

购 后 感 受

背景资料：

王同学星期天去服装市场购买了一件毛衫，周一大早走进教室，同学们都眼前一亮，“哇，真漂亮。”小王心里美滋滋的，因为这件衣服价格不贵，式样、颜色又是她中意的。洗过一次后，不褪色、不变形，她就又买了一件其他款式的，在她的影响下，同宿舍的其他同学也开始感兴趣了，她成了企业义务的广告宣传员。

问题：

如何理解“满意的顾客是最好的广告”？

分析提示：

消费者对其购买的产品是否满意，将影响到以后的购买行为。如果对产品满意，则在下一次购买中可能继续购买该产品，并向其他人宣传该产品的优点。所以企业应采取有效措施尽量减少消费者买后不满意的程度，并通过加强售后服务、保持与顾客联系、提供使他们从积极方面认识产品的特性等方式，以增加消费者的满意感。

营销界有一个著名的等式，即 100－1＝0，意思是说即使 100 个顾客中 99 个对企业的产品或服务表示满意，但其中只要有 1 个顾客持否定态度，企业的美誉就立即归零。虽然这种比喻是一种夸张的说法，但事实显示：每位非常满意的顾客会将其满意的感觉告诉至少 12 个人，其中大约有 10 人会产生相同的需求并光顾该企业；相反，1 位非常不满意的顾客会把不满的意见告诉至少 20 个人，当这些人产生相同需求的时候，几乎不会光顾这一被批评的企业。

由上述决策过程可以看出，消费者购买决策是一个完整的过程，它始于购买之前，结束于购买之后。只有向消费者提供更多的详细的商品信息，加深其对企业及商品的良好印象，才能促使消费者做出购买本企业商品的决策。

3. 消费者心理活动对购买决策的影响

在现实购买过程中，由于购买商品的特点、用途及购买方式不同，决策的难易程度与所需经过的决策过程也有所不同。事实上，很多消费者都有减少购买决策复杂性的心理，称之为消费者决策的“单纯化”心理。例如，消费者一旦意识到家里的牙膏没有了，就会到最方便的商店去购买常用的那个品牌的牙膏，其用于购买决策的时间是很少的。但有些消费者却存在着使购买活动“复杂化”的心理，他们为了购买一件商品，要反复询问、比较、选择。一般来说，日常生活用品的决策较为简单迅速，只经过个别程序即可完成；对于服装、鞋帽、家具等功能较为复杂、具有多变性的生活用品，决策相对复杂，仅可省略第二个环节；对高档耐用消费品，决策较之其他决策更为复杂，通常依次经过以上过程才能完成。

4.3.2 消费者购买行为分析

1. 消费者购买行为模式

消费者购买行为，是指消费者为满足自身需要而购买商品和劳务的行为。消费者购买行为的形成过程是十分复杂的，既有共性的一面，又有差异性的一面，即由于经济条件、生活水平、社会环境等方面的差异和不同，消费者的购买行为表现出来的差异性是很大的。

心理学认为，人的行为是大脑对刺激物的反应，在这个过程中，人的心理活动支配着人的行为，消费者购买行为的一般模式如图 4－3 所示。

图 4－3 消费者行为的一般模式

将这一模式应用到消费者的购买行为之中，可以发现营销要素和营销环境的刺激进入购买者的黑箱后，购买者的特征和决策过程导致了购买决策。所以，购买行为的模式即市场营销刺激与消费者反应之间关系的模式，如图 4－4 所示。

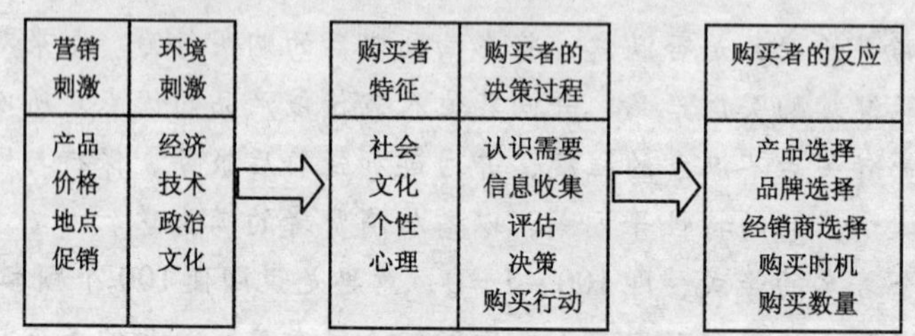

图 4－4 消费者购买行为模式

图 4－4 表明，所有消费者的购买行为都是由刺激引起，这种刺激既来自消费者本身的生理和心理因素，也可来自外界环境，一类是企业可控制的营销刺激，如产品、价格、地点和促销；另一类是企业不可控制的环境刺激，包括经济、技术、政治和文化等因素的刺激。这些外界刺激，通过一定的心理过程，消费者就会做出各种反应，如产品选择、品牌选择、经销商选择、购买时间选择和购买数量选择等。外部刺激和消费者反应，往往是有形的，看得见摸得着，而消费者如何面对各种外部刺激，从而形成具有特色的某种反应，则常常难以揣摩，所以也称“消费者黑箱”。

企业的管理者和市场营销人员，必须千方百计调查研究和了解购买者的心理反应过程，以便采取相应的对策。

2. 消费者购买行为的类型

在购买活动中，每个消费者的购买行为都与他人存在差异，可以分为不同的类型。通过对消费者购买行为的分类，可以从不同的侧面全面认识消费者的行为特点，这也是分析研究消费者购买心理的重要途径。

（1）按消费者购买态度与要求分类

①习惯型。这类消费者一般依靠过去的购买经验和消费习惯采取购买行为，他们或长期惠顾某商店，或长期使用某品牌、商标的商品。环境变化、年龄增长等都不会改变这类消费者的购买习惯。他们在购买商品时，成交果断，不受时尚流行的影响，购买行为表现出很强的目的性。

②理智型。这类消费者善于观察、分析、比较。他们在购买前已经广泛收集所需要商品的信息，了解市场行情，并经过慎重权衡利弊之后才做出购买决定；购买时又表现得理智慎重，不受他人及广告宣传的影响；挑选商品仔细认真、很有耐心。在整个购买过程中保持高度的自主，并始终由理智来支配行动。

③经济型。这类消费者对商品的价格非常敏感。以价格高低评价商品优劣的消费者往往在价格和商品质量之间追求一种均衡。一部分认为价格高的商品质量高，价格越高越要买；另一部分消费者则对廉价商品感兴趣，只要价格低便认为合算，削价、优惠价、处理价的商品对这部分消费者具有极强的吸引力。因此经济型又称“价格型”。

④冲动型。这类消费者对外界刺激敏感，心理反映活跃，在外界商品广告、销售人员、他人影响的刺激下，不去进行分析比较，以直观感觉为依据快速购买，新产品、时尚产品对他们的吸引力最大。

⑤感情型。这类消费者感情丰富，善于联想，因而在购买时容易受感情支配，也易受到外界环境的感染诱导，对商品的外观、造型、颜色、命名都较重视。他们购买商品时，例如，“松鹤”——联想到健康长寿，“双喜”——联想到幸福等，往往把商品命名、商标、图案与自己的向往和理想联系起来。

⑥疑虑型。这类消费者性格内向、言行谨慎、多疑，存在戒备的购买行为。在选择商品时顾虑重重，对售货员介绍和宣传的商品，持怀疑态度。

⑦随意型。这类消费者或缺乏经验，或缺乏主见，在选购时大多表现得优柔寡断，一般都希望销售人员的提示和帮助。有的消费者在生活上不苛求、不挑剔，表现在购买行为上也比较随便。此类消费者也属随意型。

（2）按消费者购买现场的情感反应分类

①沉静型。这类消费者感情稳定，反应沉着冷静，购买动机一经确定，就不轻易改变，购买过程中不易受广告宣传和营业员态度的影响，交易适度，但不是很随和。

②温顺型。这类消费者态度随和，但内心却又体验深刻，能够安静地、耐心地倾听营业人员的介绍，选购商品时愿意接受营业员的推荐意见，做出购买决定比较快。

③活泼型。这类消费者性格活泼，善于适应各种环境，兴趣广泛，但易于变化。在购买过程中，显得健谈、活泼，挑选商品时，愿意与人接近、攀谈，主动与营业员交流。

④反抗型。这类消费者性格倔强，感情固执，自主性强，个性心理有较高的敏感性。在实际购买过程中，主观意志较强，不喜欢听取别人的意见，对营业员的介绍怀疑、

反感。

⑤傲慢型。这类消费者性格高傲，对营业员的介绍抱着一种盛气凌人的傲慢心理，在购买行为上表现出不善于思考，傲气十足，对商品和营销人员的要求有时不近情理。

(3) 按消费者购买目标的选定程度分类

①全确定型。这类消费者在进入商店、发生购买行为之前，已有非常明确的购买目标，对所有购买的商品种类、品牌、价格、性能、规格、数量等均有具体要求，一旦商品符合需要，便毫不犹豫地买下。这类消费者不需要别人的介绍、帮助和提示，希望以最快的速度完成交易。但在实际营销活动中数量较少。

②半确定型。这类消费者在进入商店之前，已有大致的购买意向和目标，但是这一目标不是很具体、明确。直到购买行为实际发生时，需经过对同类商品的反复比较、选择之后，才能确定购买的具体对象。这类消费者易受他人观点的影响，成交时间长，一般需要提示或介绍，营销人员可见机参谋以坚定其购买决心。他们在消费者中为数众多，应是服务的重点对象。

③不确定型。这类消费者在进入商店、发生购买行为之前，没有任何明确的购买目标。茶余饭后散步或路过都可能步入商店，漫无目的地浏览观光。所见某一商品、所闻某一商品信息，都可能引发消费者需要，唤起其购买欲望。一旦有了购买目标，消费者会马上发生购买行为，但有时也可能不买任何东西。能否发生购买行为，取决于商店的内外部环境及消费者心理状态。对于这类消费者，营销人员应主动热情地服务，尽量引起他们的购买兴趣。

总之，在购买活动中，受购买时间、地点、环境、个性心理及购买对象等多方面因素的影响，不同的消费者会呈现出多种不同的购买行为类型。为此，要用动态的、差异化的观点对消费者的行为加以观察、判断，有针对性地提供适当的服务。

本章知识脉络

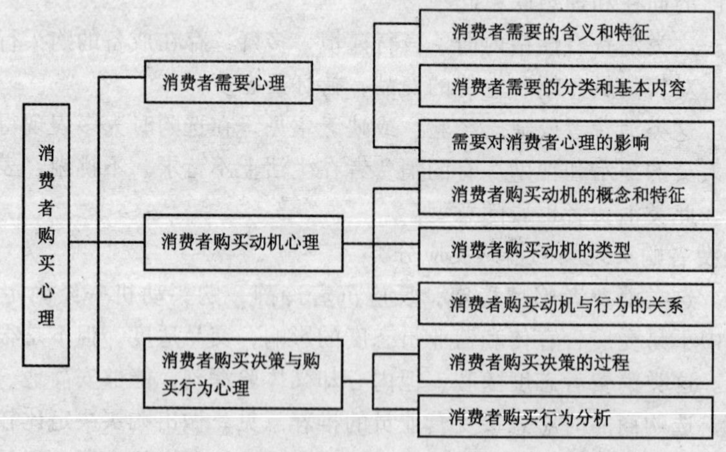

本章导入案例点评

消费者的购买动机具有内隐性，有时人们真正的购买动机并不愿意向别人讲明。雀巢咖啡正是洞察了消费者背后真正的购买动机，然后改变广告宣传的重点，由过去诉求方便、快捷、省时、省力的优点，转而表达美味、芳香、质地醇厚的特点，并对产品的包装进行了改进。迎合了消费者的购买动机，制定了正确的营销方案，所以销路大增。

思考与练习

1. 理论题

(1) 单选题

①按马斯洛的需要层次论，最高层次的需要是（　　）。

A. 安全需要　　B. 自我实现需要

C. 社会需要　　D. 自尊需要

②（　　）是消费者购买决策的起点。

A. 收集信息　　B. 唤起需求

C. 外部刺激　　D. 比较评判

③消费者购买动机的基本模式是（　　）。

A. 需要→行为→动机　　B. 需要→动机→行为

C. 动机→需要→行为　　D. 动机→行为→需要

④当消费者同时具有两种以上的动机且同时发挥作用时，就是动机的（　　）。

A. 内隐性　　B. 实践性

C. 冲突性　　D. 原发性

⑤某夫妇携刚上小学的儿子上街，经过鞋城时，儿子要求购买在电视广告中经常出现的 130 元一双的“彪马”运动鞋，后经夫妇商量并说服儿子，买了一双 35 元的“四驱兄弟”运动鞋。这种购买行为属于（　　）。

A. 经济型购买　　B. 理智型购买

C. 情感型购买　　D. 冲动型购买

(2) 多选题

①在下列需要中，（　　）是人类所特有的。

A. 生理需要　　B. 社会需要

C. 物质需要　　D. 精神需要

②消费者心理性购买动机包括（　　）。

A. 情感动机　　B. 理智动机

C. 嗜好动机　　D. 惠顾动机

③按消费者购买目标的确定程度划分，消费者购买行为的类型可以分为（　　）。

A. 半确定型　　B. 不确定型

C. 全确定型　　D. 随意型

④购买动机的功能有（　　）。

A. 始发和终止功能　　B. 维持功能

C. 引导功能　　D. 强化功能

⑤消费者信息的来源主要有（　　）。

A. 商业来源　　B. 社会来源

C. 经验来源　　D. 其他来源

（3）判断题

①衣食住行等是每个人都需要的，因此所有人的需要都是大体相同的。（　）

②决定消费者是否重复购买的最重要阶段是购后感受阶段。（　）

③消费者需求是多种多样的，因此他们的动机也是多种多样的。（　）

④需求是可以刺激的，因此企业的刺激越大，需求就越大。（　）

⑤消费者的所有购买决策都会按照次序经历购买决策过程的所有步骤。（　）

（4）简答题

①现代消费需要的基本特征有哪些？举例说明据此应如何制定营销对策。

②简述消费者个性购买动机，并举例说明。

③消费者购买决策过程分哪几个阶段，在各阶段营销者应注意什么？

2. 实务训练题

【案例分析1】

案例资料：

消费者购买心理变化的新特点

进入新的世纪，我国消费市场在激烈竞争中稳步发展。消费者的消费观念和消费心理日趋成熟，购买行为呈现出层次性、个性化的趋势。这种现象使得商家感到现在的“上帝”越来越难以满足了！当今人们的购买心理和购买决策，表现出以下心理特点：

（1）买涨不买落。有经验的购买者，要先看行情，货比三家。价格趋涨，争先购买，唯恐继续上涨；价格趋落，等待观望，期望再落，直至看准最佳时机、最佳价格再购买。

（2）就高不就低。当今城市的“上帝”选购商品时，有高档不购中档，有中档不购低档，有进口不够国产，有名牌不购杂牌，有新品不购旧货，这已成为一种时尚。

（3）求便不求廉。商品价廉物美还不足取，更要质量可靠、方便实用。现在的城市人，几乎没有自己做鞋子的，就是在农村中也不多见，都是买鞋子穿；服装也是如此，有80%以上的市民购买成衣，只有少数老年人或特异体形的人才去量体裁衣；在食品中，买成品或半成品，回家简单加工一下就食用的已越来越多了。

（4）进大不进小。大型综合性商场更能招揽顾客，这是因为大商场品种齐全、环境舒适、管理规范、服务周到，不仅实行“三包”，还送货上门。消费者不仅能购得满意的商品，同时还能获得精神上的享受。

（5）购少不购多。在商品货源极大丰富的今天，只要有钱，什么商品都能买得到，“用多少、买多少”已成为购物的口头禅，而那些储备购物、保值购物的行为已成为过去。

（6）购近不购远。新商品、新品种、新款式层出不穷，日新月异。与其早早买个“过时货”，不如将来用时再买“时髦货”。所以，年轻人临到婚礼时，才去购买彩电、冰箱；有的人则到了夏至，才去购买空调。

（7）储币不存物。花钱买一些一时用不着的东西搁“死”在那里，不如把钱存在银行或买国库券、参与投资等更实惠、更灵活。

(8) 投机不投需。近年来，有奖销售活动以及各类彩票风行，撩拨了不少人“中大奖”的投机欲望，许多人都情不自禁地大把大把掏出钱去购买那些可买可不买的商品，追求精神上的刺激。

设计问题：

(1) 除了以上消费者购买心理变化的新特点，你还有哪些补充？

(2) 针对消费者购买心理变化的新特点，经营者应采取哪些营销对策，满足人们购买需求？

(3) 请就我国当前空调（或其他家电）消费市场的购买特点做归纳分析，并提出相应的营销对策。

【案例分析 2】

案例资料：

一位女大学生的购物经历

天气渐凉，女大学生上官同学准备购买一件衣服。星期天她与同伴逛街，一件便西装吸引了她的目光，于是让售货员取下试穿，两个同伴均用赞赏的口气说：“穿上这件便西装给人耳目一新的感觉，而且有几分淡淡的高贵和成熟。”上官也觉得这件衣服让她显得端庄和稳重，这正是她长久以来所希望和追求的形象。按捺住内心的兴奋与冲动，她问售货员价格如何，售货员的报价却超出她的估计，要 399 元人民币，而她口袋里仅有 150 元，同伴凑在一起也只有 200 多元。迟疑之下，售货员说：有会员卡可以享受九折优惠，上官为难地说：“打九折后我还是无法接受啊！”

带着几分依恋和遗憾离开了这家商店，走了几步突然想起方才在路上曾遇到了几位同班同学，心想，“向他们借钱不就可以买下了吗”？征求同伴意见，她们说：“的确贵了点，但如果真心喜欢不会后悔的话就值。”于是上官拨通了同班同学的电话，几分钟后，同学应邀赶来。大家一起来到店里，再一次的试穿后坚定了上官购买的念头。她用同学帮助凑足的钱买下了这件便西装。

一行人告别服装店后，想着心爱的便西装据为己有，上官同学心中的满足之情油然而生……

事后评价这次购买经验时，她说：“当时有几分冲动，现在有点悔意，毕竟是贵了，超出自己的经济能力。但知道这种职业便西装对今后参加工作仍有价值，便不再遗憾和抱怨了。”

设计问题：

(1) 结合消费者购买决策过程的内容，请对上官同学的购买过程进行分析，说明她是哪种类型的消费者。

(2) 上官同学的购买动机是什么？该动机是如何产生的？

(3) 如果你处于同样情景时，你会怎么做？

【案例分析 3】

案例资料：

用电话传递你的爱吧

一天晚上，一对老夫妇正在进餐，电话铃响了，老妇去另一个房间接电话，回来后，老先生问：“谁的电话？”老妇回答：“是女儿打来的。”又问：“有什么事？”回答：“没有。”老先生惊奇地问：“没事？几千里地打来电话？”老妇呜咽道：“她说她爱我们。”两人顿时相对无言，激动不已。

这是美国贝尔电话公司的广告。

设计问题：

(1) 这则广告利用了人们的什么心理？

(2) 贝尔公司的成功之处在哪里？

【业务模拟训练1】

消费者购买决策过程分析

训练目标：熟悉消费者购买决策过程的内容，掌握消费者购买决策的一般规律。

训练内容：以自己最近的一次购买活动作为主题，分析购买决策的全过程，并总结购买行为的类型。

训练操作：

(1) 了解购买决策的五个阶段及每个阶段应注意的问题。

(2) 结合自己最近的一次购买活动，对每一阶段进行分析。

(3) 说明你的感受及对今后购买行为产生的影响。

(4) 根据自己购买过程的表现，分析你是哪种类型的消费者，主要表现是什么，你希望商家怎么做。

(5) 写出分析报告。

成果要求：根据购买的过程，写出《××购买决策过程分析》，重点说明每一阶段企业应注意什么，要求结合自己真实的感受和想法，分析合理，从而加深对购买决策过程和购买行为的理解。

【业务模拟训练2】

消费者购买行为类型分析

训练目标：通过接待不同类型的消费者，把握其行为特点，诱发其购买行为，从而使同学们具有一定的反应能力和与顾客沟通的能力。

训练内容：了解不同类型消费者的心理特征和行为特征，制定接待不同类型顾客的行动方案。

训练操作：

(1) 学生每3人一组，有的小组扮演商店的销售人员，有的小组扮演三种不同类型的顾客。

(2) 小组讨论，每一位学生积极准备产品资料和角色资料，总结出不同类型顾客的语言及行为规范，以及面对拒绝购买的顾客，应该如何与之沟通交流的对策。

(3) 模拟销售人员接待各种类型顾客的过程，并尽量说服各类持拒绝态度的顾客购买自己的产品。

(4) 各小组派代表向全体同学陈述其运用的接待技巧和心理诱导策略。

(5) 评选最佳销售人员一名，最佳顾客一名。

成果要求：根据讨论情况，写出《不同类型消费者购买行为特点分析》，重点说明消费者的心理特点和行为差异，及企业应采取的应对之策。

第5章
消费者群体与消费心理

知识要点　(1) 消费者群体的形成原理；(2) 群体对消费者心理的影响；(3) 家庭生命周期对消费心理的影响；(4) 家庭购买决策类型对消费行为的影响；(5) 社会阶层对消费者心理和行为的影响；(6) 不同年龄、性别消费者心理对购买行为的影响。

能力目标　(1) 能够分析不同社会群体的消费心理和行为特征；(2) 掌握不同消费者群体的市场营销策略；(3) 利用不同年龄、性别消费者的消费心理与消费行为开展有针对性的营销活动，提高营销活动的效率。

导入案例

"80后"消费特征

(1) 消费的冲动性。独生子女的优势 + 市场经济的影响 + 商业媒体的宣传，使得"80后"的消费欲望远远大于他们的消费能力。"80后"在良好收入预期的前提下以及并不沉重的经济压力下敢于透支未来，在花样繁多的产品刺激下更易于冲动消费。他们的消费准则并不一定有明确目的和实用意义，而更基于主观的爱好。他们更重视情感的满足，即消费行为带来的便利、舒适和品牌效应形成的虚荣心理，产品的功能价值倒在其次。他们更侧重于"感官型消费"：吃要美味，即使没有营养；穿要名牌，即使衣不遮体；玩要高档，即使充满危险。名牌不等于首选，便宜也不会动心，贵贱全没概念，他们买单的唯一标准就是"喜欢"。在他们眼里，所有名牌只有两种："我喜欢的"和"我不喜欢的"，需要 + 喜欢成为他们最主要的消费冲动。

(2) 消费的炫耀性。"80后"明显属于自我表现的需要和追求新奇的需要这两类消费者。"80后"对新生事物接受能力强，喜欢追随时尚、新鲜、前沿的消费潮流，看重产品的夸耀性、符号性，许多产品本身的核心功能反而成了次要因素。他们喜欢个性化、独一无二的产品。人无我有、人有我优、人优我异，成为他们选择商品的标准。产品的外观特性与广告魅力促使"80后"完成新产品与服务选择，外观取向构成他们消费的基本特点。根据一项对"80后"和他们的父母"买东西时最看重的因素"的调查，孩子们更看重款式（占49.1%），父母们更看重质量（57.9%）。对款式的强烈要求，正表明了"80

后”消费的炫耀性特征。这种炫耀性不在于与富豪们的财富对比，而在于对自己品味的展示，在于对自己不甘落后于时尚潮流的追求能力。

（3）消费的搜索指导性。“80后”在海量广告的浸泡中长大，遭受产品和各式信息的缠绕，但是，他们更相信自己的感觉和判断，同时，也擅用搜索工具寻找答案。博客、MSN、Google搜索等非传统信息交流方式，几乎成为“80后”对某种产品、品牌最权威的消费指导。“80后”更倾向于购买广受好评的产品，在购买产品之前一般会在网络上搜索与产品相关的信息，对于产品和商家的负面信息更为敏感。如果圈子里的人（如同学、网络社区成员、QQ好友等）推荐某种产品，即使价格上不划算，“80后”也可能购买，如果大家普遍对某种产品缺乏好感，即使性价比很优，“80后”也可能不买。

（资料来源：圆圆，张巧丽．“80后”消费特征与营销对策［J］．管理学家，2007（11）．）

人是社会化的人，是某一群体中的人，任何人不仅不能脱离社会群体而存在，而且在社会群体中受各种各样的影响，比如参照群体、家庭、社会阶层、不同年龄、不同性别的群体等，从而形成了不同的消费心理和行为。群体如何对消费者的行为产生影响，不同消费群体各有什么样的行为特点，本章将就这些内容展开论述。

5.1 消费者群体心理概述

5.1.1 消费者群体的概念和类型

1. 群体的概念和特征

群体或社会群体是指两人或两人以上社会成员在长期社会交往过程中，在相互作用与相互依存的基础上而形成的集合体。群体的规模可以比较大，如几十人组成的班级，也可以比较小，如经常一起逛街购物的两个好朋友。群体人员之间一般有较经常的接触和互动，从而能够互相影响。

社会成员构成一个群体，应具备以下基本条件和特征：

①群体成员要以一定的纽带联系起来。如以血缘为纽带组成了家庭，以地缘为纽带组成了邻里群体，以业缘为纽带组成了职业群体等。

②群体成员之间有共同目标和持续的相互交往。如在电影院里的观众、在车站排队上车的一群人都不能构成群体，因为他们是偶然和临时性地聚集在一起，缺乏持续的相互交往。

③群体成员有共同的群体意识和规范，用以调节和监督。从消费者心理角度分析，研究群体影响至关重要。首先，群体成员在接触活动和互动过程中，通过心理和行为的相互影响与学习，会产生一些共同的信念、态度和规范，他们对消费者的行为将产生潜移默化的影响。其次，群体规范和压力会促使消费者自觉或不自觉地与群体的期待保持一致，即使是那些个人主义色彩很重、独立性很强的人，也无法摆脱群体的影响。最后，很多产品的购买和消费是与群体的存在和发展密不可分的。比如，某人加入某一群体，不仅要参加

该群体的活动，而且还要购买与该群体形象相一致的产品，等等。

2. 消费者群体的形成和类型

消费者群体的概念是从社会群体的概念中引申而来的。消费者群体是指具有某些共同消费特征的消费者所组成的群体。消费者群体的共同特征，包括消费者的收入、职业、年龄、性别、居住分布、消费习惯、消费爱好、购买选择、品牌忠诚等因素。同一消费者群体在消费心理、消费行为、消费习惯等方面具有明显的共同之处。

（1）消费者群体的形成

消费者群体的形成是内在因素与外在因素共同作用的结果。

①内在因素。内在因素主要有性别、年龄、性格、生活方式、兴趣爱好等生理、心理方面的特质。由于具有某种相同的心理特质，消费者之间容易建立彼此的社会角色认同感和群体归属感，容易形成共同的生活目标和消费意向，能够保持比较经常的互动联系，并产生行为动机的一致性，即所谓的“物以类聚，人以群分”。例如，由于年龄的差异，形成了儿童消费者群体，青年消费者群体、老年消费者群体；由于性别的差异，形成了男性消费者群体，女性消费者群体等。

②外在因素。外在因素主要包括地理位置、气候条件等自然环境，以及生产力发展水平、生活环境、文化背景、宗教信仰、民族等社会文化方面。外在因素一般会通过内在因素对消费者施加影响。例如，不同职业的消费者，由于劳动环境、工作性质、工作内容和能力素质不同，心理特点也有差异，这种差异必然要反映到消费习惯、购买行为上来，所以便形成了以职业划分的工人消费者群体、农民消费者群体、教师消费者群体等。

（2）消费者群体的分类

从不同的角度，消费者群体基本可以分为以下几种类型。

① 正式群体和非正式群体。正式群体，是指以确定的加入程序方可取得成员资格的群体，有固定的组织形式、明确的组织结构、完备的组织章程、经常性的群体活动等，成员的角色与地位、权利与义务，都是明显界定的。如学校、机关，合法成立的政党、社团等。

非正式群体，是指那些无正式规定的、自发产生的、结构松散的，一般为完成某项或临时性任务，或兴趣相同的人组成的群体。如旅游团、参观团、考察团，以某种共同的兴趣爱好所组成的协会或不固定的组织等。

②自觉群体和回避群体。自觉群体，是指消费者按年龄、性别、民族、职业等因素自动划分的群体。这类群体在生活中并非客观存在，往往是为了统计或分析的需要而划分的，但它对消费者有很大的影响，个人会意识到同类群体的特征，约束自己的消费行为，以达到心理上的趋同。如“老三届”群体、“80后”或“90 后”群体等。自觉群体对增强消费者的趋同心理和从众心理具有明显的影响，能够促成消费者行为的统一化和规范化。

回避群体，是指消费者极力避免归属的、认为与自己不相符的群体。有两种情形：一种是虽拥有群体成员的资格，但因不同意群体的价值观的行为标准，从而表现出与群体消费行为的偏离；第二种是不具有群体成员的资格，也不同意群体的行为标准和价值观，从而极力排斥群体对自己的影响。消费者对于回避群体的消费行为持反对态度，且极力排斥其对自身的影响。

③所属群体与参照群体。所属群体，是指一个人实际参加或归属的群体。这种群体既

可以是正式群体，也可以是非正式群体。所属群体对消费者的影响是直接的、显现的和稳定的。例如60岁以上的人，无论其自身的心理状态如何，年龄因素使其成为老年人群体中的一员。在现实生活中，家庭是最基本、最重要的所属群体，学校、工厂、机关等均是重要的所属群体。

参照群体，是指消费者做出购买决策时的比较群体，或是个人心理向往的群体，也称渴望群体。参照群体的标准和规范会成为消费者的行动指南或努力达到的目标，对消费者的行为具有很强的示范作用，使其产生模仿行为。

④首要群体与次要群体。首要群体，也称主要群体或主导群体，是指由关系极为密切的消费者组成的群体。首要群体对其成员的消费心理和消费行为都有十分重要的制约作用。如家庭、亲戚朋友、单位同事等就属于首要群体。

次要群体，也称次级群体或辅助群体，是指对成员的消费心理和消费行为影响相对较小的群体，通常是具有某种共同兴趣、需要或追求的消费者组合而成的。

5.1.2 群体对消费者心理的影响

1. 为消费者展示新的行为和可供选择的消费方式

消费者个人总是生活在一定的群体之中，与众多的群体成员在一起生活，随时传递各种信息，进行相互沟通与交往，必然会产生一种相互感染、相互影响的集体心理现象。集体心理现象的存在就会使每个成员趋向于某种共同的追求和目标，形成具有群体特征的生活方式。既然是群体所认可的生活方式，该群体成员一般会自觉遵守，并且对新加入成员具有明确的示范作用。

2. 可引起消费者的模仿欲望，影响消费态度

具有较强影响力的消费者群体或消费者自我归属意识十分强烈的消费者群体，会对其成员的消费态度与习惯起诱导作用。以作为某群体成员而自豪的消费者，都愿意按群体的消费习惯做事，以表明自己作为某群体成员的特征。

3. 促使成员购买行为的一致化

共同的心理特征必然产生行为的一致化。作为某个群体的成员，消费者在大多数情况下都会自觉采取与群体成员一致的消费行为。这是由于不同的群体有不同的内部规范，消费者对商品的评价、选择、购买、使用都会受到群体内大多数成员的影响。尽管随着社会经济的发展，消费者的行为正向着个性化、独特化发展，但群体成员消费行为的趋同仍然表现得十分普遍。

5.1.3 决定群体影响力的因素

尽管群体对消费者有重要的影响，但不会对消费者所有的行为都产生影响，而且不同消费者受相关群体的影响程度也是不同的。群体对消费者影响程度的大小主要取决于以下因素：

1. 商品的特性

对不同商品，群体对消费者选择品牌和品种的影响力不同。这种不同的影响与商品的两种属性有关：一是商品的必需程度，商品的必需程度越低，参照群体的影响越大，反之亦然。比如，对于食品、日常生活必需品，消费者比较熟悉，而且很多情况下已经形成了习惯性购买，此时群体的影响相对较小。相反，对于非必需品或奢侈品，如高档汽车、时装等产品，购买时受群体的影响较大。二是他人对这种产品的认知程度，即这种商品是公众的还是私人的。商品的公众性越强，使用时的可见性越高，群体的影响力就越大。

2. 消费者对群体的忠诚程度

个体对群体越忠诚，它就越可能遵守群体的规范。比如，当某人参加一个渴望群体的晚宴时，在衣服的选择上，他可能更多的考虑群体的希望，而参加无关紧要的群体晚宴时，这种考虑可能就少得多。

3. 群体特征

群体特征包括群体的权威性、合法性、强制性、回报性等。通常情况下，规模较大的、正式的、长期的群体权威性较强，群体的影响力较大。

4. 消费者的个体特征

消费者个人由于生活经历、知识经验等方面的差异性，其在群体中的地位便有所不同，其对群体规范的认识与遵从程度也会表现出差异性。一般而言，性格外向的、依赖性强的、缺乏自信心的、领导能力弱的消费者，越容易受群体的影响和制约。

5.2　家庭与消费心理

家庭是指以婚姻关系、血缘关系或有继承关系的成员为基础组成的一种社会生活组织或基本的社会单位。家庭是消费者参与的第一个社会群体，家庭是社会生活的细胞，也是消费的基本单位，父母、子女是家庭的最基本成员。人的一生大都是在家庭中度过的，家庭对个体性格和价值观的形成，对个体的需要与决策都会产生重要的影响。

5.2.1　家庭结构和家庭消费的基本特征

1. 家庭结构

家庭结构大致有这样几种：一是主干家庭，即已婚夫妇与子女、父母组成的家庭，小型的为两代或三代同堂，大型的也有四代或多代同堂，这是我国传统的家庭组成形式；二是核心家庭，即已婚夫妇与子女同住的家庭，这是一种典型的为现代社会所普遍接受的家庭类型；三是单身家庭，即一个人独立生活的家庭；四是单亲家庭，即父母一方加子女组成的家庭；五是丁克家庭，即高收入、无子女的夫妇组成的家庭等。

目前，我国家庭结构具有两个显著的特点：一是家庭规模趋于小型化，“三口之家”的家庭模式十分普遍；二是具有现代社会特色的丁克家庭、单亲家庭、单身家庭等所占的比例在逐步提高。这些不同的家庭结构，会对家庭的购买行为产生深刻的影响。

2. 家庭消费的基本特征

（1）广泛性

在人们购买的商品中，绝大多数都与家庭生活有关，家庭消费几乎涉及生活消费品的各个方面，如从最常见的日用品到高档耐用的消费品（家电、轿车等），都是以家庭为中心进行购买的。

（2）阶段性

现代家庭呈现着明显的发展阶段性，大致可划分为单身阶段、新婚阶段、少子女阶段、多子女阶段、子女成年阶段、老年阶段等不同的时期。处于不同发展阶段的家庭在消费活动方面存在明显的差异，并且表现出一定的规律性。

（3）稳定性

家庭消费的稳定性是指我国大多数家庭的收入一般是相对固定的，而用于日常消费支出及其他各项支出间的比例关系也是相对稳定、均衡的。同时，我国传统道德观念使大多数家庭能够维系一种紧密、融洽、安定的家庭婚姻关系，社会政治、经济、法律等环境都促成家庭关系的稳定，也促成家庭消费的相对稳定。

（4）传承性

由于每一个家庭都可以归属于不同的群体和社会阶层，具有不同的价值观念，并受一定经济条件的制约，因此形成了不同的家庭消费特色、消费习惯和消费观念等。这些具有家庭特色的消费习惯和观念，对家庭成员的日常消费行为具有潜移默化的影响。如当子女脱离原有家庭并组建自己的家庭时，必然带有原有家庭消费特征的某些痕迹。

5.2.2 家庭生命周期与消费心理

家庭生命周期是指一个以家长为代表的家庭，按年龄、婚姻和子女状况划分的家庭发展阶段。一个家庭一般要经历以下七个阶段，在不同的阶段，家庭购买力、家庭人员的消费心理和对商品的兴趣与偏好也会有较大得差别。

1. 单身阶段

年轻，单身，几乎没有经济负担，新消费观念的带头人，娱乐导向型购买。这一阶段的消费者通常收入不高，但由于没有什么经济负担，因此对其消费支出具有高度的自主性，消费心理多以自我为中心。收入的大部分被用于支付房租、日常生活支出、购买个人护理用品与基本的家用器具，以及用于交通、娱乐和约会交友的支出。这一群体比较关心时尚，崇尚娱乐和休闲，消费内容有着明显的娱乐导向。

2. 新婚阶段

年轻夫妻，无子女，经济上一般比较独立，无过重的家庭负担，购买力强，一般家庭组建之初会有大规模的突击性消费，如购置住房、室内装修、购买成套家具、家用电器、室内用品等，因而对耐用品、大件商品、高档服装等的欲望、要求强烈。

3. 少子女阶段

年轻夫妻，有6岁以下子女，家庭用品购买的高峰期。不满足现有的经济状况，注意储蓄，购买较多的儿童用品。在这一时期，家庭消费多是以子女的一般生活费用、教育、保健费用为主，教育投资的比重逐年加大。夫妻对自身消费表现出务实的消费心理。培养子女望子成龙的强烈愿望使围绕孩子产生的消费较多，而家长的消费水平由于经济原因往往很难提高，有时甚至下降。

4. 多子女阶段

年轻夫妻，有6岁以上未成年子女。经济状况较好。购买趋向理智型，受广告及其他市场营销刺激的影响相对减少。注重档次较高的商品及子女的教育投资，主要以培养子女未来的自主生活能力为主，父母开始为子女的预期消费做更充分的准备，如婚嫁、出国深造等。这一时期家庭消费开始逐步由比较紧张转向宽松，家庭日常消费最突出的是求实心理，而预防性储蓄意识的增强是这一时期最明显的特点。

5. 子女成年阶段

年长的夫妇与尚未独立的成年子女同住。经济状况仍然较好，妻子或子女皆有工作，已届中年务实父母也基本上事业有成，收入颇丰，总体消费水平很高，注重储蓄，购买冷静、理智。家庭消费主要用于两个方面：一是满足整个家庭成员的消费需要，二是为子女结婚而进行的家庭储蓄。

6. 老年阶段

这一阶段，子女均已建立了自己的小家庭，开始独立生活，夫妻也已近老年。这时的家庭经济状况一般较好，其消费观念往往表现为两种类型：一类是继续以子女甚至下一代为消费的着眼点，但实际支出比例大为下降；另一类则基本上与子女无过多经济来往，较为重视自身的存在价值，消费也趋向以营养、保健、舒适为主，注重健康导向，对自我教育方面的消费也很感兴趣，更多地体现自我的消费情趣。随着人口老龄化的加剧，老年家庭将急剧增加，他们对社会服务的消费需求也将大为增加。

7. 鳏寡阶段

单身老人独居家庭，单身老人的生活方式会发生新的变化，消费内容单一，观念保守，消费多用于保健、医疗、劳务方面，特别注重情感等需要及安全保障。

5.2.3 家庭购买决策与消费心理

1. 家庭消费角色分工

每个家庭成员在家庭消费中扮演的角色是不同的，因而所起的作用也不同。一般来说，家庭成员在购买过程中扮演的角色可以分为以下五种。

(1) 倡议者

即倡导者或发起者，是指首先提出或想要购买某一商品或服务的家庭成员。

(2) 影响者

即对最终购买决策有直接或间接影响的家庭成员。

(3) 决策者

即最终决策是否买、为何买、如何买、买什么、买多少、在哪里买的家庭成员。

(4) 购买者

即实际实施采购的家庭成员。

(5) 使用者

即实际使用或消费商品的家庭成员。

这种角色的分工是典型理论意义上的划分，它对于分析家庭消费行为与心理，并从中找出规律，对企业的营销十分重要。但在实际生活中，某一家庭成员既可是某一角色的“扮演者”，同时又可以是两个、三个甚至是全面角色的“扮演者”。例如，某家庭中夫妻二人共同商议决定，并亲自去挑选和购买一台纯平彩电，这一行为又得到家庭全体成员的支持，那么全体成员又都是纯平彩电的使用者。

同步案例 5-1

儿童玩具的购买

背景资料：

某儿童玩具厂为了在暑期扩大一种智力玩具的销量，煞费苦心地在产品上捆绑了一种时下在小学生中非常流行的飞镖玩具，以期博得他们的青睐。但结果令他们非常失望，销售额还不如以前。后来，他们通过调查才发现原来有许多家长认为这种飞镖玩具的安全性有问题。

问题：

请问这是为什么？

分析提示：

除产品的安全问题以外，还有一个原因是忽略了消费决策者的作用。因为使用玩具的是儿童，但做出购买决策的是家长。当然它的赠品本身就有安全隐患问题。

2. 家庭购买决策类型

在对家庭购买决策的关注中，要了解对于不同产品的购买，家庭决策以什么样的方式做出，谁在家庭决策中发挥最大的影响力。一般情况下，家庭决策的类型有五种。

（1）丈夫决策型

家庭主要商品的购买决策由丈夫做出。这种家庭的特点是旧的传统观念较强，文化水平较低，家庭的主要经济来源以丈夫为主。这在目前有的农村地区还比较普遍，是中国较为传统的家庭决策类型。

（2）妻子决策型

家庭中主要商品的购买决策由妻子做出。其原因较为复杂，一是丈夫忙于工作和事业，无暇顾及商品的购买；二是家庭的收入很高，消费支出的决策已不再是家庭生活的主要话题；三是妻子精明能干、有丰富的购买经验和较强的决策能力。妇女的社会地位提高，收入增加，在家庭中的地位上升，也是妻子决策型产生的重要原因。

（3）共同决策型

家庭的购买决策由夫妻双方共同商定。这种家庭夫妻双方关系融洽，都有经济收入，有良好的教育基础，思想开放，家庭中有良好的沟通环境。这类家庭的购买决策较为慎重而全面，属理智型购买。随着社会的进步，教育水平的提高，这种类型的决策形式将成为购买决策的主要形式。

（4）各自做主型

家庭中的每个成员都有权相对独立地做出有关商品的购买决策。这种家庭多属于开放型，一般文化层次较高，收入较为宽裕，在购买中的自主性和随意性较强，或者常见于不太重要的购买活动中。

同步实训 5-1

家庭购买决策过程和决策行为调查

［实训目标］

培养学生观察分析家庭购买决策过程和决策行为的能力。

［实训内容］

就你们家庭购买一件价值 2000 元以上商品的购买决策过程和决策行为进行分析。或者就邻居、亲戚家购买一件价值昂贵商品的购买决策过程和决策行为进行调查。

［训练操作］

(1) 学生每人独立完成该实训任务。

(2) 利用休息时间进行调查或了解。

(3) 将了解的结果按家庭成员的构成、从事职业、经济条件、家庭成员在购买该商品中分别扮演的角色、整个决策过程和决策行为，整理一份调查报告。

(4) 老师选取几份有特点的调查报告，在班级交流，并由老师现场点评。

［成果要求］

(1) 每人撰写一份《×××家庭购买××商品决策过程和行为的调查》

(2) 根据个人调查报告撰写的质量评定其实训成绩。

3. 影响家庭购买决策的因素

(1) 家庭购买力

一般情况下，家庭购买力越强，共同决策的观念越淡漠，一个成员的决策更容易为家庭其他成员所接受；反之，购买力弱的家庭，其购买决策往往由家庭成员共同参与制定。

(2) 家庭的民主气氛

民主气氛浓厚的家庭，其成员经常共同参与决策；在专制的家庭中，往往由其中的一人专断。

(3) 家庭分工

家庭成员分工有粗有细，如丈夫负责买米、买电器、日用五金等，妻子负责买菜、买衣服及纺织品等，而购买其他相关商品的决策则视其家庭分工而定。

(4) 所购商品价值的大小

购买价值较低的生活用品时，无需进行家庭决策，各自做主；购买高档耐用消费品或购买对全家具有重要意义、涉及全家人利益的物品时，多数情况由家庭成员共同协商确定。

(5) 所购商品风险的大小

购买那些家庭成员比较陌生、缺乏足够的市场信息、没有充足把握的风险较大的商品时，家庭成员共同决策的情况较多，风险小的商品则较多地依靠自主决策。

5.3　社会阶层与消费心理

5.3.1　社会阶层的含义和特征

1. 社会阶层的含义

社会阶层是指某一社会中根据社会地位或受尊重的程度的不同而划分的社会等级，是由具有相同或类似的社会地位的社会成员组成的相对稳定的群体。每一个体都会在社会中占据一定的位置，有的人占据非常显赫的位置，有的人占据一般的或较低的位置，这种社会地位的差别，形成高低有序的社会层次或阶层。社会阶层是一种普遍存在的社会现象。

从消费心理学的角度研究社会阶层，就是要了解不同阶层的消费者在购买、消费、沟通、个人偏好等方面具有哪些独特性，哪些行为是社会各阶层成员所共同的，哪些行为可以被排除在某一特定阶层的行为之外。

2. 社会阶层的特征

(1) 社会阶层的等级性

社会阶层存在着从高到低的等级差别，一个人的社会阶层与其特定的社会地位相联系，处于较高社会阶层的人，一般拥有较多的社会资源，在社会生活中具有较高的社会地位。人们可能并不清楚划分这些等级的相关依据，但都知道这种等级的存在，并确定自己处于哪个社会等级，同时通过对别人所处社会等级的认识来决定与其交往的方式。

(2) 社会阶层的约束性

社会阶层对社会成员的行为具有约束作用。在同一社会阶层内，人们在价值观、态度和行为模式等方面存在着一定的一致性，而在不同的社会阶层之间则有着明显的差异。因此，在现实生活中，社会交往较多地发生在同一社会阶层之内，而不是不同社会阶层之间。因为相同阶层的人交往时会感到很自在，处于不同层次的人交往时会感到拘谨甚至不安。

(3) 社会阶层的多维性

社会阶层并不是单纯由某一个因素决定的，而是由多个因素决定的。这些因素包括受教育程度、职业、经济收入、家庭背景、社会技能甚至住房档次以及居住的地理位置等，其中受教育程度、职业和经济收入最为重要。当然，在不同的社会里，上述各因素的相对重要性可能有差异。比如，对中国人来说，经济收入和父母的社会地位相对比较重要，而对英国人来说，他们可能更看重世袭成分在社会地位中的作用。

(4) 社会阶层的同质性

社会阶层的同质性是指同一阶层的社会成员在价值观和行为模式上有共同点和类似性。这种同质性很大程度上是由他们的共同的社会地位所决定，同时也和他们彼此之间更频繁的互动有关。对营销者来说，同质性意味着处于同一社会阶层的消费者会订阅相同或类似的报纸、观看类似的电视节目、购买类似的产品、到类似的商店购物，这为企业根据社会阶层进行市场细分提供了依据和基础。

(5) 社会阶层的动态性

随着时间的推移，一个人的社会阶层是会发生变化的，可能从原来所处的阶层跃升到更高的阶层，也可能跌入较低的阶层。社会越开放，社会阶层的动态性表现得越明显；反之，则个体从一个阶层进入另一个阶层的机会就越小。个人的努力程度和社会条件的变化是促使社会成员在不同阶层之间流动的主要原因。比如，由于个人的努力或自甘堕落，或社会制度的变革改变了人们的生活方式或价值观念，或由于违法犯罪等原因剥夺了某些人的权利等。

5.3.2 社会阶层的划分

1. 影响社会阶层划分的因素

前面提到社会阶层是由多个因素共同决定的，通常把这些因素分为三类：经济变量、社会变量、政治变量。其中经济变量是决定社会阶层的重要变量。

(1) 经济变量

经济变量包括职业、收入和财富。

职业是社会阶层划分中普遍使用的一个变量，也是社会阶层划分中首要的、必备的变量。人们总是从事着某一种职业活动，从而获得劳动收入，形成收入水平，以此构成某人或某家庭的经济背景，如教师、医生、司机、炼钢工人等。一般来说，职业声望越高，职业地位越高，社会名声越大，所处的社会阶层越高。现在人们常常用金领、白领、银领、灰领、蓝领等来对职业和社会阶层作统称和概括，其中含义虽然不是十分清晰，但多数的人还是可以领会的。

收入一直被用来衡量人们的购买力和社会地位，因为没有收入就谈不上消费。收入与人们的消费方式、生活习惯等有着密切的关系。一般来说，收入高的人比收入低的人社会地位高。因此，很多人认为应该按收入来划分社会阶层，但也有很多人不同意这种观点。比如，我国前几年出现的“脑体倒挂”、“搞导弹的不如卖鸡蛋的”等说法，就说明了收入与社会地位之间关系的不一致。

随着职业收入的合理，受教育的程度在划分社会阶层中所起的作用也越来越大。人的受教育程度直接影响他的能力、知识、技术、价值观、审美观等，一般情况下，一个人所受的教育越高，它的社会地位就越高。

(2) 社会变量

社会变量包括个人声望、社会联系和社会化。

(3) 政治变量

政治变量包括权利、阶层意识和流动性。

2. 我国的社会阶层划分与消费行为

根据上述不同的影响因素，社会可以划分为不同的社会阶层。目前国际上比较流行的划分方法是把社会分为三大阶层，即上层、中层和下层，每一阶层又被分为两层，这样就总共划分为六层，即上上层、上下层、中上层、中下层、下上层、下下层。结合我国现阶段的实际，根据职业、收入、财产、受教育的程度等不同所形成的差别，我国的社会阶层可以做如下划分。

(1) 按职业划分的社会阶层

①农民阶层。

②工人及企事业单位中的普通职工阶层。

③知识分子阶层。

(2) 按消费水平划分的阶层

①富有阶层。所占比例很小，但消费能力强，是豪华汽车、别墅的主要消费者，常表现出明显的炫耀性消费。这一阶层主要有民营企业家、合资企业老板、著名演员、体育明星、知名律师、艺术家或暴发户。

②富裕阶层。所占比例较小，有很强的消费能力，消费特点是讲排场、追求高档时髦服装、用品，他们一般拥有高级轿车、高级住宅等。主要是外企金领、公司经理、演艺界的一些明星，还有高级专家、民营企业主、律师等。

③小康阶层。主要包括公司中的高级职员、公务员、收入较高的教师、技术人员等，

主要靠较高的工资收入。大多数城市家庭、沿海等地较为发达的农村地区的农民，已基本步入小康阶层。其消费特点是追求高档家用电器、家具等，文娱、旅游等消费的比重逐步提高，吃的方面所占的比重逐步下降至40%以下。

④温饱阶层。所占比例较大，一般包括技术工人、职员、服务员、营业员等，大部分的农村地区、部分城市居民属于这一消费层次。在其消费构成中，食品消费仍占有相当大的比重。

⑤贫困阶层。所占比例小，主要包括国有企业下岗职工、城市失业人员、未脱贫致富的农民。这一阶层由于经济收入低，消费水平也低，只能购买最基本的生活必需品，他们是当前的弱势群体，是必须关注的社会阶层，也是国家关注和扶持的对象。

同步案例 5-2

社会阶层对个人住宅选择的影响

背景资料：

假如现在有三个家庭，他们的收入都一样（如年收入都是10万元）。但这三个家庭的社会阶层不一样：第一家是中上阶层的家庭，男主人是一个年轻的律师；第二家为中下阶层的家庭，男主人是一个推销员；最后一家是下层的家庭，男主人是一个电工。

问题：

现在这三个家庭都要买房子，那么他们分别会在什么样的地方买什么样的房子呢？

分析提示：

第一个家庭可能会在比较有名气的小区里边买比较贵的房子，也会买贵的家具，而且邻居大多是名流；第二家可能会在一般的小区里买较好的房子，会买很多家具但不太注重品质，也不太注重邻居的社会地位；第三家不会买太大的房子，而且不注重什么小区或邻居之类，但可能拥有较多昂贵的家具及最新式的彩电等。

5.3.3 社会阶层对消费者心理和行为的影响

在社会生活中，每个人都归属于一定的社会阶层，他们的消费观念、生活方式必然要受到所属社会阶层的影响和制约，因为同一社会阶层的消费者在消费心理与行为上会有许多相似之处，而不同社会阶层的消费者则表现出明显的差异。这种心理的差异直接影响消费者的行为选择。具体表现在以下几个方面。

1. 对支出模式的影响

消费者在选择和使用产品时，尤其是在住宅、服装和家具等能显示身份和地位的商品的购买上，不同阶层消费者的差距非常明显。例如，在美国，上层消费者的住宅区环境幽雅，室内装修豪华，购买高档的家具和服装。中层消费者一般存款较多，住宅也相当不错，但他们对内部装修则不是特别讲究，高档的服装、家具数量不多。下层消费者的住宅周围环境较差，服装和家具上投资较少。此外，下层消费者的支出行为在某种意义上带有"补偿"性质。一方面，由于缺乏自信和对未来并不乐观，他们十分看重眼前的消费；另一方面，教育水平普遍较低使他们容易产生冲动性购买。

2. 对休闲活动的影响

虽然不同阶层之间，用于休闲的支出占家庭总支出的比重可能相差不大，但休闲活动的类型却差别很大。上层社会成员所从事的职业，一般较少身体活动，作为补偿，他们大都从事游泳、打网球等个人性或双人性的运动。中层消费者则是商业性休闲和诸如公共泳池、公园、博物馆等公共设施的主要使用者。下层社会成员倾向于从事团体性体育活动，甚至一些较耗费时间的活动如钓鱼、踢足球等。

3. 对购物方式的影响

不同社会阶层的消费者对购物场所的选择上存在差异。高阶层的消费者重视购物环境和商品品质，对服务的要求很高，乐于到环境优雅、品质和服务上乘的商店去购物，因为在这种环境里购物会使他们产生优越感和自信感，得到一种心理上的满足。中层消费者比较谨慎，对购物环境有较高的要求，但也经常在折扣商店购物。而低阶层的消费者在高档购物场所则容易产生自卑、不自信和不自在的感觉，因而他们通常选择去大众化、廉价商店购物。

4. 对信息接收和处理的影响

随着社会阶层的上升，消费者获得信息的渠道会随之增多。低层的消费者在购买过程中可能更多地依赖亲友提供的信息，中层消费者则比较多地从媒体上获取信息。不仅如此，特定媒体和信息对不同阶层消费者的吸引力和影响力也有很大的不同。电视媒体对越高层的消费者影响越小，印刷媒体则正好相反。

尽管同属一个社会阶层的消费者，在价值观念、生活方式及消费习惯等方面都表现出基本的相似性，但由于各个消费者在经济收入、兴趣爱好和文化程度上存在差别，因而在消费活动中也会表现出不同程度的差异性。区分同一阶层消费者的差异，可以使企业的市场细分更加细致有效，营销策略更具有针对性。

5.4　不同年龄、性别消费者群体的消费心理

5.4.1　不同年龄消费者群体的心理特征与行为

根据年龄划分，可以把消费者划分为少年儿童消费者群体、青年消费者群体、中年消费者群体和老年消费者群体。处于不同年龄段的消费者对商品有明显的不同偏好，因此研究不同年龄消费群体的消费心理与购买行为，对营销工作十分重要。年龄是企业细分市场常用的标准。

1. 少年儿童群体的消费心理

少年儿童消费者群是由 0 ~ 14 岁的人组成，少年儿童市场也称“太阳市场”。目前我国的少年儿童多数为独生子女，由于孩子在家庭中的特殊地位，使得他们成为家庭消费的中心。特别是在儿童玩具、文体用品、书籍、教育、食品、营养品、服装、娱乐等方面，存在巨大的市场容量和潜力。

（1）消费的依赖心理

由于少年儿童的购买能力还没有完全独立，在购买商品时，往往缺少自己的主见，因此，他们表现出很大的依赖性，而且年龄越小，其依赖性越大。他们只知道要这样购买商

品，而不考虑为什么要如此购买。往往在购买学习用品时，非常相信老师的话，同学之间“你有的学习用品我也想拥有”的心理比较活跃；在购买生活用品时，一般由父母决策和做主，带有父母对消费活动的明确的目的性，如购买什么商品、何种款式、多少价格，以及到何处去购买等。表现出少儿在吃、穿、用、玩等方面的消费具有单纯性、依赖性和模仿性的消费心理。

（2）消费的模糊心理

由于少年儿童年幼，没有太多的生活知识和经验，不熟悉购物活动，缺乏选购能力，加之幼小、胆怯，而内心却有着较强的购物欲，尤其当看到了电视播放的精彩的少儿用品的产品广告，或看到同伴拥有了某种物品而自己没有时，所表现出的购物欲望就更为强烈。因此，在购物时，少年儿童在琳琅满目的货架前，往往表现出犹豫不决、捉摸不定、左顾右盼等不稳定的、复杂的心理活动，并在很大程度上受外界影响的调节和支配，如营业员的劝诱、有奖促销广告的吸引等。这种消费的模糊心理状态的表现程度，将随着他们年龄的增长而逐渐减弱。

（3）消费的天真好奇心理

少年儿童具有天真的心理特点，他们纯情、幼稚，有童话般的幻想色彩，因此，他们在购物时也就表现出一种天真好奇的消费心理。他们的需求标准往往是成年人所难以理解的。例如，一些制作精美的高级糖果引发不起儿童的食欲和兴趣，而一些制作简单的糖果，因包装内附带有各种不同的小塑料玩具，却备受儿童的青睐。这正说明了这些附带小玩具的糖果迎合了孩子们将食用与玩耍寓于一体和天真好奇的消费心理。

（4）消费的直观心理

这是少年儿童普遍存在的一种消费心理状态。少年儿童对外界事物的认识主要是直观表象的形式，缺乏逻辑思维。表现为从商品的直观印象上进行比较和选择，往往不太注意甚至根本不去注意挑选商品的品牌和生产厂家、比较商品的质量和性能等。例如，孩子们对一些动物形状包装的塑料罐饮料感兴趣，却不强求这些食品是否符合卫生合格标准，有无注册商标；孩子们对一双运动鞋产生购买欲望，根本不考虑这双运动鞋的皮质和鞋底的柔韧性，更不会考虑耐穿程度。在购买商品时，他们往往以“好看”、“我要”、“喜欢”，或者“某某小伙伴也穿这样的鞋”等情绪因素为主，凭直观、直感、直觉来决定消费。

（5）消费的可塑心理

少年儿童处于认识事物的学习阶段，易于接受新生事物，同时由于他们的思维批判性尚没有发展成熟，对老师的话、同龄人之间的交流、书本知识和传播媒体上的观点，往往容易接受甚至深信不疑。在消费心理上，通常表现为少年儿童最容易被那些动人的推销宣传说服和左右。

同步案例 5－3

儿童消费心理

背景资料：

例如，电视台曾经播放儿童电视连续剧《小龙人》，在儿童中收视率颇高，一些儿童用品生产商便以小龙人图形作商品包装，有文化用具、食品和服装，使孩子们见到有

“小龙人”的儿童用品就争相选购。之后，电视台又播放动画片《宇宙英雄奥特曼》，并在放映过程中插播恐龙和机器人玩具的广告，一时间这些塑料恐龙和小机器人成了孩子们爱不释手的玩具。曾经播放的《还珠格格》和《灌篮高手》等电视剧，在学龄晚期的孩子们中收视率非常高，剧中男、女主角的服饰、球鞋、发型甚至剧中主题歌的录音磁带和CD 唱片等，都成为他们的抢手货。

问题：

以上现象说明了什么？

分析提示：

这些现象都说明少年儿童对新鲜事物特别敏感，观察力强，喜欢模仿，容易从众。他们尚未形成有目的、有系统的分析判断能力，控制和调节自己意识及行动的能力也不强，购买商品时不会像成年人那样已经形成固定的观点，当受到外界一定的刺激和影响时，就可能产生可塑心理，改变初衷。

企业把握少年儿童的心理特征，是为刺激其购买动机，满足他们的心理和物质需求，激发和引导他们的消费欲望，从而更好地开发和占领这一庞大的极具潜力的消费市场。为此，企业应该根据不同的对象，如儿童、少年等，采取不同的组合策略；改善少儿商品的外观设计，增强商品的吸引力；不失时机地树立品牌形象，提高商品品牌识记的程度。

2. 青年消费群体的消费心理

青年是少年向中年过度时期的人群，一般年龄在 15 ~ 40 岁之间。青年人人数众多，需求旺盛、思想活跃，对新事物具有强烈的求知欲，在消费行为上，喜欢追求潮流，敢于创新，是现代消费潮流的领导者。青年消费群体最有活力，也最具变化，也被称为“前卫市场”。

(1) 追求新颖与时尚

青年人典型的心理特征是：热情奔放、思维活跃，对未来充满希望和幻想，富有冒险精神，对新事物、新知识、新概念，他们都感到新奇、渴望，敢于大胆追求，富有创造性。表现在消费心理与行为方面便是追求新颖与时尚，力图领导消费新潮流。所以，他们往往是新产品、新的消费行为的追求者、尝试者和推广者，并会逐渐影响更多的消费者。在他们的影响下，新产品的消费逐渐进入高潮。

(2) 崇尚品牌与名牌

青年的智力发达，有文化，有知识，接触信息广，社交活动多，并且总希望在群体活动中体现自身的价值和地位。随着自我意识的发展和机能的成熟，青年人追求仪表美、个性美，表现自我、展示自我的欲望日益强烈。反映在消费心理与消费行为方面，青年人特别注重商品的品牌与档次。在他们看来，名牌是信心的基石、高贵的象征、地位的介绍信、成功的通行证，追求名牌要的就是这种感觉。因而，青年在购物时，虽然也要求产品性能好、价格要适中等，但对商品的品牌要求已越来越高。

(3) 突出个性与自我

青年人处于少年不成熟阶段向中年成熟阶段的过渡时期，自我意识明显增强。他们追求独立自主，力图在一举一动中都能突出自我，表现出自己独特的个性。这一心理特征表现在消费心理和消费行为方面，则是青年人消费倾向由不稳定性向稳定性过渡，对商品的品质要求提高，尤其要求商品有特色，上档次，有个性，而对那些一般化的、“老面孔”

的商品不感兴趣。如购买时装，主要是因为时装能体现自己的风格，因而时装的款式成为青年人是否购买的主要依据。

(4) 注重感情与直觉

青年人虽然在心理上已经成熟，但在情绪和性格上还具有强烈冲动和温和细腻共存的特征。客观环境、社会信息、新时尚、新潮流等对他们的认识和行为有很大的影响，有时一两句话就可使某些青年人热血沸腾、冲动起来。因此，他们的消费行为往往属于冲动性购买行为。特别在新潮、时尚等商品面前，冲动性购买的特征更为明显。

针对青年消费者群体的心理特征，企业应满足消费者多层次的需求。开发的产品要做到新颖、时尚、潮流，产品的造型、包装、色彩具有审美价值和高贵典雅的气质，注重个性化产品的生产和销售，做好售后服务，使青年消费者成为推动市场开拓的力量。

同步实训5-2

商品需求调查

[实训目标]

培养学生观察分析不同消费群体消费心理及购买行为的能力。

[实训内容]

针对本校男生、女生在校期间商品需求情况进行调查，商品在日用品、学习文具、衣着类范围内选择。通过设计调查问卷，了解他们需要商品的特点、功能、价位、购买方式、购买地点等内容（每组有针对性地调查一种商品，可选不同专业的学生进行调查，也可选社会上不同消费群体进行调查）。

[实训操作]

(1) 学生每5人一组，选定一人为负责人，明确成员分工和具体责任。

(2) 利用休息时间调查不同班级30位男生、30位女生。

(3) 将收回的调查问卷整理，小组成员共同讨论分析，写出学生商品需求的调查报告。

(4) 在班级交流，并由老师现场点评。

[成果要求]

(1) 每组撰写一份《我院××专业××年级××商品需求调查报告》

(2) 根据每组设计的调查问卷、调查报告质量和每个成员在调查中完成项目任务的表现，综合评定每个学生的实训成绩。

3. 中年消费群体的消费心理

中年消费群体一般指40~60岁之间的消费者。中年消费者心理上已经成熟，有很强的自我意识和控制能力，一般处于商品购买的决策位置。他们购买能力强，购买活动多，上有老下有小，经济负担较重，必需的支出多，购买的商品既有家庭日用品，也有个人、子女、父母的穿着类商品，还有大件耐用消费品。因而收入的高低，影响着消费水平。

(1) 经验丰富，理智性强

由于经过生活的体验和锻炼，中年人对生活的激情和渴望不像青年人那样丰富和冲动，丰富的社会经验和较重的家庭经济生活压力，使得中年人在消费购物时更加理性。他们往往非常注重商品的内在信息（质量、用途和功效等）、性价比的优势，以及简洁大方的外观和包装。

（2）量入为出，计划性强

中年处于青年向老年的过渡阶段，而中年消费者大多肩负着赡老扶幼的重任，是家庭经济的主要承担者。在消费上，他们一般奉行量入为出的原则，养成了勤俭持家、精打细算的习惯，消费支出计划性强，很少出现计划外开支和即兴消费的现象。他们在购物时往往格外注重产品的价格和实用性，并对与此相关的各项因素，如产品的品种、品牌、质量、用途等进行全面衡量后再做选择。一般来说，物美价廉的产品往往更能激发中年消费者的购买欲望。

（3）尊重传统，较为保守

中年人随着人生阅历的丰富，会越来越成熟和内敛，在消费时总会考虑他人和社会的评价，因此便显得较尊重传统，不轻易尝试新产品，对新产品缺乏足够的认识和兴趣。中年消费者用于家庭和子女教育方面的支出相对较多，用于自己的消费支出相对减少，对收入水平较低的消费者来说，会压抑自身的消费需求。

（4）注重身份，稳定性强

中年消费者正处于人生的成熟阶段，他们大多数生活稳定。他们不再像青年时那样赶时髦、超前消费，而是注意建立和维护与自己所扮演的社会角色相适应的消费标准与消费内容，如中年消费者更注重个人气质和内涵的体现。

根据中年消费群体的心理特征，企业应强化商品的质量，突出商品的实用性、便利性，提供优质的服务，切实解决购物后发生的商品退换货、服务等方面的问题，促销广告活动理性化，注重培养中年消费者的惠顾动机，使他们成为企业忠实的顾客。

4. 老年消费群体的消费心理

老年消费群体一般是指 60 岁以上的消费者所构成的群体，也可称“银色市场”。在我国，随着社会的发展和生活水平的提高，城乡居民的平均年龄呈上升趋势，老年人口数量不断增加，我国正在步入老龄化社会。老年人在生理上和心理上同青年消费者、中年消费者相比发生了明显的变化，是一个特殊的消费群体。

（1）需求结构发生变化

老年消费者需求结构的变化，主要表现为：穿着及其他奢侈品方面的支出明显减少，对保健品的需求量大大增加，对有兴趣嗜好的商品购买支出明显增加，用的商品从生活日用品占较大比重开始转向旅游、休闲、娱乐、健身用品。老年人最关心的问题是如何能够保持健康、延年益寿。因此，只要某种食品或用品对健康有利，价格因素一般不会成为老年消费者的购买障碍。

（2）怀旧心理强烈，品牌忠诚度高

老年消费者有丰富的生活阅历，在几十年的消费实践中，形成了比较稳定的消费态度和习惯性的消费行为方式，且不易改变，对商标品牌的偏好一旦形成就很难轻易改变，品牌忠诚度高。另外，老年消费者总是留恋过去的生活方式，对产品有一定的怀旧心理，对消费新潮的反应也显得较为迟钝。

（3）追求实用方便，并求得良好的服务

老年消费者在购买产品时，非常理智和成熟，他们的购买动机主要取决于产品给他们带来的方便和舒适程度，因此比较看重产品的质量和使用功能。老年消费者体弱多病，行动不便，视力不佳。他们希望购物场所提供一些稍事休息的设施，对产品的标记要清楚、醒目、购买时手续要简便。对销售人员的服务态度十分敏感，希望得到尊重和礼遇。

（4）容易上当受骗，防范意识明显

老年消费者虽然消费经验十分丰富，但由于生理和心理机能衰退，对于假冒伪劣商品及欺骗性的经营手段的判断、识别能力下降，容易上当受骗，蒙受经济损失。因此，在购买商品时顾虑较多，防范意识较强，作决策时犹豫不决。如果时间不允许，他们宁愿放弃购买也决不仓促行事。

针对老年消费群体的心理特征，企业开发的商品要注重方便性、安全性及适用性，还要提供良好的服务，并帮助老年消费者增加消费信心。同时，要考虑老年消费者娱乐休闲方面的要求，提供适合老年人特点的健身娱乐用品和休闲方式。此外，广告促销活动不仅针对老年消费者，还可以针对老年人的子女。如专门服务老年人的旅游团，很多情况下是子女为父母埋单，有些营养保健品也是由子女购买孝敬老人。

同步案例 5-4

脑白金的成功

背景资料：

步入中老年的人没有不担心衰老的：女人怕容颜易逝、更年期到来、体态臃肿、美丽不再；老人怕疾病缠身、老态龙钟、卧床不起、不久人世。脑白金以中老年人为主要消费对象，在广告宣传中提出了“年轻态、健康品”的大创意，受到了中老年消费者的青睐。

问题：

脑白金为什么会取得如此大的成功呢？

分析提示：

脑白金的成功主要在于它把握住了中老年消费者深层次的心理需求，即改善生活质量，保持年轻的感觉。首先，睡眠与肠道问题一直是困扰中老年的难题，而脑白金的主要功效就是解决这样的问题。其次，脑白金在价格上定位于保健品价位的中等层次，主要是针对有一定收入的中老年消费者群体。最后，“年轻态”的创意，正是针对中老年人最关心的色斑、老年斑、更年期、皱纹、白发及各种中老年疾病。

5.4.2 不同性别消费者群体的心理特征与行为

根据性别划分，可以把消费者划分为女性消费者群体和男性消费者群体。由于性别的不同，消费者对商品的需求结构、消费心理与习惯、购买行为模式都会形成较大的差异。性别也是细分消费者市场常用的标准之一。

1. 女性消费群体的消费心理

2006 年的统计数字表明，截至 2005 年年底，我国女性人口 6.3 亿，占总人口的 48.5%，而且随着女性就业率和社会地位的提高，女性的受教育水平、收入、拥有的物质财富在不同程度地增加，女性消费者已经构成一个巨大的消费群体和购买群体。在家庭消费上，女性可谓是绝对的当家作主。因此，研究女性消费，尤其是青年女性的消费，可以洞悉社会消费心理的变化和趋势。

（1）爱美和时髦心理

这是女性消费者普遍存在的一种心理现象。女性感情丰富、细腻，注重感情及其表达，较为注重外在的美、形式的美，注意个人形象。现代女性，大多参加工作，与人交往的机会增多，关注流行和时尚，跟进消费潮流。既重视自然美，也重视社会美，还通过消费行为，获得修饰美。她们在购买活动中格外重视商品的形象和色彩，希望获得感官的刺激。

（2）情感性心理

女性消费者对商品的情感特征比较重视，如广告渲染的气氛、食品的诱人香味、化妆品的芬芳和外观、服饰的款式和色彩等，都能在女性的消费活动中产生影响力和情感差别，从而决定购买取向，而且还会产生冲动性。女性消费者在替家人购置物品时，感情色彩更加强烈。

（3）求实、求便心理

女性消费者平时既要工作，又要操持家务，她们迫切希望减轻家务劳动工作量，缩短家务劳动时间。因此，她们对日用消费品和主副食品的方便性、实用性，有更为强烈的要求。在购置物品时，她们一般都愿意去超级市场和便民商店，因为那里不仅购物环境好、品种齐全、分门别类、价格公道，而且能使她们在消费时达到一次性完成购物活动的目的。

女性消费者还有追求新鲜和变化的心理，她们对生活中新的、富有创造性的事物充满热情。如佩戴一件新颖的装饰品，重新调整居室装饰，尝试做一道从未做过的菜肴等，以显示其新鲜感和创造性。因此，那些使用上既能方便省力，又能给予发挥创造性的心理满足的商品，更受女性消费者的欢迎。

（4）自重、自尊心理

女性消费者一般都有较强的自我意识和自尊心，对外界事物反应敏感，形成了一种自尊、自重的心理。在日常消费活动中，她们往往以选择的眼光、购买的内容及购买的标准来评价自己和别人。她们总是觉得自己购买的物品是最好、最有价值的，对别人的否定意见不以为然，喜欢独立自主地选购商品，还希望别人仿效自己。她们往往不愿意别人说自己不了解商品、不懂行、不会挑选。在购物时，营业员的表情、语言、广告宣传及评论都会影响女性消费者的自尊心，进而影响女性消费行为的实现。

（5）攀比炫耀心理

当代女性，特别是家庭收入较高的中青年女性，喜欢在生活上和人攀比，总希望比自己的同事、亲友过得更舒适，显得更富有。她们在消费活动中除了要满足自己的基本生活消费需求或使自己更美、更时髦之外，还可能通过追求高档次、高质量、高价格的名牌产品或在外观上具有超凡脱俗、典雅、洒脱等与众不同的特点的产品或前卫的消费方式，来显示其地位上的优越、经济上的富有、情趣上的脱俗等。

（6）购买商品挑剔心理

由于女性消费品品种繁多，弹性较大，加之女性特有的细腻、认真，因而她们通常在选择商品时比较细致，注重产品在细微处的差别，通俗地讲就是更加“挑剔”，产品某些细微的优点或不足都会引起女性消费者的注意。另外，女性通常具有较强的表达能力、感染能力和传播能力，善于通过说服、劝告、传话等方式对周围其他消费者的购买决策发生影响。

根据女性消费者的消费心理特征，企业应加强商品的形象设计，注重商品的细节，色彩、款式、形状要体现流行、时尚，并使用方便；对女性的个人消费和经常购买的商品，要加强广告宣传和现场促销，注重传递商品的实用性，关注女性消费者的情绪变化；销售环境要布置得舒适愉悦、典雅温馨、热烈明快，注意渲染购物环境，提高服务艺术，使女性消费者在购物过程中体会到一种乐趣，能休闲地观赏、浏览商品，使环境能给她们带来感情联想，从而产生购买动机。

2. 男性消费群体的心理特征

(1) 购买目的明确，购买行为理智

男性消费者购物时都有明确的购买目的，购买前就选择好购买对象，他们进商店后就直奔目标而去，购买过程中挑选也不仔细，在选购时也不善于讨价还价。购买行为常受理性支配，更多地强调商品的效用及功能，具有更多理智和自信心。即使买到有瑕疵的商品，但大体上能过得去就算了，不满意退换货的情况比女性少。

(2) 注重商品的整体质量和使用效果，决策迅速果断

对一些价格昂贵、结构复杂的高档消费品，男性消费者有更多的了解，购物时很注意商品的整体质量。一旦认识到某种需要，或在商店看到所喜爱的商品，他们能果断决策，进而产生购买行为，并很少反悔。

(3) 购买商品时力求方便、快捷

一般男性消费者很少逛商店，即便去商店也很少像大多数女性消费者那样花很多时间闲逛。遇到合适的商品就迅速购买，在商店逗留的时间较短，购物后买完就走，尽快离店，他们对商家出售商品时的种种繁琐手续、拖延时间的作风十分反感，这种力求方便、迅速快捷的心理，在购买日常生活用品时便显得最为突出。

(4) 购买时表现大方，比较随便

由于男性的自信、豪爽、独立性强和社会角色需要等因素的影响，使其在购买行为中表现出大方、不在意等行为。在购买商品时较随意，不太注重日用消费品的价格。

(5) 购买过程较少受他人的影响

男性消费者购物时善于独立思考，很注重商品的使用效果，对于熟悉的商品或已决定购买的商品，表现出更多的自信，不会轻易受外界环境气氛、广告宣传或他人议论的影响。

尽管女性消费者是商店最亮丽的一道风景线，但是对男性的消费也不应忽视。男性消费市场同样具有意想不到的潜力。除了男性消费者以选购烟酒、书报、家电、装修材料为主的传统购买外，越来越多的男性主动分担家务，经常光顾超市，因此产品的开发与设计要考虑男性消费者的特点，并精心策划吸引男性消费者的促销方式和广告信息。

本章知识脉络

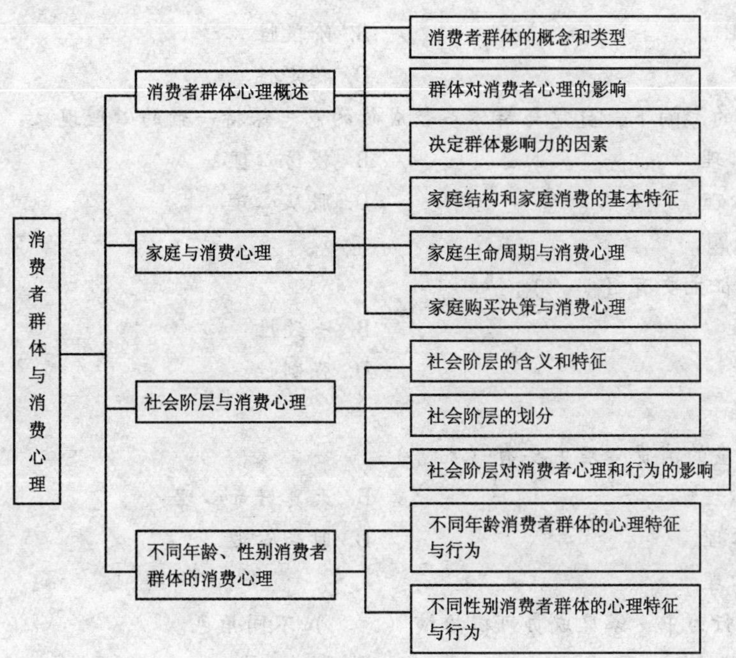

本章导入案例点评

"80后"是一个新兴的消费群体，他们的购买行为既受年轻人自身心理因素的影响，又受所属群体（青年消费者群）的影响。从而使他们具有共同的心理特征和消费行为。这个处于20~30岁年龄段、覆盖了从高校到职场的年轻一代，其消费能力、消费意识、消费活动、消费话语权正在影响着许多企业的营销策略。

思考与练习

1. 理论题

(1) 单选题

①决定社会阶层的重要变量是（　　）。

A. 社会变量　　B. 经济变量

C. 政治变量　　D. 个人声望

②购买价值较高的耐用消费品或涉及家庭全体成员利益时，多采取（　　）。

A. 丈夫决策型　　B. 妻子决策型

C. 共同决策型　　D. 各自做主型

③消费者个人心理向往并对其购买行为有较强示范作用的群体叫（　　）。

A. 参照群体　　B. 自觉群体

C. 所属群体　　D. 首要群体

④处于不同发展阶段的家庭，在消费活动方面存在明显的差异，这是家庭消费的（　　）。

A. 广泛性　　B. 阶段性

C. 传承性　　D. 稳定性

⑤在群体的影响下，自觉与群体多数成员的意志保持一致的心理现象，叫（　　）。

A. 从众心理　　B. 模仿心理

C. 好胜心理　　D. 服从心理

（2）多选题

①群体特征主要有（　　）。

A. 权威性　　B. 一致性

C. 回报性　　D. 强制性

E. 服从性

②少年儿童的消费心理主要有（　　）。

A. 依赖心理　　B. 天真好奇心理

C. 模仿心理　　D. 时尚心理

E. 攀比心理

③在购买行为中，家庭成员可以扮演（　　）不同角色。

A. 倡议者　　B. 影响者

C. 决策者　　D. 购买者

E. 使用者　　F. 旁观者

④群体影响力的大小取决于（　　）。

A. 商品特性　　B. 市场特性

C. 群体特征　　D. 个体特性

E. 性别特征

⑤老年人用品应注意（　　）。

A. 实用性　　B. 方便性

C. 安全性　　D. 依赖性

E. 适用性

（3）判断题

①商品的必需程度越低，购买时受群体的影响越小。（　　）

②消费者在服务上的支出会随着社会地位的升高而增加，处于较高阶层消费者的服务消费要高于中下层消费者数倍，高阶层具有更高的品牌忠诚度。（　　）

③中青年消费者多属理智型购买，青年消费者多属冲动型购买。（　　）

④家庭是最重要的相关群体。（　　）

⑤一个人属于哪个社会阶层是由其购买心理决定的。（　　）

（4）简答题

①群体对消费者心理有何影响，决定群体影响力的因素有哪些？

②简述家庭生命周期对购买行为的影响。

③简述青年消费群体的消费心理和购买行为。

2. 实务训练题

【案例分析1】

案例资料：

芭比娃娃成功的奥秘

在美国，一说起“芭比”，人们就会想起芭比娃娃：一个高约27.5厘米，或长发披肩，或将一头乌黑卷发梳成漫不经心的马尾式，胸部高耸，具有窈窕淑女形象的玩具娃娃。就是这样一个玩具，创造了风靡世界市场几十年的奇迹！

1959年，芭比由一位女商人按照她女儿巴巴拉的模样设计而成。她区别于一般玩具娃娃的显著特点在于其产品形象的“拟人化”和“情感化”，她不但是玩具，而且是一个可以用心与之交流，用情寄托的忠诚的朋友和伙伴。不仅如此，芭比娃娃还有自己的动人故事：芭比娃娃，5月3日生，O型血，小学五年级学生，成绩中上，学得最好的功课是语文和音乐，但对算术不感兴趣，甚至讨厌。母亲是位服装设计师，父亲是乐团指挥，经常在国外旅行演出。这一背景故事虽然简单，却与少年儿童的心理产生了强烈的共鸣，为小朋友们塑造了一个栩栩如生的自画像。而且，该公司瞄准社会特定职业，不断更新芭比娃娃的服装，从问世之初的时装模特，到后来的律师、企业家、医生、飞行员……，使得很多美国家庭三代都钟爱芭比娃娃。

设计问题：

(1) 从消费者心理的角度分析芭比娃娃受欢迎的原因。

(2) 该公司采用的是什么样的产品开发策略？

(3) 搜集有关芭比娃娃的相关资料，从中你得到什么启示？

【案例分析2】

案例资料：

飞　人　乔　丹

美国著名篮球明星迈克尔·乔丹高超的球技和令人振奋的体育精神，使他成为全世界青少年心目中的英雄。耐克公司请乔丹作为其代言人，设计以“飞人乔丹”命名的篮球鞋，还在商店设立乔丹专柜。“飞人乔丹”上市第一年即创下了1亿美元的销售佳绩，耐克很快成了高档篮球鞋的主导产品。

设计问题：

(1) 从心理学角度分析，耐克公司成功的主要原因是什么。

(2) 举出我国企业的一些类似例子并分析。

【业务模拟训练1】

社会阶层、家庭购买行为分析训练

训练目标：

根据社会阶层、家庭生命周期的不同，掌握消费行为的差异，做好营销工作。

训练内容：了解现阶段我国社会阶层和家庭生命周期的划分标准，熟悉社会阶层、家庭生命周期的差异对消费者心理和行为的影响。

训练操作：

(1) 从两部不同的电视剧中或从你身边选取两个家庭，首先按照社会阶层的划分标准确定他们的社会阶层。

(2) 分析各家庭的生活方式和消费行为。

(3) 如果他们分属不同的社会阶层，请对他们进行比较。

(4) 写出分析报告。

成果要求：

撰写《社会阶层、家庭对消费者行为影响》的分析报告，要求思路清晰，标准适当，分析合理，有一定的实际意义。

【业务模拟训练2】

不同年龄女性消费者行为分析训练

训练目标：

根据女性消费心理的特征，掌握其购买行为规律，做好女性消费市场的营销工作。

训练内容：了解不同年龄消费者的心理特征和女性消费者的心理特征，分析其购买行为，制定营销对策。

训练操作：

(1) 以女性购买化妆品或服装为例，进行分析。

(2) 分别分析不同年龄段的女性在购买化妆品和服装时，有何心理要求，会受哪些心理因素的影响，购买行为有何特征。

(3) 写出分析报告。

成果要求：

撰写《××(年龄)女性消费者购买××(产品)的消费心理分析》，要求结合实际，有理有据，内容详实，分析透彻，为企业提供一定的参考价值。

第6章
商品因素与消费心理

知识要点　(1) 新产品开发推广的心理要求；(2) 商品命名的心理效应；(3) 品牌商标设计的心理效应；(4) 商品包装的心理。

能力目标　(1) 熟悉新产品开发推广、商品命名、品牌商标设计、商品包装等的心理需求、心理功能和心理效应；(2) 掌握新产品推广、商品命名、品牌商标、商品包装设计的心理策略；(3) 能够灵活运用与商品有关的心理因素，制定相应的营销策略，以培养学生分析消费心理，解决实际营销问题的能力。

导入案例

娃哈哈的命名、商标、包装战略

今天的娃哈哈，用“妇孺皆知”一词来形容并不过分。可这样一个别出心裁而又能赢得消费者好感的商品名称的由来，却鲜为人知。

当初，工厂与有关院校合作开发儿童营养液这一冷门产品时，就取名花费了很大的精力。他们通过新闻媒介，向社会广泛征集产品名称，然后组织专家对数百个应征名称进行了市场学、心理学、传播学、社会学、语言学等多学科的研究论证。由于受传统营养液起名习惯的影响，人们的思维都在素啊、精啊、宝啊之类的名称上兜圈子，谁也没有留意源自一首新疆民歌的“娃哈哈”三字。

厂长宗庆后却独具慧眼地看中了这三个字。他的理由有三：其一，“娃哈哈”三字中的元音“a”是孩子最早最易发的音，极易模仿且发音响亮、音韵和谐、容易记忆，因而容易被孩子所接受；其二，从字面上看，“哈哈”是各种肤色的人表达欢笑喜悦之意的发音；其三，同名儿歌以其特有的欢乐明快的音调和浓烈的民族色彩，唱遍了天山内外和大江南北，把这样一首广为流传的民族歌曲与产品商标联系起来，即为产品涂上了国色，使消费者乐于熟悉它、想起它、记住它，从而提高它的知名度。商品名称确定后，又精心设计了两个活泼可爱的娃娃形象作为商标图案，以达到商标名称的商标形象的有机融合。

俗话说，创名牌容易，护名牌难。娃哈哈在产品尚未投产的时候，便先行做了商标注册。其他厂家如果假冒，就可以通过法律手段加以制止，还可以防止别的企业抢先注册。

在注册商标的同时，将包装上的主要图案也注了册，从而起到了全包装图案注册的作用，使他人难以仿冒。这样做的目的，无非是想获得在国内独家生产娃哈哈儿童营养液及其系列产品的权利。现在，这家企业已注册了一系列防御性商标“娃娃哈”、“哈哈娃”、“哈娃娃”，而且陆续在相关商品类别中注册“娃哈哈”和它的“兄弟姐妹”商标。这实在不失为一种有效的自我保护手段。

娃哈哈商标一经国家商标局注册，企业便利用报纸、广播、电视等大众传播媒介进行了大规模的广告宣传，以期先声夺人，占领市场。这一招果然见效，在许多地区，一些侵权或变相侵权产品始终难以打开销路，因为消费者就认“娃哈哈”。

商品包装的创意改进，也成了有效的宣传手段。为一改过去产品商标不引人注意、不便认读的特点，产品的设计者们在包装上扩大了“娃哈哈”的文字和图形，使之占据包装的大部分位置，醒目突出，让消费者在购买和饮用商品时首先认准商标，强化其对“娃哈哈”的印象。久而久之，“娃哈哈”在消费者心目中便自然取代了“儿童营养液”，甚至成为这类商品的代名词。

（资料来源：佚名．娃哈哈的商标战略．中国 MBA 备考网（http：//www. mbaschool Com. cn），2008 - 12 - 02。）

企业推出的新产品能否取得成功，产品的功能、名称、品牌、商标、包装等是否对消费者有足够的吸引力，关键在于新产品能否迎合消费者的心理特征，使消费者得到心理上满足，从而认可和接受新产品。本章将就新产品的开发推广、商品的名称、商标、包装等方面的消费心理展开论述。

6.1 新产品开发推广的心理策略

6.1.1 新产品的含义和分类

1. 新产品的含义

在现代营销理论中，新产品的概念是从产品整体概念的角度来理解的。所谓整体产品是指向市场提供的能满足人们某种需要的任何东西，一般包含五个层次：即核心产品、形式产品、期望产品、附加产品、潜在产品。在产品的整体概念中，任何一个层次的创新、变革或改革，都可以理解为一种新产品。都会使产品具有新的功能、新的结构、新的品种或增加新的服务，能给顾客带来某种新的满足和新的利益，都可以看作是一种新产品。

2. 新产品的分类

根据新产品的含义及新颖程度，新产品可划分为以下四种：

（1）全新产品

也称新发明的产品，真正创新的产品。它是指首次采用新原理、新技术、新材料研制成的前所未有的产品。如汽车、电视、电话、飞机、计算机等产品的问世，都是全新产品的诞生。这种新产品要依赖于科学技术的重大发明，它的使用对人类的发展、社会的进步、人们的生产和生活方式会产生深远的影响。

（2）换代新产品

即革新现有产品。它是指在原有产品的基础上，部分采用新技术、新材料、新工艺，使产品的性能有显著提高的产品。如由黑白电视机到彩色电视机到数字电视机，由单缸洗衣机到双缸洗衣机到全自动洗衣机等，都属于换代的新产品。

（3）改进新产品

即改变现有产品。它是指对现有产品在结构、材料、性能、款式、包装等方面进行改变，由基本型派生出的改进型产品。改进后的新产品，结构更合理，功能更齐全，品质更优良，款式更美观，更受消费者的欢迎，如速溶咖啡相对于咖啡豆而言，给予消费者更加便利的感觉；在电冰箱上增加除霜装置，在电脑上增加手写、声音输入装置，等等，大大方便了消费者的使用。

（4）仿制新产品

它是指企业仿制国内外已经研制生产出来的新产品，但对本企业来说还是第一次生产的产品，所以也称本企业的新产品或新牌子的产品。在新产品的开发中，合理的仿制是允许的，只要有市场需求，又有生产能力，就可以借鉴现成的样品和技术来开发本企业的新产品。

6.1.2　新产品设计开发的心理需求

1. 新产品开发的基本要求

（1）要有需求

满足顾客需求，是新产品的基本功能。顾客需求有两种，一种是眼前的现实需求，另一种是潜在需求，即消费者对市场上还没有出现的产品的需求。企业要开发出成功的新产品，关键是能发现市场的潜在需求。

（2）要有特色

开发的新产品要有区别于其他产品的特性，要体现一个“新”字，应具有较强的独创性、时尚性、适应性，能满足消费者新的需求和欲望。

（3）要有能力

新产品的开发要耗费大量的人力、物力和财力，是一项难度很大的工作，因此，企业应全面考虑，量力而行。

（4）要有效益

任何企业在开发研制新产品时，都需要对市场进行周密的调查，客观地分析市场，结合本企业自身的实际情况做出正确的决策，使新产品的开发能够做到效益显著，否则就失去意义。

2. 新产品开发的心理需求

新产品的设计开发除产品构思上以消费者需求为逻辑起点外，在产品实体及附加产品和整个开发过程中也应适应消费者心理，讲究心理策略。

（1）适应消费变化

适应消费变化也就是在新产品开发过程中要适应消费习惯、消费模式、消费心理等的变动。近年来我国市场消费需求变化很大，主要表现在：

①消费习惯改变——改变了几十年一个样的消费习惯，出现多层次、个性化的消费趋向，使得市场上某些商品的生命周期相对较短。广大农村地区自给性消费减少，商品性消费增加，农村市场潜力很大。

②消费模式改变——在消费结构中，购买“用”的商品消费支出大幅度增长，用于“吃”的比重变化不大，但品质在提高，购买快餐食品、初级加工食品和熟食品增加；对于发展资料和享乐资料，如订阅报刊、音像产品等的文化消费，休假旅游的度假消费增长很快。

③消费心理改变——除求稳、求全、求廉、求实心理外，出现喜新、争胜、保值等心理。随消费质量的提高，理智型购买多于情绪型购买。

④消费观念改变——体现为讲究个性、美观、健康、和谐，消费观念向文明、道德、审美和适度转变。

（2）适应个性特征

消费者的个性特征对其购买动机有重要影响，因此在设计开发新产品时还要考虑产品的独特个性，使新产品与众多同类产品有显著的差异。这些特点具体表现为以下几个方面。

①体现威望的个性。即体现消费者的社会威望或表现其个人成就，如高档手表、名牌服装、豪华轿车等。为此，设计时应选用上乘或名贵的原材料，产品款式应豪华精美，并保证一流的工艺和质量。

②标志社会地位的个性。某些产品是专供社会某一阶层使用的，是这一阶层成员的共同标志。使用者可以借此表明自己属于该社会阶层或集团的身份。因此，在设计新产品时，应当充分考虑特定阶层消费者的工作环境、经济收入、社会地位及消费习惯和消费心理。

③显示成熟的个性。在不同的年龄阶段，人们的生理与心理的成熟程度不同，在进行新产品设计时，应注意适应不同年龄阶段消费者的成熟程度，以满足其生理和心理要求。

④满足自尊和自我实现的个性。作为社会中的一员，消费者一方面渴望得到他人的认可和尊重，希望在社会交往中给人留下良好的印象；另一方面还要求不断提高自身的知识水平和能力，以求得事业上的成功与个人价值的实现。为此，人们会刻意寻找有助于增强自我价值实现的产品，如装饰品、珠宝首饰、美容用品、学习用品及有助于提高某方面技能的专门用品等。在设计这类产品时，应以美观协调、特色鲜明为原则。

⑤满足情感要求的个性。随着人们生活节奏的加快，消费者在强调产品实用性的同时，越来越注重情感消费。如表达友情、亲情，寄托希望、向往、追求情趣、格调等。某些产品如工艺品、玩具等，因其设计新颖、造型别致而蕴涵丰富的感情色彩，能够满足消费者的情感需要，因而受到消费者的青睐。这类产品的设计应强调新、齐、美、趣、雅等特点。

（3）讲究科学合理

设计开发新产品时，必须科学合理，充分考虑其功能效用和安全保质问题。既要符合生理要求又要遵循人体工程学的原则，使消费者获得最佳的使用效果。例如，夏衣面料必须有良好的散热性，冬装则应轻便御寒，欧美人体型高大，东方人体型略小，座椅的设计应根据人们腿部的长短确定高矮。

（4）符合审美情趣

产品除了在功能、造型、结构等方面适应消费外，还应有观赏价值。产品内在美和外在美的统一是产品使用价值和欣赏价值的和谐。符合人们的审美情趣的产品往往最容易受到消费者的垂青，例如，食品要色、香、味俱全。产品要讲究造型美、艺术美和色彩美。女性用品应纤巧雅致，儿童用品应造型活泼、色彩鲜艳，男性用品则应造型粗犷、色彩大方。适合消费者审美心理去设计开发新产品，要根据产品的性质和特点，达到内容形式的完美统一。

（5）符合社会潮流

男女老少的用品都有他们的流行性，流行心理指一定时期内能引起相同行动的心理共鸣。新产品的设计开发要研究消费者追求流行的动机，善于捕捉、预测时尚现象，发现时尚规律，及时以产品大小、形状、颜色等的创新去适应社会潮流，在传递流行的同时，甚至可以创造流行、指导消费。

6.1.3　新产品推广的心理策略

新产品推广的过程，也即消费者广泛接受新产品的过程。如何使消费者尽快认识、承认并接受新产品，除了新产品本身的因素和社会因素外，还与消费者自身的心理因素有关。

1. 影响新产品购买的心理因素

（1）消费者对新产品的需要

需要是消费者一切行为的基础和原动力，也是消费者是否购买新产品的决定因素。所以企业开发新产品的第一要求就是消费者对新产品的需要。因此，企业要通过深入的市场调研和科学的预测，分析消费者需要变化的趋势及对产品的品质、性能、款式、包装、品牌的要求，研究开发满足市场需求的新产品。

（2）消费者对新产品的感知

消费者只有对某一新产品的性能、用途、特点有了基本了解之后，才能进行分析和判断。当消费者确信购买新产品能够为自己带来新的利益时，就会由此激发购买欲望，进而引发购买行为。消费者感知能力的强弱直接影响其接受新产品信息的准确度和敏锐度，从而导致其购买新产品的时间差异。

（3）消费者对新产品的态度

消费者对新产品所持的态度，是影响新产品购买行为的决定性因素。消费者在感知新产品的基础上，会对新旧产品的各项指标进行比较，形成对新产品的不同态度。如果比较后确信新产品具有独创、新奇、时尚等特点，能为自己带来新的利益及心理上的满足时，消费者就会对新产品产生好感，抱有积极、肯定的态度。因此，企业往往通过迎合消费者既有的态度来促进新产品的销售，有些时候，在成本允许的情况下也可能去改变消费者的态度。

同步案例 6—1

改变消费态度

背景资料：

20世纪的60年代，日本本田摩托车准备进军美国市场，但当时美国市场的消费者对摩托车持否定态度。因为受警匪片和枪战片的影响，很多消费者把摩托车与流氓犯罪等行为联系起来。在这种情况下，要想让消费者接受这种新产品，就必须首先改变消费者的态度。那么本田公司以“你可以在本田车上发现最文雅的人”为主题，展开了一系列的广告宣传，出现在广告画面上的骑车人都是神父、教授、美女等，逐渐改变了人们对摩托车的看法，从而打开了销路。

问题：

以上案例有何启示？

分析提示：

消费者对新产品的态度，直接影响着新产品的销售，只有迎合或改变消费者的态度，才能使其认可和接受新产品。

(4) 消费者的个性特征

消费者的兴趣爱好、气质、性格、价值观等个性心理特征千差万别，这些直接影响消费者对新产品的接受程度与速度。个性外向活泼、乐于接受新事物、富有冒险和创新精神的消费者，比那些性格保守、兴趣单一、墨守成规的消费者更易于接受新产品，且接受的速度更快。

2. 新产品推广与扩散的心理策略

(1) 消费者接受新产品的过程与市场扩散

消费者接受新产品的心理过程，一般分为五个阶段。即：

①知晓。获得新产品信息的初始阶段，但还缺乏了解。

②兴趣。在广告宣传刺激的作用下，对新产品产生兴趣，开始寻求有关新产品的信息。

③评价。对新产品的价值进行分析、评估，考虑是否试用这种新产品。

④试用。开始少量试用新产品，并根据试用的感觉来修正对新产品的评价。

⑤采用（再购买及扩散）。试用新产品感到满意后，决定正式购买，并重复使用该产品。

企业要做好新产品的推广和扩散，就不能使目标市场的消费者长期停留在起初的三个阶段，必须采取有效的措施，重点促进消费者缩短评价——试用的时间，即促使消费者尽快地进入试用阶段。

(2) 消费者对新产品的反应差异与市场扩散

新产品上市后，由于不同消费者对新产品的反应存在明显差异，推广花费的时间也就不一样。根据消费者采用新产品的态度，可以将他们划分为五种类型，即：

①创新采用者。这是“消费先驱”，富有个性，敢于冒险，信息灵通，经济宽裕，对新产品很敏感。这部分人在全部使用者中占2.5%，他们是投入新产品时的极好目标。

②早期采用者。一般比较年轻，经济状况良好，对新事物较敏感，他们对早期采用新

产品具有一种自豪感，他们的行为对周围的消费者往往有较大影响作用。这部分人占 13.5%，他们是推广新产品的极好目标。

③中期采用者。他们较少保守思想，深思熟虑又不愿意赶“潮流”，这部分人占 34%。

④晚期采用者。他们表现得多疑和优柔寡断，对新事物不敏感，在大多数消费者购买新产品后，才会采取行动，这部分人占 34%。

⑤最晚采用者。一般比较保守，对新产品持怀疑态度，固守传统的消费观念，他们是最后采用新产品的人，这部分人占 16%。

新产品能否打开市场，关键是做好前两种人的工作，要特别注意“消费先驱”和“早期消费者”的心理特征和他们通常接触的信息媒体，以便采取一定的促销手段，把有关新产品的信息传递给他们，通过他们的带头试用，使中晚期消费者模仿跟进，新产品的销路就会扩大，这几乎是新产品进入市场并获得成长与发展的一般规律。

6.2 商品名称、商标设计的心理策略

6.2.1 商品命名的心理效应

商品名称即企业赋予商品的称谓。商品命名，就是通过消费者能够理解、便于记忆的语言文字，概括地反映商品的形状、性能、用途等特点。在现实生活中，消费者对商品的认识和记忆不仅依赖于商品的外形和商标，而且还要借助于商品的名称。消费者在接触商品之前，常常以自己对特定商品名称的理解来判断商品的性质、用途和品质，可见商品名称具有先声夺人的心理效应。所以一个容易记忆、寓意深刻、引发联想的商品名称能激发消费者的购买欲望。因此，有必要研究商品命名的心理特点，给商品起一个恰当的名字。

1. 商品命名的心理需求

(1) 名实相符

名实相符，是指商品的名称要与商品的本身的特征相符合，使消费者能够通过名称迅速地概括商品的主要特征和基本效应，加速消费者认识商品、了解商品的过程。如脑白金、五粮液、雪碧、创可贴、飘柔等命名都是遵循这个原则。

(2) 便于记忆

一个易读易记、言简意赅的名称会减轻记忆难度，缩短消费者的记忆过程。为此，商品命名应力求以最简洁的语言文字高度地概括商品的实体特性。为了便于消费者记忆，使用商品名称一般以 3 个字为宜，最好不超过 5 个字，如：“三九”胃泰、金嗓子喉宝。此外，商品命名还要考虑商品的使用范围和相关消费者的知识水平，大众化商品的命名应通俗易懂，不宜出现难字怪字。一个难以发音和不易读懂的商品名称、企业名称，会使消费者产生畏惧心理，踌躇退缩，从而影响购买行为的发生。

(3) 引人注意

引人注意是商品命名最主要的目的。商品命名应能对产品有恰当的形象描述，易使消费者产生好的印象和兴趣，同时应突出产品的特性，给人留下深刻的印象。给商品命名不能只用响亮的字眼，还应注意名字的寓意和特色，寓意好、有新意的名字能使人过目不忘，一听就印象极深。如可口可乐、王麻子剪刀、泥人张、狗不理、无声小狗（在美国曾一度很畅销的一种轻便鞋）和大宝SOD蜜等。

（4）正面联想

引发联想是商品命名的一项潜在功能。通过商品名称的文字和发音，使消费者产生美好的联想，进而产生对商品的认知和偏好，引起消费者的购买欲望。譬如“孔府家酒”就容易让人想到阖家团聚的喜庆情景；又如“哇哈哈”这个名称，除了鲜明、准确的儿童定位，哈哈也是各种肤色的人表示欢笑喜悦的共同声音，作为商品名称，很容易唤起人们的欢乐心理，而且带有健康、吉祥如意的寓意，使人一见就高兴，一听就欢喜。

（5）避免禁忌

不同国家和地区的消费者因为民族文化、宗教信仰、风俗习惯及语言文字等方面的差异，可能会对同一商品名称的认知和联想截然不同。例如，我国的蝙蝠电扇，蝙蝠翻译成的英语“Bat”却是吸血鬼的意思；美国通用汽车公司给一款车取名为NOVA（诺娃），这是欧美许多国家妇女喜欢用的名字。但该车运到很多人讲西班牙语的拉丁美洲以后，很少有人购买。经调查后才发现NOVA一词在西班牙语中是“开不动”的意思，显然这种“开不动”的车唤不起消费者的购买欲望。

同步案例6—2

这样的命名合适吗？

背景资料：

现在一些商品起名滥用谐音，越起越邪。像“跳跳豆”、“清嘴含片”被谐音成“挑逗”和“亲嘴含片”；有的方便面包装上大书“泡的就是你”。包子和奶茶被个别商家“谐音”成了“仁肉”包子和“二奶”茶。其理由是“仁肉”为虾仁肉，“二奶”即“牛奶+豆奶”。如果清晨出门赶着上班，原本神清气爽，可当你拿着几个“人肉”包子，端着一杯“二奶”茶，那心里是个啥滋味呢？“吃”出的恐怕是血腥，“喝”出的无疑是恶俗！

问题：

这样的命名合适吗？

分析提示：

显然不合适。在商品名称上做点文章，别出心裁，适当地搞点炒作，只要不违反法律法规和公序良俗，本可不置可否。但这种故意使用容易产生歧义的，甚至低级庸俗字眼，给商品起名或者作商店招牌的，靠低级趣味诱惑人的做法，实在不敢苟同。对于广大消费者，尤其是直接接受事物的少年儿童，无疑会带来极大的负面影响。如果商家连起码的商业伦理、社会影响也不考虑，那就难免见利忘义。

2. 商品命名的心理策略

商品命名的心理策略可以归纳为以下几种。

（1）根据商品的主要功能命名

这种命名能够直接反映商品的主要性能和用途，突出商品的本质特征，使消费者迅速了解商品的功效，已取得消费者的信任。很多工业品和药品都采用这种方法来给商品命名。如缝纫机、衣领净、感冒冲剂、牙痛安等。

（2）根据商品的主要成分命名

根据商品的主要成分命名是指所起的名称要突出商品的主要原料和主要成分，有助于消费者了解商品的使用价值和用途。多用于食品、药品和化妆品的命名，如桂圆八宝粥、人参蜂王浆、鲜橙多、芝麻糊、隆力奇蛇油膏等。

（3）根据人名命名

即以发明者、制造者或历史人物、传说人物、影视或体育明星等名字命名。这种命名将特定的人与特定的商品相联系，利用消费者对名人的仰慕心理，或者使消费者睹物思人，引发丰富的联想、从而使商品在消费者心目中留下深刻的印象。这种命名方法还可以给消费者以产品历史悠久、工艺精湛、用料考究、质量上乘等印象，以此诱发消费者的购买欲望。如张小泉剪刀、东坡肘子、杜康酒、李宁牌运动服、羽西化妆品等。

（4）根据商品的产地命名

这种命名方法是指在商品名称前冠以商品产地的名称，使人觉得产品正宗、历史悠久，具有浓郁的地方特色。一般多用于土特产品和名优产品的命名，这些产品往往是利用当地独特的原材料或传统工艺精制而成的。这样不仅可以突出地方风味和特色，而且可以迎合消费者“慕名购买”的心理，如贵州茅台、西湖龙井、青岛啤酒、北京烤鸭、金华火腿等。

（5）根据商品的外形命名

这种命名方法是指通过形象化的名称，突出产品新、奇、特、美的造型，引起消费者的注意和兴趣，从而加深消费者对商品的印象。它多用于食品、工艺品的命名，如猫耳朵、满天星等。

（6）根据商品的外文译名命名

这种命名方法多用于进口商品。直接借用商品的外文译音，既克服了翻译的困难，又满足了消费者求新、求异的消费心理。如可口可乐、三明治、阿司匹林等。“Coca - Cola”译作“可口可乐”，该名称非常适合中国消费者的语言偏好，而且名称中流露一种亲切和喜庆，让人联想到饮料可口，饮后会欢快喜悦。

（7）根据吉祥物或美好事物命名

根据吉祥物或美好事物命名，是一种迎合人们希望事事顺心的心理而为商品命名的方法，如龙凤水饺、福临门植物油等。

（8）根据商品的色彩命名

根据商品色彩命名是指以商品或原材料的色彩给商品命名。以色彩命名突出了视觉效果，增强了商品的吸引力。如白加黑感冒片、黑五类芝麻糊、金丝蜜枣等。

总之，企业在为商品命名时，应将商品的名称与商品某一方面的特性联系起来，这样才能迎合消费者的某些心理规律，刺激消费者产生购买欲望，实现购买行为。

同步案例 6—3

金利来的名称由来

背景资料：

近些年来，在国内市场上很有名气的“金利来”产品及商标，最初的名字叫“金狮”。一次金利来（远东）有限公司的董事长曾宪梓先生将两条上等的“金狮”领带送给一个亲戚，结果人家不高兴地说：“我才不带你的领带了，尽输，尽输，什么都输掉了。”原来，香港话的“狮”与“输”读音相同。于是曾先生彻夜未眠，绞尽脑汁想出一个万全之策：将“金狮”的英文“Gold Lion”用音译与意译相结合的方法，演变成新的名字，即把“Gold 意译为“金”，“Lion”音译为“利来”，合称为“金利来”。

问题：

从金利来名称的由来，你得到什么启示？

分析提示：

商品命名要给消费者带来积极正面的联想，要符合不同地域、不同文化背景消费者的心理差异。金利来采用音译加意译的命名技巧，把“尽输”变成了“金利来”，既符合中国人的文化心理，又保持了名称原有的风格和稳定性，曾先生以“金利来”这个吉祥的名字创造了一个“男人的世界”。

6.2.2 品牌、商标设计的心理效应

1. 品牌、商标的概念

绝大多数生产企业都为自己的产品赋予品牌与商标，它们已成为产品的一个不可缺少的组成部分。

品牌俗称牌子，是名称、符号、标记、图形或它们的组合，用于识别产品的经营者和区别竞争者的同类产品。品牌是一个集合概念，一般由以下三个部分组成：品牌名称，品牌中可以用语言称呼的部分。如可口可乐（饮料）、柯达（胶卷）、长虹（电视机）等；品牌标志，品牌中可以识别、辨认，但不能用语言称呼的部分，包括专门设计的符号、颜色、图案、字体等。如麦当劳金色的 M 标志，迪斯尼乐园的米老鼠和唐老鸭图案等，它主要产生视觉效果；商标，经政府有关部门注册登记受法律保护的品牌或品牌的一部分，具有区域性、时间性、专用性的特点。

所以，商标就是商品的标志，是商品的生产者或经营者为了区别于其他同类竞争的产品而采取的一种标记。商标一般由文字、图形、符号、字母、颜色、线条等组成，商标经过注册登记后，具有专利并受法律的保护。

在现实生活中，品牌与商标经常被混淆使用。两者的区别主要表现在：品牌无须注册，品牌的全部或其中一部分经注册后，具有法律效力，就成为商标。两者的联系表现在：品牌与商标是整体与部分的关系，所有的商标都是品牌，但品牌不一定是商标。品牌是一个商业名称，其主要作用是宣传商品，商标是一个法律名称，可受到法律的保护。

一个企业的品牌和商标可以是相同的，也可以是不同的。品牌比商标有更广泛的内涵，品牌代表一定的文化，有一定的个性，而商标则是一个标记。人们习惯上把品牌与商标当作同义词来表述。

2. 商标的心理功能

商标是商品的一种特定标记。对于商家和消费者来说，它在心理方面的功能主要表现在：

（1）识别功能

商标是区别某一产品与其他产品的标志，它既具有鲜明的形象，又具有相对的稳定性。因此，它有助于消费者辨别、记忆，并在同类产品中进行比较。如果消费者使用了他认为满意的某品牌商品后，它在以后的消费行为中就会以此作为购买导向，产生重复购买并进而形成品牌忠诚。

（2）保护功能

如前所述，商标一经注册登记后，就具有了法律保护的使用专利、商标专用权，任何假冒、伪造商标的行为都要受到法律的制裁。这就可以防止其他制造商或经销商生产经营同种产品。这样不仅可以保护企业的合法权益，而且让消费者在购买使用商品时有一种安全感和信赖感，也可以使消费者免受假冒商品的损害。

（3）促销功能

商标作为某一具体商品质量、性能、价格和特点等的标志和保证，长期积累之后就成为产品的信用象征，获得消费者的认同，成为消费者选择商品的依据。特别是著名商标（名牌），由于其品牌知名度较高，企业具有完善的售后服务体系，顾客满意度较高，因而更能吸引消费者。

（4）提示和强化功能

当消费者存在某种需求时，商标的提示效应可以使消费者对商品产生偏好，从而影响消费者的购买决策，最终促成购买行为，这就是商标的提示功能。消费者使用该商品后如果反应良好，那么这种好感就会加深消费者对该商标的印象，它会使消费者在以后对这种商品的购买变成一种理性的购买或习惯性的购买。反之，一个与消费者心理不符的商标，会强化消费者对商品的摒弃心理，这就是商标的强化功能。

同步案例 6—4

农夫山泉——有点甜

背景资料：

一个人在路上行走天气很热，他感到很口渴，正遇到路旁冷饮摊出售饮料，于是想到了电视广告语“农夫山泉——有点甜”，就买了两瓶“农夫山泉”饮用水。他喝完之后感到冰凉可口，十分满意，觉得“农夫山泉”牌饮用水味道的确不错效果挺好，于是加深了对商品的印象。下次口渴了或请别人喝时，他就会不假思索地选择购买“农夫山泉”牌饮用水。

问题：

上面的例子说明了什么？

分析提示：

行人的干渴、饮水的欲望是生理上的一种需要即驱使力，冷饮店的饮料是刺激物，电视里的广告“农夫山泉——有点甜”，尤其是商标就是一种提示物，商标所体现的心理功能就是一种提示功能。消费者喝完之后的满意感就是反应。这种良好的反应加深了消费者对这种提示物的印象，这一过程就是强化。上例说明了商标的提示和强化功能。

（5）标准统一功能

商标是产品质量和企业信誉的体现，同一商标的商品代表一定的质量标准和技术要求。消费者对商品或品牌的信赖与忠诚，正是建立在此基础上的。比如，一提起海尔电器，无论是电冰箱还是热水器，人们都会联想到高质量的产品与服务。

3. 商标设计的心理策略

一个读起来朗朗上口、特色鲜明的商标，无疑会更容易被消费者认知、记忆，进而获取消费者的信赖和激发消费者的购买欲望，促进企业产品的销售。进行品牌设计时，必须考虑到商品的特色和消费者的心理。

（1）造型优美，构思新颖

商标的设计要展现艺术魅力，独特别致、构思新颖、感染力强，才能满足消费者的求美心理，吸引人们的注意和给人留下深刻的印象，使顾客产生信任感，增加广告宣传的效果。如果商标设计平庸无奇或外观粗糙、抄袭，不但无法吸引消费者的注意，而且还会给人一般化的感觉。

（2）能表示企业或产品的特色，不落俗套

人们通常对特别的东西记忆深刻，因此商标的设计应注意强调个性，突出特色，与众不同，切忌落入俗套。理想的商标最好是独一无二的，能很好地反映企业精神和产品的性质、特色及风格。如万里牌球鞋、珍珠美容霜、永久自行车、雪花冰箱等都较好地体现了这个要求，有利于产品推销。而三角牌轮胎、钻石牌饼干，则不利于产品的顺利销售。另外重复使用的商标，如海燕、牡丹、熊猫等到处都用，这就使得很美的名称显得俗气，既没有特色，也不便于识别。

（3）简单明了，易读、易记、易懂

消费者的注意力、记忆力难以容纳过多的要素，而简短、易读的商标更容易为人们接受和记忆。所以，商标应采用流行的色彩，明快的线条，精炼的文字，抽象的图案，化繁为简，并且商标名称要朗朗上口，力求简短，让消费者易读、易记、易懂。如美国一眼镜店用“OIS”（Oh，I See）三个字母作为品牌，就别具新意。

（4）出口商品的商标要符合异国的民俗风情

商标的设计必须考虑到各国、各地区、各民族不同的习俗和消费心理，不能使用消费者忌讳讨厌的词语、图案和符号。如在我国，“大象”一词有一种稳重、踏实、吉祥的意味，被广泛用于商品的商标，但在英联邦国家却恰恰相反，因为在英语里，“大象”还有愚蠢、笨拙的含义；再如马戏扑克以汉语拼音作为商标，而“MAXIPUKE”在英文中意为“最大限度的呕吐”，所以用这类商标的商品是不会有人问津的。另外不同的图案、颜色、图形在不同的国家、民族，其意义也不相同，这些都是开拓国际市场的企业在进行品商标设计时要特别留意的。

（5）遵守法律规定，不乱用商标

商标设计一定要严格遵守法律的有关规定。如有关国际的名称、国徽、国旗、军旗不允许用作商标，有关国际组织的旗帜、徽记、名称不允许用作商标等。维护国家、民族、国际组织的尊严，维护社会和消费者的利益，维护生产同类产品企业平等竞争的权利，维护商标专用权人的合法权利。

4. 商标运用的心理策略

商标心理策略就是企业如何合理地使用商标，以发挥商标的心理功能。企业在作出商标决策时，一般可以有以下几种选择。

（1）使用还是不使用商标

使用商标对大多数的产品来讲，都有积极的作用。第一，能将企业的产品与竞争者的产品区别开来，便于消费者认牌购买；第二，能够吸引具有品牌忠诚度高的顾客，建立稳定的顾客群；第三，取得的商标专用权受到法律保护，可以防范他人侵犯自己商标的行为；第四，知名品牌是企业宝贵的无形资产，能为企业带来长久的稳定的效益。因此，现在市场上绝大部分商品都使用品牌，包括一些传统上不用品牌的商品，如食盐、水果、蔬菜等。但对消费者而言，并不是所有的商品都必须采用商标，不使用商标的商品有以下情况。

①差异性较小的匀质产品，如电力、煤炭、钢材等；

②消费习惯上不是认牌购买的产品，如白纸、打火机、水果、布匹等；

③生产简单、没有一定的技术标准，选择性不大的产品，如小农具、针头线脑之类的小商品等；

④临时性或一次性生产的产品，如日食观测卡、一次性的纪念品等。

（2）使用生产商标还是销售商标

生产者使用本企业的商标成为生产商标，生产者把产品卖给中间商，使用中间商的商标，成为销售商标。一般情况下，商标是制造商加在产品上的标记，因为产品的质量特性等是由制造商决定的，所以生产企业都拥有自己的商标，在生产经营过程中力求使用自己的品牌。但是，自 20 世纪 60 年代以来，西方国家市场上，开始盛行中间商商标，即一些大型的批发商和零售商致力于开发自己的商标，如世界著名的零售商沃尔玛、家乐福、希尔斯（Sears）等都拥有自己的商标。使用销售商标，可以提高销售者的商誉，使它能宣传自己而不是生产者。

究竟使用谁的品牌，应根据消费者的心理和市场状况权衡利弊，做出抉择。

（3）使用统一商标还是个别商标

①个别商标策略。即企业为其各种不同的产品分别使用不同的商标。例如，宝洁公司生产的洗发水分别使用“飘柔”、“海飞丝”、“潘婷”等不同的商标。这种策略的优点是可以把个别产品的成败同企业声誉分开，不致因一种产品的失败而破坏企业的形象；使企业能针对不同细分市场的需要，树立各个产品的个性特征，有针对性地开展营销活动。

②统一商标策略。即企业所有产品都使用同一商标。例如“松下”、“海尔”、“力士”等系列产品。这种策略的好处是，推出新产品时可省去命名的麻烦，节省商标设计费用和广告宣传费用，壮大企业声势，有利于企业利用原有品牌的声誉推出新产品。缺点是不利于塑造各个产品的个性特征，并且某一种产品的失败，可能会影响整个品牌形象。因此，使用统一商标的企业，必须对所有产品的质量严加控制。

③统一和个别并用策略，也称主品牌与副品牌策略。即企业为不同的产品分别使用不同的品牌，但每个品牌前均冠以统一的企业名称或统一品牌名称。例如，美国通用汽车公司，对它所生产的各种类型的汽车前面都加上“GM”两个字母，作为通用产品统一品

牌，后面再分别加上凯迪拉克（Cakillac）、别克（Buick）、雪佛莱（Chevrolet）等不同品牌，目的是要表明这些汽车都是通用公司的产品，但它们又各有特点，如雪佛莱是普通的大众轿车，而凯迪拉克则是豪华的高级轿车。这种策略，可以使新产品系统化，借助企业声誉扩大品牌影响，又可使各品牌保持相对独立性。

同步实训 6—1

商品命名、包装方面的心理策略

[实训目标]

培养学生观察分析商品命名、商标、商品包装方面运用心理策略的能力。

[实训内容]

(1) 对本地有地方特色的某一产品，就商品命名、商标、包装方面运用消费心理策略进行调查。

(2) 对目前市场上新产品的命名、商标、包装方面运用消费心理策略进行调查。

[训练操作]

(1) 学生每5人一组，选定一名负责人，明确成员分工和具体责任。

(2) 利用休息日，到市场、网上、图书馆收集相关资料。

(3) 确定调查商品品种，制定调查方案，组织实施调查。

(4) 就该商品特点、命名、目标消费者需求特点、商品包装设计及心理策略运用、商品营销业绩等问题，向商家、消费者等进行了解，并就存在的问题提出改进意见。

(5) 调查报告在班级交流，并由老师现场点评。

[成果要求]

(1) 每组撰写一份《关于××商品命名、包装方面心理策略运用情况的报告》

(2) 根据每组调查方案、调查报告、小组成员在调查中的表现，综合评定每个同学的实训成绩。

6.3 商品包装的心理策略

6.3.1 商品包装的含义和功能

1. 商品包装的含义

包装是指设计、制作容器或包扎物，并运用容器或包扎物将商品盛装的一系列活动。按包装在商品流通中所起的不同作用，可将包装可分为运输包装和销售包装。运输包装又称为工业包装、外包装，其主要作用是为了保护产品和提高运输效率；销售包装，又称内包装或小包装，接触商品并随商品进入零售环节的包装，直接与消费者见面，其主要作用是美化商品，促进销售。

2. 商品包装的心理功能

包装是产品的延伸，是货架上的广告，特别是在自选购买中，商品包装正逐渐成为无声的推销员。如果包装的色彩造型能吸引消费者的眼球，包装上的宣传广告能抓住消费者的心理，包装上的说明能解答消费者的疑问，就有可能使消费者产生购买动机。由此可见，商品包装对消费者心理及购买行为有较大的影响，包装的心理功能主要表现在：

（1）识别商品

消费者在选购商品时，首先映入眼帘的不是商品的实体，而是商品的包装。商品包装可以说明商品的名称、品质和商标，介绍商品的特效和用途，展现企业的特色，是区别其他种类或品牌商品的重要标志。不同商品包装的文字、图案起到了简单说明和广告的效用，并帮助消费者辨认、比较和选择，从而加快了购买行为中心理活动的认知过程。

（2）引起兴趣

在琳琅满目、品种繁多的商品市场上，醒目的包装能够吸引和诱导消费者惠顾商品，一些有时代气息、艺术感和名贵感的产品包装，不仅能够紧紧地吸引消费者的视线、唤起消费者浓厚的兴趣，还能美化产品、增加产品的外观质感。更重要的是，好的产品包装能够刺激消费者的感官，诱发消费者对产品的积极情感，甚至使消费者纯粹出于对包装的喜爱而作出购买决定。

（3）便利增值

根据消费者的习惯，对产品进行合理和恰当的分装，给消费者带来便利感和安全感，起到便于使用和指导消费的作用。例如，现代小包装产品越来越受到家庭和个人消费者的欢迎。同时，良好的包装能满足消费者的某种心理需求，并将包装与质量联系起来，在一定程度上降低了消费者对价格的敏感性，使顾客愿意以较高的价格购买精美包装的商品，从而增加企业的利润。可见产品包装已逐渐成为产品增值和企业增利的手段和方式。

（4）促成购买

在一定程度上，精美的包装、适当的色彩、巧妙的图案设计往往能够促进销售，起到“无声推销员”的作用，它正在成为一种几秒钟的瞬间广告。顾客购买商品时，首先触及到的是产品的包装装潢，精美的包装，给人以美的享受，给消费者留下深刻的第一印象，提高顾客的视觉兴趣，激发顾客的购买欲望。“买椟还珠”的寓言故事，或许能给我们提供许多的启示。1965 年美国的一项研究表明，被媒体广告吸引而来的消费者中有 33% 的人在购买现场转而购买包装更有吸引力的品牌，在超级市场实行顾客自我服务的情况下，更需要利用产品包装来向顾客宣传、介绍产品以吸引顾客。

6.3.2 商品包装设计的心理需求

商品包装要获得消费者的认同和喜爱，必须结合心理学、美学、市场营销学等基本知识，特别要充分利用包装的外观形象，满足消费者对包装及其内容的心理要求。

1. 突出商品形象

要让消费者满足“先入为主”的心理，商品包装必须形象突出。例如，独特奇异的包装容易与常规的包装形式形成对比和反差；开窗式包装往往能满足那些急于了解商品“真面目”的消费者的求知心理和好奇心理；系列式包装的商品陈列，具有统一格调，给人以集中、完整的印象，比零星点缀的商品更能吸引消费者的注意力和唤起购买欲；用鲜明、真实的实物彩色照片做包装，以逼真形象引人入胜。

2. 使用安全便利

包装设计必须考虑为消费者携带、使用、储存等提供方便，力求科学、合理、安全、便利。例如，提包式、折叠式包装便于携带；笨重物品在其包装上安置把手，以便于搬运；方便即食面用碗形包装，罐头使用拉环式包装，香水采用喷雾式包装，以便于使用；易燃、易挥发、易受潮等物品用密封包装；有的家用电器、药品在包装上标明保管方法、安全使用注意事项或"无毒"、"无副作用"字样等，使消费者产生安全感和方便感。

3. 富有美感和时代感

商品包装的形状、图案、色彩，力求具有欣赏价值、艺术价值，给人一种美的享受，满足消费者的求美心理。实践证明，富于艺术魅力的商品包装，可以促进潜在的消费者变为实际的消费者，甚至变为习惯性购买的消费者。在购买活动中，求新、求变、求好的心理也起着很重要的作用。体现在商品的包装上，必须充分利用现代科学技术、制作工艺、新型材料等，赋予包装浓厚的时代特色，给消费者以新颖独特、简洁明快、时尚新潮的感觉。

4. 诱发美好联想

包装中不论是式样、构图、文字、数字、线条、符号、色彩的任何一项设计，都会引起消费者的不同看法，产生不同的心理联想。因此，包装设计必须高度注意这种心理现象，全面考虑消费市场的各种因素，充分掌握消费者的兴趣爱好与忌讳，力求包装的各项内容含义积极、健康、美好，符合消费者的心理愿望。

5. 适合文化环境

因每个地区的宗教信仰、风俗习惯、文化背景、地理环境不同，所以在产品包装上应避免出现一些禁忌。出口产品要充分考虑不同国家的禁忌，如禁忌的一些数字、图案、颜色，以免影响国际国内市场营销效果。例如在某些国家，红色和魔法有着一定的关联性；绿色则代表危险的警告；白色则是死亡的象征等。

6.3.3 商品包装设计的心理策略

商品包装的设计，应以消费者的各种心理需求为依据，通过设计使商品包装能引起消费者积极的心理效应，以刺激购买欲望。常用的包装设计心理策略主要分为以下三种。

1. 按照消费习惯设计商品包装

在长期的消费过程中，消费者都会形成一定的购买习惯。因此，按照消费者的消费习惯设计商品包装，是一种十分重要的心理策略。

（1）惯用包装

惯用包装是沿用消费者长期使用，已形成惯例的包装形式。比较符合消费者的传统观念或生活习惯，使消费者乐于接受，也便于消费者识别与及记忆商品，易于使消费者产生信赖感。如 20 支装的香烟、透明的瓶装饮料，鱼肉罐头用铝盒包装、水果罐头用玻璃瓶包装、鞋帽用纸盒包装等。

（2）分量包装

分量包装是按消费者的购买习惯，按照商品的重量或数量，分别设计大小不同的包装。例如：牙膏、洗衣粉等日用品、糖果、饼干等食品，都有大、中、小号不同的包装。

采用这种包装，为消费者购买提供了充分的选择余地，有的商品价格高，一次购买量大，消费者难以接受，而分量少、体积小的包装能使消费者产生便宜感，也便于消费者尝试性购买，促进销售的作用十分显著。

（3）配套包装

配套包装是针对消费者的使用习惯，把消费者经常使用或同时使用的多种商品，搭配成套包在同一包装物中。如咖啡和咖啡伴侣、洗发水和护发素、餐具、茶具以及各种化妆品的混合包装等。这种包装为消费者的使用带来了方便，适应消费者的求便心理。有利于推动多种商品的连带销售，也可以节约包装费用。

（4）系列包装

系列包装是企业将自己用途相似、品质相近的不同商品，在包装上采用相似颜色、图案、形状、包装形式，体现出共同的特征，以便于消费者识别、记忆和选购。如市场上销售的很多饼干，采用规格相同、主体图案相同，但颜色不同以表示不同口味的系列包装。

2. 按照消费水平设计商品包装

由于消费者的经济收入、家庭负担和消费观念的不同，使得消费水平存在一定的差异。商品包装应照顾到各类消费者，满足不同消费层次消费者的消费需求。

（1）等级包装

等级包装是对不同档次或不同质量等级的商品分别使用不同的包装，并在包装材质、装潢风格上力求与产品档次相适宜。这种包装可以满足不同消费层次的顾客在不同使用环境中的消费需求，使不同收入的消费者心理都能得到满足。而且也不至于因为某一种产品销路不畅而影响其他产品的声望。例如高级工艺品可采用丝绸及锦盒来包装，一般工艺品可使用纸盒来包装。

（2）复用包装

这是一种能周转使用或具有双重用途的包装。当原包装的商品使用完毕后，包装可以重复使用，如啤酒瓶等；或是移作其他用途，如当工艺品或日用品等。这种包装适应了消费者的一物多用及求新、求利等心理要求，它所具有的适用性、耐用性和艺术性，不但使消费者愿意付出较高的价格购买商品，而且客观上起到了长时间广告宣传的作用。

（3）简易包装

简易包装是一种成本低廉、构造简易的包装形式，选用廉价的、可回收利用的材料，简化包装结构从而减少包装成本。其目的一是为了降低销售价格，满足消费者求实、求廉的心理；二是避免“形式大于内容”的过度包装，有利于环境保护。一般用于家庭普通日用消费品的包装。

（4）礼品包装

这是一种装饰华丽、富有欢庆色彩、情感动人的包装，它符合消费者进行社交活动和希望与人沟通的心理要求。尽管礼品式包装商品的价格略高，但它增加了礼品的价值感，达到了体现情感的目的，往往为消费者所乐意接受。如节日礼品通常采用喜庆的红色或金色礼盒包装。

（5）特殊包装

适应消费者的某些特殊需要，对价格昂贵、货源稀缺、工艺精良的名贵商品，一般采用具有较高价值或珍藏价值、突出商品名贵性的包装。例如，一些珍贵工艺品的包装，盒面装潢精美，盒内有丝绒衬垫，体现了工艺品的稀有名贵，身价倍增。特殊规格的包装能够满足消费者求名、求荣、求高档次等心理的需要。

同步实训6—2

商品包装的调查

[实训目标]

培养同学们观察分析商品包装方面的心理策略运用能力。

[实训内容]

(1) 对附近大型超市某一商品包装运用心理策略的技巧进行调查。

(2) 对重大节日中重点商品包装运用心理策略的技巧进行调查。

[训练操作]

(1) 学生每5人一组，选定一名为负责人、明确成员分工和具体责任。

(2) 利用周末休息时间，在网上或图书馆搜集有关资料，制定调查方案后实施调查。

(3) 先到附近超市观察了解，进行初步选择，全组同学共同讨论，然后确定重点对某一种商品（或一类商品）包装进行调查。

(4) 围绕该商品的特点、目标消费者的特点、商品包装的特点及心理策略运用技巧和商品现场销售情况进行调查分析。

(5) 调查报告在班级交流，并由老师现场点评。

[成果要求]

(1) 每小组撰写一份《关于××商品包装心理策略运用技巧的报告》

(2) 根据每组调查方案、调查报告和个人在调查中的表现，综合评定每位同学的实训成绩。

3. 按照消费者性别年龄设计包装

不同性别和年龄的消费者，由于生理和心理的差异，对商品包装的观念也不同，商品包装应顺应这些差异进行设计。

(1) 男性化包装

男性消费品的包装，应适应男性追求刚劲、庄重、坚毅、粗犷等心理要求，尽量采用表现力度、男性气质的设计风格和表现手法的商品包装。此外注意包装设计的科学性和实用性。

(2) 女性化包装

女性消费品的包装，要适应女性追求温柔典雅、美丽时尚的心理需求，包装要突出其流行性、时尚性和艺术性。包装的艺术魅力，是一种最优雅、最成功的促销手段。

(3) 儿童用品包装

儿童用品的包装，要适应少年儿童追求新奇、生动、趣味、模仿、幻想的心理要求，迎合孩子天真活泼的天性，尽量采用形象、明快、色彩鲜艳、具有知识性和趣味性的包装。

(4) 青年用品包装

青年用品的包装，要适应青年人追求新颖、美观、大方、新潮、流行等心理要求，采用时尚与实用相结合，知识与情感相结合，使商品的包装富于美感和时代感。

（5）老年用品包装

老年用品包装，要适应老年人追求庄重、朴实、淳厚的心理要求和传统的消费习惯，采用传统与实用相结合，使商品包装体现方便、简朴，突出舒适、便利。

本章知识脉络

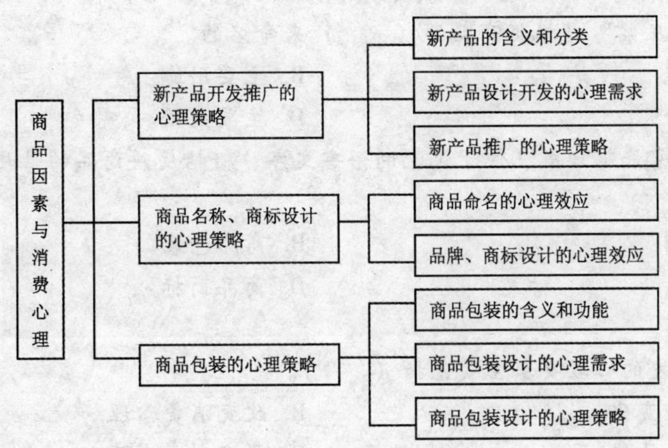

本章导入案例点评

娃哈哈的名字符合商品命名的基本要求，便于记忆，引人注意。娃哈哈的商标设计构思新颖，简洁明了，易读易记，并进行商标注册登记，防止假冒和侵权，给消费者购买以安全感。娃哈哈这一品牌商标被应用到了其他同类商品上，企业采用了统一商标策略，壮大了企业声势，有利于介绍新产品。包装设计突出商品形象，富于美感，消费便利。取这样一个别致的读起来朗朗上口的商品名称，大大缩短了消费者与商品之间的距离。所以，企业在商品的命名、商品商标品牌设计、商标品牌保护、商品包装设计等方面应认真研究，从而能吸引消费者，有利于企业开展市场营销活动。

思考与练习

1. 理论题

（1）单选题

①把用途相似、品质相近的不同商品，采用相似的包装图案、色彩和包装形式，这是包装设计的（　　）。

A. 惯用包装　　B. 分量包装

C. 配套包装　　D. 系列包装

②美国可口可乐公司生产的饮料，使用“可口可乐”、“雪碧”、“芬达”等不同的名称，这使用了（　　）。

A. 销售商标　　　　B. 个别商标

C. 统一商标　　　　D. 中间商商标

③消费者接受新产品的心理过程，一般分为五个阶段，即（　　）。

A. 知晓——→评价——→决策——→购买——→反馈

B. 知晓——→兴趣——→评价——→购买——→反馈

C. 知晓——→兴趣——→评价——→试用——→采用

D. 知晓——→评价——→兴趣——→试用——→采用

④“人参蜂王浆”是根据商品的（　　）来命名的。

A. 主要功能　　　　B. 主要用途

C. 主要成分　　　　D. 主要效用

⑤通过消费者能够理解、便于记忆的语言文字，概括反映商品的性质、形状、用途等特点，叫做（　　）。

A. 商品介绍　　　　B. 商品包装

C. 商品命名　　　　D. 商品商标

（2）多选题

①新产品开发的心理要求主要包括（　　）。

A. 适应消费变化　　　　B. 改变消费心理

C. 适应个性特征　　　　D. 讲究科学合理

②新产品能否打开市场，关键是要注意（　　）的心理特征，做好他们的工作。

A. 消费先驱　　　　B. 早期采用者

C. 中期采用者　　　　D. 晚期采用者

③商标的心理功能主要表现在（　　）。

A. 识别功能　　　　B. 保护功能

C. 安全功能　　　　D. 促销功能

④下列商品中，符合商标设计心理要求的是（　　）。

A. 钻石牌饼干　　　　B. 力士牌球鞋

C. 火焰山牌毛毯　　　　D. 海燕牌金笔

⑤按照消费水平设计的商品包装，主要有（　　）。

A. 等级包装　　　　B. 简易包装

C. 复用包装　　　　D. 多种包装

（3）判断题

①商品的商标和品牌是一样的，因此可以等同看待。（　　）

②包装可以创造价值，所以商品包装越精致越好。（　　）

③绝大多数的日用消费品，消费者都是习惯购买，所以不必使用商标。（　　）

④消费者对新产品的需要，是开发新产品的第一要求。（　　）

⑤系列包装就是把消费者经常使用的或同时使用的多种产品搭配成套，合成一个整体包装。（　　）

（4）简答题

①影响新产品购买的心理因素有哪些？

②简述商品包装的心理要求和心理策略。

③简述商品命名的心理策略。

2. 实务训练题

【案例分析 1】

案例资料：

"金六福"：植根中国"福"文化

"金六福"在短短的几年时间里迅猛崛起，年销售额已经达到十多亿元，成为中国白酒业的五强之一。对此，业内称之为"金六福现象"。它的成功固然有很多因素，但不可否认的是，它有一个中国人喜欢的好名字。"金六福"这一名称是金六福酒业有限公司在广泛征集创意，花费大量人力和物力的基础上，经过反复斟酌，在众多方案中选定的。

"金六福"品牌名称的内涵是："寿、富、康、和、孝"。这是中国几千年传统文化的浓缩，它迎合了人们对"福文化"的需求，因此，这个名字一经推出，立即引起了消费者的普遍好感。

此外，"金六福"酒的包装设计也很特别，外盒包装以黄、红、金为主色，一星至五星不同规格的产品，均采用类似的设计，突出了系列酒的特点。

五星"金六福"还在外包装上赋予"开门见福"、"开门揭福"的吉祥创意，钱袋形状的酒瓶也寓意喝此酒一定会福星高照，财运亨通。其他星级的金六福酒也都以不同方式，从不同角度突出了"福"文化含义。

"金六福"系列酒的所有外包装、酒瓶标签上都有古代传说中的富贵吉祥鸟凤凰的图案，其线条流畅。极具观赏性。因此，喝"金六福"酒让人觉得不仅仅是在喝品味优质的美酒，更是在品味 5000 年的中国文化。可见，"金六福"的成功在很大限度上是托了品牌名称的福。

（资料来源：赵越．营销实训［M］.北京：对外经贸出版社，2007.）

设计问题：

（1）结合案例谈谈"金六福"成功的主要原因是什么。

（2）商品名称和包装对塑造品牌形象有什么样的影响？

【案例分析 2】

案例资料：

索尼为什么会成为世界驰名商标

日本索尼公司董事长盛田昭夫有句名言："商标就是企业的生命，必须排除万难捍卫之"。早期的索尼公司叫"东京通讯工业株式会社"，改为现名的过程令人深思。

（1）改名缘由。20 世纪 50 年代中期，日本东京通讯工业公司生产的磁带录音机开始打入欧美市场。由于日文读起来很拗口，欧美商人难以记住该公司名称。盛田昭夫和他的智囊团决定给公司起个朗朗上口、易读易记的新名，并希望在全世界任何国家，新的公司名称发音均相同，在全球叫响。他们苦苦思索，什么样的名称才能满足这个通向胜利的要求呢？

（2）"索尼"诞生。当时，SONNY 在欧美国家流行，是 SONNY BOY 的简称，意为

"可爱的小家伙"，这引起了盛田昭夫等人的注意，认为这一含义正是东京通讯工业公司的象征。美中不足的是，这个词的发音正好与日本的"损"字相同，令人忌讳。他们突发奇想，灵机一动，将原词五个字母中去掉一个"N"，成为SONY，于是一个价值无法衡量的商标诞生了。

(3) 完善索尼。索尼公司最初设计的索尼商标是在四方形图案里写着SONY。使用一段时间后公司发现，这种商标的广告效果不十分令人满意，花钱费力也达不到使世界上所有的人都记住的目的。于是公司毅然删去商标图案，只用SONY四个字母作为产品标记，并一直沿用到现在。

(4) 保护索尼。索尼品牌在市场打响后，被日本一家食品公司侵权盗用，将公司叫做"索尼食品公司"，产品牌子也被改为"索尼巧克力"。许多消费者知道索尼以生产电器产品著称，以为索尼公司现在因财务困难去生产巧克力了。索尼公司为挽回公司声誉，进一步树立公司形象的产品形象，与那家食品公司打了4年的商标官司，最后以胜利结束。目前，索尼公司已在全世界200多个国家和地区都进行了商标登记，以保护索尼商标。

设计问题：

(1) 索尼公司的SONY商标成功地运用了哪些心理策略？

(2) 索尼商标四步曲给你哪些启发？

(3) 你认为哪些企业产品商标具备成为中国，乃至世界驰名商标的条件？

【业务模拟训练1】

商品命名训练

训练目标：

了解商品名称对消费者心理的影响，熟悉针对消费者心理对商品命名的基本技能。

训练内容：

商品命名心理策略的运用。

训练操作：

(1) 先了解商品命名的心理效应，熟悉商品命名的心理策略。

(2) 教师将学生分成几个小组，以小组为单位，走访附近的商场或超市，每小组各搜集一个关于商品命名成功或失败的例子，并进行分析。

(3) 小组派代表发言，进行课堂交流讨论，教师进行点评。

成果要求：

根据实地调查，写出《××商品命名分析》，重点从消费心理学的角度进行分析，说明运用了哪些心理策略，并分析其成功或失败的原因。

【业务模拟训练2】

商品包装训练

训练目标：

了解商品包装的基本要求，掌握商品包装的心理策略。

训练内容：

了解商品包装的心理功能及心理要求，灵活运用商品包装策略，开展市场营销活动。

训练操作：

(1) 熟练掌握商品包装的心理策略和技巧。

(2) 以个人为单位，选定一种商品，每人制定出不同的商品包装的策略，组织包装设计大赛。

(3) 说明设计的理由，并进行评比。

成果要求：

撰写《××商品包装策略分析》，重点说明包装的依据，并分析包装对消费者心理的积极的影响。

第7章
商品价格与消费心理

知识要点

(1) 商品价格的心理功能；(2) 价格需求弹性心理；(3) 追涨等跌心理；(4) 新产品定价心理；(5) 消费者心理对企业定价的影响；(6) 商品价格调整原理及心理策略。

能力目标

(1) 掌握商品价格的心理功能，影响价格的心理因素，消费者对价格的行为反映；(2) 熟悉一般商品定价的心理策略，新产品定价的心理策略；(3) 商品调价的心理策略；(4) 能够利用消费者对产品价格的认知心理确定一般产品的销售价格，能对一些商品调价提出自己的意见和建议，并能运用相关价格心理策略促进商品销售。

导入案例

我们是全市最低价

当你到了家电零售现场，只要在某个品牌产品面前多站上半分钟，马上就有推销员来到你身边告诉，“该产品十分畅销，昨天刚到的货，而且卖不了几天……”如果你对价格犹豫不决，推销员会接着对你说：“我们是厂家直销，是全市最低价，已经很实惠了”，如果你还犹豫不决，他会主动提出请示经理，看看能否为你争取更优惠的价格。通常的结果，几分钟后他会满面春风的告诉你，经过他的努力，他为你争取到迄今为止的最低价。

（资料来源：贾妍，陈国胜．消费心理应用［M］.北京：北京大学出版社，2010：148.）

现实生活中，每一位消费者的购买行为都可以说是诸多因素共同作用的结果，而这诸多因素中，被选择商品的质量与价格因素均可视为至关重要的一环。在购买过程中消费者是如何看待商品价格的？商品价格又从哪些方面影响消费者的购买心理及其行为？企业在决定商品价格时应考虑哪些心理因素，采用什么定价方法最能适合消费者的一般购买行为？价格的波动会对消费者行为有什么影响？以及消费者对于灵活的市场价格会有哪些规律性的心理与行为反映呢？这些都是本章要学习的问题。

7.1　消费者的价格心理

7.1.1　商品价格的心理功能

现代社会，商品成千上万种，各种商品的质量、用途、款式不尽相同，价格也千差万别。商品价格的高低，直接关系着买卖双方的切身利益，也直接影响着消费者对某些商品是否愿意购买，以及购买数量的多少。所以，商品价格是消费者购买心理中最敏感的因素。

在实际营销活动中，同一种商品，标上不同的价格，会导致完全不同的心理反应。价格昂贵，消费者会将商品视为高品质和高社会地位的象征，价格低廉，则被认为品质低下或属低档商品。同一种价格，有些消费者认为可以接受，有些消费费却感到难以接受；一种在理论上合理的价格，在消费者心理上不一定能够接受；一种在理论上不合理的价格，在消费者心理上却能够接受。这主要是由于许多消费者对于商品的价值和品质的认识过程的快慢不同、知觉程度的深浅不同，再加上经济条件和消费能力的差别，对商品价格就产生了不同的心理反应。可见，商品价格是具有某些心理功能的，并在一定程度上影响着消费者的购买动机和购买行为。

1. 商品价值的认识功能

在日常的市场营销和消费者购买活动中，通常把商品的价格看成是衡量商品价值和商品品质的重要标准，认为价格昂贵的商品，其内在价值和商品质量也相对较高；反之，价格低廉的商品，其内在价值和商品质量也相对较低。所谓“一分价钱，一份货”，“好货不便宜，便宜没好货”等，就是这种心态的反映。由于受这种心态的趋使，在日常购物行为中，我们很容易发现，对于内在价值与质量完全相同的商品，只是外在的包装装潢上，显示出简易与豪华两种不同形式，价格随之相差甚多（去除包装价格因素），消费者一般认为豪华包装的商品一定好于简单包装的商品。如同样品质的两件羊毛衫，款式也相差无几，如果一件用彩色纸盒包装，包装精致，标价 500 元，另一件用透明的塑料袋包装，标价 300 元，消费者的第一反应就是 500 元的那件品质好，价值高，而 300 元的那件相对品质较差，价值就低。消费者这一价格心理现象与价格构成的基本理论是一致的。从价格构成理论看，一切商品的价值都是由生产该产品所耗费的社会必要劳动时间决定的。在以货币为媒介的情况下，产品的价值只能以货币来表示，并借助货币来衡量产品的价值。所以产品价格的差别所反映的是以货币所代表的商品价值不同。随着社会主义市场经济的发展，科学技术突飞猛进，产品品种越来越多，新的产品不断出现，一般的消费者仅靠传统经验从商品的使用价值角度去判断商品价值和商品品质变得越来越困难了，从而转向越来越多地依靠商品价格来评判商品价值与品质，尤其在耐用消费品、高科技产品的销售中表现更为突出。当然消费者可以通过多种渠道收集信息，通过比较分析来判断销售者销售的商品的价格是否合理，是否物有所值。

因此，市场营销人员要正确认识和理解这一功能，制定合理的适应消费者心理和行为的价格，将会给企业带来巨大的经济利益。

2. 自我意识的比拟功能

商品价格本来是商品价值的货币表现，其作用在于有利于商品的交换。商品价格不仅被消费者用于比较产品价值和产品品质，还能使消费者产生自我意识比拟的心理功能。消费者在购买产品的过程中，通过联想和想象等心理活动，把产品价格与个人的偏好、情趣、个性心理特征等联系起来。通过价格的比拟来满足社会心理需要和自尊心理需要，这就是商品价格的自我意识比拟功能。

（1）社会经济地位比拟

在现实生活中，有些人在社会上具有一定地位，购买商品只愿到高档大型百货商店或专卖店购买“名、特、优、新”产品，他们率先拥有高价的私人汽车、豪宅以显示自己的社会地位和经济实力，并获得一种心理的满足。也有一些人在消费活动中总是喜欢选购廉价商品或打折商品，这也是消费者将自己的经济地位与商品价格联系起来的具体表现。

（2）文化修养比拟

有些人喜欢购置、收集、储藏古董物品作为家底摆设，希望通过昂贵的古董来显示自己崇尚古人的风雅，并乐在其中。有些消费者尽管对书法字画缺乏鉴赏能力，却要花费大笔支出购买名人字画挂在家中，希望借此来显示自己具有很高的文化修养，得到心理上的慰藉，也有一些消费者既没有看书的习惯，又没有藏书的爱好，却购置一些豪华精装的书籍，放在书架里以显示自己博学和文化修养。

（3）生活情趣比拟

有些消费者以具有高雅的生活情趣为荣，即使不会弹钢琴，也要居室里摆放一台钢琴，以期得到别人“生活情趣高雅”的评价，即使不十分喜爱音乐，也要购置高档的音响器材，获得心理上的满足。

（4）观念更新比拟

一些消费者总要用大笔大笔的钱不停地更新电脑、手机或办公设备，希望能够以此获得“与时代同步发展”的心理安慰。也有一些人受广告影响，经常萌发追赶科技潮流的冲动，购买一些并无多大实际用处的商品，其潜在心理是树立自己观念前卫的形象。

自我比拟心理功能因人而异、各不相同，与个人的观念、态度、个性心理特征有关，并在日常购物中有意无意地显露出来。但有一个共同点，就是从满足社会需求和自尊需求出发，更多地重视产品价格的社会价值象征意义。

同步案例7—1

汉堡包在消费者心中的价值

背景资料：

一个汉堡包的价值为多少，现在越来越难以估计。大多数的西方人只要花0.5美元以下的钱，即可得到一个可口的汉堡包，少数人会花1.5美元买一个大麦或加奶酪的汉堡包，然而，这些都是过时的风尚了。当今，随着人们生活条件的改善，越来越多的人情愿花4美元买一个豪华餐厅出售的新近流行的汉堡包，即所谓的美食汉堡。

为什么美食汉堡要卖4美元一个呢？在顾客的心目中，它不但比较大，而且是现做现卖，更重要的是这类餐厅提供一些较为舒适的软硬件设备。在一般的汉堡包店，使用的是塑料椅，服务也是一般，而在出售美食汉堡包的餐厅里，不但桌椅比较舒适，而且兼卖酒水，有时还提供点菜送到桌上。

如顾客到一个名叫起利的餐厅，购一个汉堡包，外加薯条和饮料，花费6美元，而同样的食物，一般汉堡包只收2.5美元。但是对有些消费者来说，舒适的环境、豪华的设备、优雅的氛围加上美味可口的汉堡包，付6美元完全合理，比到麦当劳和汉堡王等店更合算。

问题：

汉堡包在不同地方卖的价格不一样，为什么消费者都能接受。谈谈你的看法？

分析提示：

在实际营销活动中，商品价格是具有某些心理功能的，它在一定程度上会影响消费者的购买动机和购买行为。

本例中汉堡包在不同的地方售价不同，给消费者的心理感受也不同；一般讲，消费者在购买活动中，通常把商品的价格看成是衡量商品价值和商品品质的重要标准。而且一些有一定社会地位的人，同样的商品也愿意选择价格高点的，以显示自己的社会地位和经济实力，会通过价格的比拟来满足社会心理需要和自尊心理需要。

3. 调节需求的功能

商品价值的认识功能和自我意识的比拟功能，是对商品既定价格而言的，是一种静态分析。从动态来分析，商品价格是经常会变化的，通常在其他条件不变的情况下，当市场上某品商品价格下降时，其消费需求量会增加；反之，价格上涨，需求量会减少，具体来说有以下两种心理。

（1）价格需求弹性心理

商品价格的高低对供求关系有调节作用，特别是对于需求弹性大的商品，商品价格上涨时，顾客会认为购买商品会导致利益受损，而减少购买，商品价格下降时，顾客会认为购买商品会获得更多的利益，而增加购买。

（2）追涨等跌心理

这就是人们通常所说的“买涨不买跌”的心理，即当商品价格上涨时，人们认为今后可能还要上涨，并因担心价格持续上涨而积极购买甚至抢购；当商品价格下跌时，人们预期价格可能还要持续下跌，并期望跌到一定程度再购买，反而持币待购。

7.1.2 消费者的价格心理特征

消费者价格心理是消费者在购买活动中对价格认识的心理现象，它反映出消费者对价格的知觉程度，也反映出消费者个性心理、消费者价格心理特征，主要有以下几个方面。

1. 消费者对价格的感受性

价格感受性是指消费者对商品价格最低的感知程度。消费者对产品价格大体上是有一个标准的，这种想象中的价格标准是人们在长期的购买活动中，由于意识、想象、习惯以及对产品品质的体验而形成的。具体讲一般通过三种途径获得：第一，根据与市场同类商品的价格进行比较；第二，通过与购买商品现场的不同种类商品的价格相比较；第三，通过商品本身的外观、质感、重量、大小、包装、使用特点、环境气氛进行判断。

一般来说，购买者对产品的昂贵与便宜的判断，除了考虑定价本身的因素影响外，还经常受消费者对商品需求的紧迫程度的主观因素的影响和商品出售过程中的环境气氛、销售方式以及商品本身等客观因素的影响，往往会出现错觉，如在现实市场营销活动中常常会出现这种情况：同样价格的产品，放在出售高档品的柜台中可能滞销；放在廉价商品柜或低系列价格柜台中，因消费者认为比较便宜而畅销，如一瓶红葡萄酒，在商场价格五十多元，而在豪华酒店里饮用，定价可能几百元，就是因为豪华优雅的环境和气氛影响了消费者对价格的感受性。

消费者对价格的感受性心理是商品销售过程中的普遍现象，市场营销者应重视这种心理现象。在组织商品销售过程中，可以用优质的产品、优良的服务、优美的装潢、优雅的环境来影响消费者的心理活动，以获得较好的销售效果。

2. 消费者对价格的敏感性

消费者价格的敏感性是指消费者对商品价格变动在心理上的反映程度和速度。由于商品价格直接关系到消费者的生活水平，所以消费者对价格变动具有极强的敏感性。消费者对价格变动的敏感心理既有一定的客观标准，又有经过多年购买实践形成的一种心理价格尺度，因此具有一定的主观随意性。消费者对价格的敏感性是因商品而异的，对那些与消费者生活关系密切的商品价格，由于购买频度较高，消费者的敏感性较高，如日用百货、食品、蔬菜、水、煤气、电等商品，这些商品价格略有提高，消费者马上会做出强烈的反映；而一些耐用消费品，如电脑、音响、高档家俱，由于其购买频率较低，即使价格比原有价格高出几十元，上百元甚至更多，人们也不太计较，即消费者对这类商品价格敏感性较低。

同步实训 7—1

消费者对价格敏感吗?

【训练目标】

培养学生对消费者价格敏感性进行分析判断的能力。

【训练内容】

到各大超市观察打折商品销售情况，或节日前夕商品打折优惠活动，现场了解商品销售情况，从而分析研究消费者对价格的敏感性。

【训练操作】

(1) 将学生分为每5人一组，并选出一名小组负责人。

(2) 小组负责人与其他同学共同制定实施计划，明确任务。

(3) 详细记录几种商品打折销售情况和消费者的一些购买行为。

(4) 询问几位现场购物的消费者购物心情或感受。

(5) 每组写一份关于消费者价格敏感性的分析报告，在同学中交流并请老师指导。

【成果要求】

(1) 每组撰写一份《关于消费者价格敏感性问题的分析报告》，包括观察的商场、销售商品、价格变动幅度、消费者购买的行为及动机、结论等内容。

(2) 就各组的分析报告在班级交流，老师要作点评。

(3) 学生实训成绩由学生完成任务情况、资料记录情况和报告交流成绩综合评定。

在日常生活中，消费者对价格变动敏感心理的反映强度，会随着价格变动的习惯性适应而降低。因此，企业在给那些价格敏感程度较高的商品提价时，除了做好必要的宣传工作以外，应该采取渐近式、缓慢的提价方式，如可以通过提高商品质量、改进商品性能、改进商品包装等形式提高商品的价格，以使消费者逐渐形成对价格的习惯心理。

同步案例 7—2

巧妙定价出奇效

背景资料：

泰国曼谷有一家专门经营儿童玩具的商店，有一次购进了造型极为相似的两种玩具小鹿，一种是日本生产，一种是中国生产，标价都是 3.9 元。出乎意料的是，两种造型可爱的小鹿就是卖不动，店员们认为，定价太高，纷纷建议降价促销。可是，精明的老板经过一番思考，不仅没有采纳大家降价促销的建议，反而作出将中国生产小鹿的售价提高到 5.6 元的决定，并让店员们把它与日本生产的 3.9 元小鹿一起卖。光顾这家商店的顾客看到两种相似的小鹿，价钱相差如此悬殊，就忍不住询问，此时，售货员按老板的安排，告诉顾客：价钱不同是因为产地不同、进货渠道不同，其实质量并没有什么区别。经过仔细比较，顾客发现两种小鹿玩具确实差不多，自然觉得买日本生产的就特别合算，产生一种买了便宜、得了实惠的心理。不出半个月日本产的小鹿就卖完了。这时，老板又让售货员把中国产的小鹿玩具标上原价 5.6 元，现价 3.9 元，减价出售。光顾这家商店的顾客看到减价，又以为买了便宜、得了实惠，成了人们茶余饭后津津乐道的话题，其广而告之的效果可想而知，不久，这些中国生产的小鹿也卖光了。

（资料来源：彭石普．市场营销［M］．大连：东北财经大学出版社，2010，175.）

问题：

本案例中为什么能够产生如此神奇效果？其营销取得成功的主要原因是什么？

分析提示：

该商家巧妙地利用了消费者对价格的感受性和敏感性的价格心理特征，巧妙定价，取得了奇特的效果。

一是把中国生产的小鹿从 3.9 元提高到 5.6 元，日本生产的小鹿仍定价 3.9 元。大多数消费者会与市场同类商品的价格进行比较，加之营业人员的推荐，日本产的小鹿就会很畅销。这是商家用了消费者对价格的感受性，满足了消费者对价格的自主比较、判断、选择的心理。

二是当日本产小鹿卖完了后，又把中国产小鹿由 5.6 元调回到 3.9 元，给人们的感觉是减价出售，这是商家利用了消费者对价格的敏感性心理特征，让他们明确感知降价了，吸引消费者购买。

3. 消费者对价格的习惯性

消费者对价格的习惯性是指消费者根据自己以往的购买经验，对某些商品的价格反复感知，从而决定是否购买的习惯性反应。由于消费者长期、多次购买某些商品，以及对价格的反复感知，形成了消费者对某些商品价格的习惯心理，这种习惯心理一旦形成，就会直接影响消费者的购买行为。这是因为在现代市场营销中，由于各种因素的影响，消费者很难对商品的价格等客观标准了解清楚，而只能以逐步形成的价格习惯作为判断所购商品价格合理与否的标准。如果某一商品的价格在消费者认定合理的范围内，他们就会接受；超出了这一范围，则难以接受。企业一定要认识到消费者价格的习惯心理对购买行为的影响，在制定和调整商品价格时，对那些超出消费者习惯性价格范围之外的商品要慎重行事，一定要弄清这类商品的价格在消费者心目中的价格上限和下限的幅度。对于超出习惯价格的商品调价时，要慎而又慎；必须调整时，要把调整幅度限定在消费者可以接受的范围内，同时要做好宣传解释工作，以使消费者尽快接受并习惯新的价格。

4. 消费者对价格的倾向性

消费者对商品价格选择的倾向性心理是指消费者在购买商品过程中对商品价格的高低进行比较后选择商品的倾向，是消费者对同类商品价格水平档次的偏好性。商品价格有高、中、低档的区别，它们分别标志着商品不同的品质与质量标准。一般来说，当消费者对同类产品进行比较时，如果没有发现明显的差别，往往选择价格较低的产品。对各种不同类商品的价格，消费者在比较时的倾向性也是不同的。对日常生活用品、短期时令商品，消费者倾向于选择价格较低的；对耐用消费品、奢侈品，消费者则倾向于价格较高的。消费者价格倾向心理一旦形成就具有相对稳定性。

当前，随着社会经济的发展，人们的消费呈现出多元化特征，既有追求高档名贵的求“名”心理，又有追求实惠的求“廉”心理，也有追求价格适中、功能适中的求“中”心理，满足情感、文化需要的求“情”、求“乐”、求“知”心理。消费者对商品价格倾向性心理由于受社会地位、经济收入、文化水平、个性特点的影响，他们会根据自己的不同需求特点做出不同的价格选择。企业在制定营销决策时，要充分考虑不同层次消费者的不同需要，经营高、中、低档系列产品，采用合适的心理定价策略，满足消费者对价格的倾向性需求。

7.1.3 影响消费者心理价格的社会因素

分析消费者价格心理现象，目的在于准确把握消费者的价格心理，制定相应的营销策略，在目前市场经济条件下，为了提高企业制定营销策略的有效性，企业经营者还必须要了解影响消费者心理价格的社会因素。

1. 价格预期心理

价格预期心理是指在经济运行过程中，消费者群体或消费者个人对未来一定时期内价格水平变动趋势和变动幅度的一种心理主观估测。它是以现实社会经济状况和价格水平为前提的推断和预想。如果形成一种消费者群体的价格预期心理趋势，就会较大地影响市场某种商品现实价格和预期价格的变动水平。

特别要注意的是，消费者对通货膨胀预期心理将会导致对现实商品大规模地超前购买，以至于出现抢购风潮。同时，也会给企业生产和经营者传递销售过旺的错误信息，致使企业生产者盲目扩大规模，经营中表现为惜售、囤积等不规范的营销行为，甚至加剧经济运行的不均衡与不协调，这是企业价格决策中必须考虑的重要心理因素。

2. 价格攀比心理

价格攀比心理通常表现为不同消费者之间的攀比和营销者之间的攀比。消费者之间的攀比心理会导致盲目争购、超前消费，乃至诱发和加重消费膨胀态势，成为推动价格上涨的重要因素。不同营销者之间的价格攀比会直接导致价格的盲目跌涨，进而冲击消费者的消费判断能力，使市场出现盲目的波动。

3. 价格观望心理

价格观望心理是指消费者对价格水平变动趋势和变动量的观察等待，当其达到自己期望的水平时，才采取购买行动，从而取得较为理想的现价与期望价格之间的差额。价格观望心理一般产生于市场行为比较活跃的时期，在耐用消费品及不动产的消费方面表现得较为明显。消费者往往会根据自身的生活经验和自我判断及社会群体的行为表现来确定等待的观望期。消费者观望心理对企业经营活动的影响大多表现为隐形的，当这种心态形成社会消费者的群体意识后，会对企业以及社会造成很大的压力，可表现出社会性的购买高潮和社会性的拒绝购买两种极端行为。因此，企业在确定价格策略广告策略时，应注意增加经济信息的透明度，注意信息传播的广泛性，以减少观望心理带来的盲动性。

4. 倾斜心理与补偿心理

倾斜心理在心理学中反映了某种心理状态的不平衡，补偿心理则反映掩盖某种不足的一种心理防御机制。两者都是一种不对称的心理状态的反映。这种心理状态来自于利益主体对自身利益的强烈追求。在日常生活中，许多人都可以被认为既是营销者又是消费者。作为营销者而言，这种心理状态可导致价格决策中的心理矛盾和选择错误，他们总希望自己产品的价格卖得越高越好，而他人产品的价格则卖得越低越好；购买商品的价格越低越好，而销售价格越高越好。作为消费者而言，总希望自己的收入越多越好，而市场上商品价格越低越好。在消费者购买商品时，在讨价还价中，总希望以自己给出的最低价成交，如果消费者购买某种商品时其价格未达到最低价格预期，则他希望能够在购买其他商品时得到补偿，前者为价格倾斜心理反映，后者是价格补偿心理显现。这种不平衡、不对称的心理态势如果在社会群体中不断强化，就会产生一种社会的冲动，在法制意识不健全的情况下，这种冲动将演变为市场上的假冒伪劣、低质高价、以次冲好，缺斤短两等不正当经营行为，扰乱多年来消费者心中形成的价格心理标准，使消费者失去对商品价格和质量的信任感。

7.2　商品定价的心理策略

制定合理的价格，是产品成功地走向市场，满足顾客需要的重要前提。在对产品定价时，企业除了要考虑商品的成本、需求和竞争因素外，还必须考虑消费者的心理，深入探求消费者的价格心理表现，必须得到消费者心理上的认可和接受，才能称之为成功的定价，商品定价的心理策略是指企业以市场、产品特征为基础，根据消费者的某些特殊心理因素，以灵活多变的方式对商品予以巧妙的定价，达到诱导购买的定价目的。

7.2.1　商品定价的一般心理策略

企业对于那些已经进入市场的处于成长期、成熟期和衰退期的商品，也要考虑它们的价格在消费者心目中的变化情况，运用适当的定价心理策略，来开展这些商品的销售活动。

1. 非整数定价心理策略

非整数定价是一种典型的心理定价策略，是运用消费者对价格的感觉、知觉的不同而刺激其购买欲望的策略，一般情况下，多数消费者在购买日用商品时，比较愿意接受零头价格，特别是对于购买次数频繁的日用品，求廉心理促使消费者更偏爱零头价格。例如，5 元一包的饼干，若定为 4.95 元，虽然只减少了 5 分钱，但消费者认为这是属于 4 元范围的开支，符合一般消费水平，从而激起消费者的购买欲望，使商品销售量增加。

目前，非整数定价技巧是国际上广为流行的一种零售商品的定价技巧。但由于世界各地的消费者有着不同的风俗习惯和消费习惯，所以，不同国家和地区运用这种定价技巧时存在着一些差别，其关键在于零头部分的设计上。在美国，习惯上以奇数为尾数的价格中以 9 为最多。如对 5 美元以下的商品，零头为 9 最受欢迎，而 5 美元以上的商品，价格的零头部分为 95 的，销售效果最佳。在我国，人们喜欢偶数，认为偶数给人以稳定、安全的感觉，在商品价格尾数中尤以偶数 8 更受欢迎。

非整数定价的心理策略有以下几方面的心理作用，一是给消费者以定价准确的心理信息，一种产品定价有整有零，连角和分都计算得清清楚楚，消费者就会认为企业定价准确合理，企业商品价格是可信的。二是给消费者以价格偏低的心理信息。消费者总希望能买到物美价廉的商品，非整数定价正是利用了这种心理倾向。如一件商品定价为 98.5 元与定价 100 元，虽然只差了 1.50 元，但给消费者心理上造成的差距远不止 1.50 元。三是给消费者以数字合意的心理信息。

非整数定价心理策略给人以价格计算精确，价格已达到最低限度的感觉，而深受广大消费者欢迎。

同步实训 7—2

非整数定价的认知实训

【训练目标】

培养学生对非整数价格制定的方法和技巧的操作能力。

【训练内容】

到各大商场超市调查了解当地市场上哪些商场、哪些类别的商品采用非整数定价策略。

【训练操作】

(1) 将学生每 5 人分为一组，并选出一名小组负责人。

(2) 小组负责人与其他同学共同制定调查计划，明确任务，合理分工。

(3) 走访五家以上商场，详细记录 10 种以上商品的非整数定价情况。

(4) 现场询问商家非整数定价的原因，询问消费者的感受。

(5) 详细记录相关资料和消费者对非整数定价商品的购买行为等资料。

(6) 每组写一份认知实习报告（先列提纲，后同学交流，请老师指导）。

【成果要求】

(1) 每组撰写一份《关于非整数定价方法认知实训报告》，包括调查的商场，列举10 种商品，非整数定价情况，商家非整数定价的理由，消费者对非整数定价的感受，以及小组成员的共同体会等内容。

(2) 就各组的分析报告在班级交流，老师要作点评。

(3) 学生实训成绩由学生完成调查任务情况、资料记录情况和小组报告交流成绩综合评定。

2. 习惯价格心理策略

习惯价格心理策略，是指消费者对经常消费的产品，经过多次购买之后，对原有价格有了固定认识，形成了对这种产品价格在心理承受上的习惯性。由于在长期的消费实践中，消费者对一些生活日用品，便利品及服务类商品价格，在其心目中已经形成了一个习惯性的计价方式和价格标准。例如，鲜牛奶一袋多少钱等等。企业在确定这些商品价格时要尽量去适应这些消费习惯，一般不应轻易改变，以免消费者拒绝购买。采取这种定价的特点使商品的质量和零售价格具有稳定性。这些商品因消费者经常使用，对商品的性能、质量、替代品等方面的情况有详细的了解，形成了自己的购买经验，消费习惯和主观评价，从而在心理上对商品价格有了一个既定的价格标准。即使商品的生产成本略有升降，也不应过快地变动销售价格，否则容易引起消费者的逆反心理。

采用习惯价格心理策略，可以给消费者以价格合理的感觉和价格稳定的印象。而对消费者的这种价格心理，企业要提高商品的价格，必须注意方式方法。比如，采取提高产品质量、增加产品功能、改变产品型号或改换商标和包装等措施，要给产品以新的形象。然后再利用新的价格代替原有价格，由此逐渐形成消费者的新的习惯价格。

3. 整数定价的心理策略

整数定价心理策略指企业把商品价格定在整数上的一种定价技巧。这种定价技巧实质上利用了消费者的“一分钱、一分货”的心理及炫耀心理，它主要适用于对名、优、特或高档耐用消费品的定价。将这类商品价格定得稍高一些，而且是一个整数，可以在消费者心目中树立价高质优的产品形象，给人以可靠性高的心理感受。

运用整数定价心理策略能起到加强消费者对产品的记忆和提高产品形象的作用，并能使消费者产生一种高质量的炫耀感，还可以方便价款找零。在实际营销活动中对价值较低的一些商品也选择这种定价策略，如一些小食品、小的日用品价格定为 1 元、2 元，也有利于吸引消费者购买，有利于起到促进销售的作用。

4. 折让价格心理策略

折让价格心理策略是指企业在一定的市场范围内，以目标价格为标准，为维持和扩大市场占有率而采取的减价求销的价格策略。如经常见到的“全场商品七折起”、“六一儿童节儿童用品打折”、“一件商品 60 元，两件 100 元”等。均为企业在促销中利用消费者的折扣心理而常用的手法。其心理功能是利用消费者追求“实惠”，抓住“机会”的心理，利用优惠价格来刺激和鼓励消费者大量购买和重复购买。

折让价格的形式很多，但一般都有特定的优惠对象。例如，对购买的金额或数量达到规定限度的顾客给予一定幅度的折扣优惠；对经常购买某种产品的顾客、对在产品试销期间带头购买的顾客、对在销售淡季购买商品的顾客、对促进产品销售有贡献的顾客等都给予优惠。

折让定价是一种竞争力较强、弹性较大，买卖双方都愿意接受的价格策略。折让价格的心理作用是直接而显著的，是一种行之有效的促销手段，企业必须根据市场供求、竞争状况、消费者心理及企业的经济利益，合理确定折让的幅度，把握好折让的时机，才能增强企业商品在市场上的竞争力，扩大销量，节约流通费用，以取得较高的经济效益。

同步案例 7—3

先标高价格，后打折

背景资料：

一超市在中秋时节为扩大销售，回笼资金，在中秋节搞促销的前几天，将其准备打折的商品都把标价提高了一倍。开始搞促销了，标出“实惠加优惠，回馈又酬宾”，所有商品7折销售，由于折扣比较大，对顾客有一定诱惑，也招徕了一些顾客。

问题：

谈谈你对该超市为促销先标高价格，后打折的做法的评价。

分析提示：

该超市采取先提价，再打折的方式，玩的是欺骗顾客的花招。这是对顾客的最大欺骗，这种做法既违背了企业经营的职业道德与营销伦理，也违反了相关法律。应该受到社会舆论的谴责和法律的处罚。

5. 声望定价心理策略

声望定价心理策略是指商品经营者利用消费者追逐名牌商品的心理，利用自己在长期经营与服务中在消费者心目中树立的声望，通过制定较高的商品价格来满足消费者崇尚名牌商品、名牌商场的心理而采用的一种定价策略。消费者的求名心理通常表现为对名牌产品的追求和追求去名牌商店购物，对高档购物地点的追求，对某种特定服务的追求等。所以，这种定价策略又适用于高档名牌商品，奢侈品及有特色服务的商场或特定地点等。消费者在得到某种特定服务或购买到某种名牌商品时心理上会感到自己的身望、地位也随之提高了，这样，求名心理和炫耀心理同时得到了满足，往往认为支付高价也值得。

实际经营中，采用声望定价心理策略一定要慎重，切忌随便滥用。如果商品知名度不高，又是日常生活用品，盲目采用声望定价心理策略制定高价，反而会引起消费者的反感，给商品销售造成不可挽回的损失。

6. 分档定价心理策略

分档定价心理策略是指企业根据市场细分理论，对不同档次的商品采取差别定价的技巧，即企业在出售商品时，将不同厂家生产的同一类产品或同一厂家生产的不同产品按品牌、规格、花色、型号和质量等标准划分为若干个档次，对每一个档次的商品制定一个价格，以适应不同消费者的不同心理需要。如冬季商场里出售的羽绒服，经常按品牌分为几个档次，每个档次之间都存在着差价，使消费者很容易相信这是由质量差别原因形成的，给消费者以“一分钱，一分货”的感受。这种定价策略既便于消费者购买合适的商品，也便于简化交易手续，通过制定不同档次的商品价格，来反映不同商品品质水平，从而满足不同消费者的消费心理，消费习惯和消费水平。

同步案例 7—4

某品牌手机的三种定价策略

背景资料：

某手机生产商生产多种型号和功能的手机。A 型是普通型定价 800 元，成本 600 元。B 型是改进型定价 1200 元，成本 800 元。C 型是 3G 型定价 4800 元，成本 2400 元，根据顾客群的经济条件和购买心理，制定了不同的价格，满足了不同顾客的心理需求。

问题：

试分析三种型号手机定价的心理策略。

分析提示：

手机作为现代通讯工具，已日益普及，同时手机由于有不同功能，款式，价格也有较大差异。通过分层、分档定价，从而更好地满足不同的细分市场用户的需求。

A 型手机，价格较低，满足求廉顾客的购买心理。

B 型手机，价格适中，满足有一些特殊爱好和需求顾客的购买心理。

C 型手机，满足追求时尚，体现自身社会地位的顾客购买心理。

7.2.2　新产品定价的心理策略

随着科学技术的不断进步，生产工艺的不断提高，新产品的不断涌现，企业也面临着一个新的课题，即如何为新产品定价。在市场营销活动中，给新产品定价是最复杂、最困难的一个环节，由于新产品投入市场初期，消费者对产品的质量、性能、先进性和适用性等了解甚少，又特别朦胧，只有价格是实实在在的，消费者最易了解，价格的高低决定了消费者对新产品的最初认识，关系到新产品能否顺利进入市场并站稳脚跟，能否取得较好的经济效益以实现预期目标。所以，新产品的价格合理与否，是消费者对新产品作出主观判断的至关重要的影响因素。因此，根据新产品的具体特点，制定合理的价格，关键在于选择合理的新产品定价心理策略。

1. 撇脂定价策略

撇脂定价又称高价策略，这种定价策略利用消费者的求新、猎奇和追求时尚的心理，在新产品进入市场初期，将价格定得很高，大大超出商品的实际价值，以便在短期内尽快收回投资，减少经营风险。当市场上该产品的销量下降时，或者产品竞争者纷纷出现时，企业就会逐步降低价格，以吸引对价格敏感的新顾客。

撇脂定价适合的社会条件：从产品本身来讲拥有专利技术，没有竞争者；新产品比老产品有明显的、突出的优点；从消费层面看，市场上需求者较多，而且该产品的消费者认为高价代表高档、高品质的商品。

2. 渗透定价策略

渗透定价又称低价策略。这种定价策略利用消费者求实惠、求价廉的心理。先采取低价出售，借以迅速打开销路，扩大市场份额，然后逐步渗透，逐步提高，最后把价格涨到一定高度的策略。

渗透定价适用于生活日用品，人们消费量大、购买频繁的商品，特别是食品类、家庭日常用品等需求弹性较大的新产品。

3. 满意定价策略

满意定价策略是介于撇脂定价策略与渗透定价策略之间的一种定价策略，即根据消费者对该种新产品所期望的支付价格，将其定在高价与低价之间，兼顾消费者和生产者的利益，使两者均满意的价格策略，它主要考虑了消费者的购买能力和购买心理，能较大程度地适应消费者的需要，增强消费者的购买信心。国内外对新产品的定价采用这种策略者较多。这种策略适用于那些生活日用品和技术要求不高的新产品。

7.3 商品调价的心理策略

在市场经济条件下，随着市场营销环境的变化，企业产品制定出价格不会一成不变，价格的调整与变动是经常发生的。企业调价的原因是多方面的，除企业自身原因外，还有商品的供求关系变化、市场竞争等原因。营销企业在商品调价和制定商品调价心理策略时，既要考虑上述因素对商品价格的影响，又要考虑消费者商品价格调整的心理要求，使调整后的价格既实现企业利润目标，又符合消费者要求。

7.3.1 商品降价的心理策略

企业在组织商品销售的活动中，由于多种原因会采取降价策略。面对企业的降价行为，消费者的认识与了解非常关键。

1. 消费者对企业商品降价的心理反映

消费者对企业商品降价做出的反应是多种多样的。有的消费者对企业商品降价行为做出的是积极的有利反应。如认为企业的生产成本降低了，或企业让利于消费者；有的消费者会做出与其相反的各种心理和行为反应。如认为“便宜没好货”才降价，有的认为“买便宜货有失身份，有损自尊心和满足感，有的认为是由于企业新产品问世而进行的老产品的降价处理，老产品马上会被淘汰，后期维修会得不到保障，有的认为可能是过期产品，库存积压产品，质量不好，实用价值降低，有的认为该产品出现了供过于求，已经开始降价，可能会继续降价。消费者最终会“持币待购”或“越降越不买”。

2. 企业商品降价应具备的基本条件

企业商品降价是有条件的，只有消费者具有下述心理才适合采取降价策略。第一，市场竞争激烈，商品的市场份额下降，不得不降价促销，以提升市场占有率。第二，企业生产成本和经营费用低于竞争对手，通过主动降价来应对竞争，提高市场份额。第三，消费者注重该产品的实际性能与质量，商品的社会象征意义不明显。第四，消费者对产品的质量和性能非常熟悉，如某些日用品和食品，降价后仍对产品保持足够的信任度。第五，消费者在企业充分说明商品降价的理由后，感到能够接受降价商品，如企业搬迁或内部装潢等。

3. 企业商品降价的操作技巧

(1) 选好降价时机

营销企业在选择商品降价时机时，通常要综合考虑营销企业实力，商品在市场生命周期所处的阶段、销售季节、消费者对商品的态度等因素。营销企业若能恰当地选择降价时机，则会起到非常显著的促销效果。通常情况下，企业商品降价的时机有：时尚新潮商品进入流行高潮普及的后期阶段；重大节假日的降价优惠促销；季节性商品即将过季或是换季商品的降价销售；一般商品进入成熟期就应降价；企业庆典活动降价回馈消费者；市场领导品牌率先降价，作为竞争对手采取降价跟进策略。其他特殊情景下的降价：如国家有关商品或消费政策法规出台、国内外市场突然发生变化；厂商改变经营方向，或拆迁改建等。

（2）把握降价幅度

营销企业商品降价应贯彻“一步到位”的原则，不能过于频繁地降价，否则会使消费者对商品产生不信任心理，或者等待继续降价的观望心理。降价时，降价幅度要适宜，以引起消费者的关注，使之动心，刺激消费者产生购买行为为目的。实践证明，降价幅度在 10% 以下时，不能激发消费者的购买欲望，达不到促销的效果，降价幅度至少在 15%—30% 或以上才会产生明显的促销效果。但降价幅度超过 50% 以上时，必须说明大幅度降价的充分理由，否则消费者会怀疑这是假冒伪劣商品，反而不敢购买。

（3）商品降价的组合技巧

营销企业在执行降价策略时，全部商品都较大幅度地降价，企业承受不起；降价幅度过小，不起作用。经验表明，一个企业少数几种商品大幅度降价，比很多商品小幅度降价促销效果好；知名度高、市场占有率高的商品降价的促销效果好；知名度低，市场占有率低的商品降价促销效果差。因此，企业要制定一个科学的商品降价组合，即采取少数商品大幅度降价，多数商品小幅度降价，既有轰动效应，也能把利润损失控制在合理范围。

（4）做好商品降价的信息传播工作

企业无论采取何种降价措施，都要努力做好宣传工作，尽可能让消费者了解降价的真实原因，打消他们对降价的疑虑。向消费者传递降价信息有多种办法，如要在降价广告或降价标签上，注明降价前后两种价格，或标明降价金额、幅度；也有的商家会把前后两种价格标签挂在商品上，以证明降价的真实性、可信性，增强降价信息在视觉上、心理上的冲击力。

7.3.2　商品提价的心理策略

在社会主义市场经济条件下，价格上涨是一种正常的经济现象，但商品涨价对消费者而言总是不利的，会引起消费者和中间商的不满心理，企业迫于各种原因不得不提价时应充分考虑消费者的购买力和心理承受能力，认真分析和研究提价后消费者可能产生的心理反应，并采取相应的心理策略。

1. 消费者对企业商品提价的心理反应

当企业商品提价时，特别是当某些商品价格上涨幅度比较大时，消费者心理与行为会做出各种反映。如有的认为：商品提价可能是因其具有某些特殊的使用价值，或具有更优越的性能；商品提价，说明是热门货，属于畅销紧缺产品，应尽快购买。商品提价可能是限量发行，有升值空间；也有的消费者认为商品已经提价，可能还会继续上涨，认为现在不买，以后要花更多的钱才能买到，应尽快抢购，以防将来购买吃亏；商品提价是通货膨胀造成的恶果，于是减少储蓄，大量抢购，觉得存钱不如存货保险。

2. 企业商品提价应具备的基本条件

企业商品提价是有条件的，只有具备了下面一些条件下才适合采取提价策略。第一，消费者对该品牌忠诚度很高，是品牌的偏好者，一般不因价格上涨而轻易改变购买习惯。第二，消费者坚信产品具有特殊的使用价值，或具有更优越的性能，或有其他产品不能替代的特殊因素。第三，市场上同类产品少，而且替代品也少。企业具有行业优势，资金比较充足。第四，消费者有求新、猎奇、追求名望、好胜攀比的心理，愿为自己喜欢的产品支付高价。第五，消费者已理解价格上涨的原因，并能从心理上接受价格上涨的幅度。

3. 企业商品提价的心理策略

（1）选择好提价时机

通常情况下，商品提价是有时机的，因为只要提价，消费者都会表现出一时的不适应，甚至会激发出不满情绪。因此，商品提价必须掌握时机，要在条件具备的情况下进行，以避免消费者不良心理现象的产生。商品提价的时机是：企业商品在市场竞争中占据优势地位时；商品进入成长期，销售行情持续上涨；季节性商品达到销售旺季，或一般商品处于销售旺季；主要竞争对手的商品提价，本企业有条件采取同样的策略，并维护产品形象。总之，企业商品提价要掌握好时机，提价后的一段时间，可能出现销售量下跌的现象，有的消费者将转向其他品牌，给竞争者抢占市场提供了机会。这时，企业要努力搞好全方位的服务，提高服务质量，热情周到地为消费者服务，以取得消费者理解。消费者对提价适应后，销售量自然会回升。

（2）把握提价的幅度

商品提价要充分考虑消费者心理要求，提价幅度应与消费者对商品觉察价值基本相符，只有这样，商品提价才会被消费者所接受且不影响销售。一般讲，企业商品提价幅度不应过大，但具体提价幅度，并没有统一的标准。一般说要视消费者对价格的心理敏感而定，国外研究认为，以5%为提价的上限，认为这样不容易引起消费者的注意，也符合消费者的心理承受能力。总之，商品提价要遵循幅度宜小不宜大，速度宜慢不宜快，要循序渐进，边提边看，谨慎行事。

（3）把握好商品提价的心理策略

企业在提高商品价格时，要注意采用一些心理策略，合理运用商品提价技巧。一是宜被动提价，不宜主动提价，消费者对企业的主动提价和被动提价会产生两种不同的心理反应。所谓主动提价，从某种意义上说，就是在同行业中率先提价。一个企业先于其他企业给商品提价，会极大地影响消费者对该企业产品的消费。由此造成的后果是消费者购买数量减少，并影响企业的经济效益，甚至影响到企业形象。被动提价是企业在竞争对手提价后采取的提价策略，好处是容易使消费者理解和接受，巩固了老顾客，还有可能吸引来新顾客，而且对于以后的被动提价，消费者也是可以理解和接受的，也不会损及企业的形象和利益。二是宜间接提价，不宜直接提价。直接提价是指企业随着生产成本的增加和市场因素的变化而直接提高商品的价格。普通商品直接提价时应注意幅度一般不宜过大，幅度过大会损失大批消费者，有时会对企业形象也造成一定的影响。间接提价是指企业维持原产品价格不动，只是采取减少有关费用开支的方法来达到经济效益的提高，间接提价又有两种方法：一种方法是通过变化产品的名称、型号、包装等因素，然后变相提高价格，其实产品并没有什么改变。另一种方法是表面上不改变商品的价格，但实际上通过减少数量或一些不必要的附加功能，变相提价。间接提价是利用消费者渴求物价稳定的价格心理来刺激购买。间接提价往往可以达到拓宽市场、增加销售，提高经济效益和占据市场竞争有利地位的目的。

（4）商品提价的注意事项

企业采用价格心理策略要注意的首要问题是不能违反有关法律，不能涉嫌欺诈。2001年12月国家计委颁布了《禁止价格欺诈行为的规定》，列举了13种行为为价格欺诈行为。经营者必须依法经营，认真维护消费者的合法权益。其次企业商品提价时应采取各种渠道向消费者说明提价的原因，做好宣传解释工作，以取得消费者理解。再次认真做好服务工作，如改变销售环境，提高服务质量，增加服务项目，以求得消费的谅解和支持，维护企业形象，提高消费者信心，刺激消费者的购买需求和购买行为，从而达到企业商品提价的预期效果。

同步案例 7—5

高价与低价

背景资料：

1945年，美国雷诺（Reynoids）公司新品“原子笔”上市时，利用“原子时代奇妙笔”的不凡之处：“可以在水中写字，也可以在高海拔地区写字”等特性和美国人追求新奇的性格，精心制定价格。当时，这种圆珠笔生产成本仅为0.8美元，而出厂价为10美元，零售价高达20美元。因为只有这个价格才能让人感觉得这种笔与众不同，配得上“原子笔”的名称。1945年10月29日，原子笔在战后第一个圣诞节来临前投放市场后，十分畅销，被顾客当作礼物购买，人们以赠送与得到原子笔为荣。一时间，新颖、奇特的原子笔风靡美国，大量的定单像雪片一样飞向雷诺公司。短短半年时间，圆珠笔所投入的2.6万美元成本竟然使得雷诺公司换来150多万元美元的利润。第二年起，生产厂家剧增，产品迅速大众化，原子笔成为普通的圆珠笔。雷诺公司鉴于竞争激化以及产品成本大大下降的情况，便把该产品的价格降至0.7美元。

问题：

美国雷诺公司对原子笔的定价运用了哪些心理策略？

分析提示：

美国雷诺公司把这种特殊的笔起名为原子笔，正好满足了当时人们对原子这个新概念的追求。由于原子笔是一个新产品，有特殊的功能，很受人们喜爱，所以进入市场初期运用撇脂策略，广大消费者也能接受。一年以后随着产品迅速大众化，竞争对手的加入，加之产品成本大大下降，运用渗透价格策略，价格也大幅度下调，迅速扩大了销售，占领了市场。雷诺公司运用撇脂和渗透价格策略，时机把握得好，效果也是显著的。

本章知识脉络

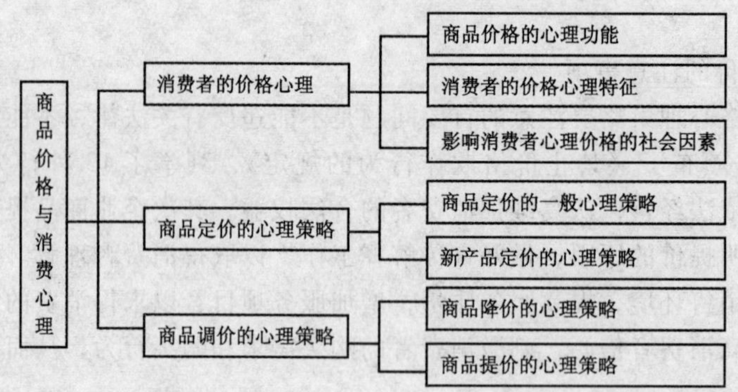

本章导入案例点评

本案例通过家电零售商场的推销员，非常了解消费者购买家用电器商品的价格心理的故事，介绍他运用货新（昨天刚到货），价低（厂家直销），再加优惠（为你向经理争取到最低价）的推销策略组合，成功激发了消费者需求，扩大了商品的销售。不管什么样的商品销售，顾客对产品的质量和价格都是比较关注的，商家一定要把握消费者价格心理，努力满足消费者在价格方面的心理需求，才能让消费者买得放心，买得高兴。

思考与练习

1. 理论题

(1) 单选题

①商品价格是具有某些心理功能的，并在一定程度上影响着消费者的（　　）。

A. 购买决策　　B. 购买动机和购买行为

C. 购买需求　　D. 购买心理

②消费者通常通过价格的比拟来满足（　　）。

A. 社会心理需要和自尊心理需要　　B. 物质需要和精神需要

C. 生存需要和发展需要　　D. 社交需要和自我实现的需要

③制定合理的（　　），是产品成功地走向市场，满足顾客需要的重要前提。

A. 服务规范　　B. 质量标准

C. 价格　　D. 营销策略

④目前尾数定价技巧是国际上广为流行的一种（　　）定价技巧。

A. 生产资料　　B. 批发商品

C. 生活用品　　D. 零售商品

⑤企业要制定一个科学的（　　）组合，促销效果才会比较好。

A. 价格策略　　B. 商品降价

C. 促销　　　　　　　　　　　　　　D. 商品提价

(2) 多选题

①在商品价格的心理功能中消费者的自我意识的比拟功能包括（　　）。

A. 社会经济地位比拟　　　　　　　　B. 文化修养比拟

C. 生活情趣比拟　　　　　　　　　　D. 观念更新比拟

②市场营销者应重视消费者对价格的感受性这种心理特征，在组织商品销售过程中，可以用（　　）来影响消费者的心理活动，以获得较好的销售效果。

A. 优质的产品　　　　　　　　　　　B. 优良的服务

C. 优美的装潢　　　　　　　　　　　D. 优雅的环境

③影响消费者心理价格的社会因素包括（　　）。

A. 价格预期心理　　　　　　　　　　B. 价格攀比心理

C. 价格观望心理　　　　　　　　　　D. 价格失衡心理

④非整数定价的心理策略给消费者有（　　）的心理作用。

A. 定价准确的心理信息　　　　　　　B. 价格偏低的心理信息

C. 数字合意的心理信息　　　　　　　D. 符合习惯的心理信息

⑤企业在提高商品价格时，要注意一些心理策略，包括（　　）。

A. 宜被动提价，不宜主动提价　　　　B. 宜部分商品提价，不宜全部商品提价

C. 宜间接提价，不宜直接提价　　　　D. 宜分批提价，不宜一次性提价

(3) 判断题

①商品价格是消费者购买心理中最敏感的因素。（　　）

②价格感受性是指消费者对商品价格最高的感知程度。（　　）

③在日常生活中，消费者对价格变动敏感心理的反映强度，会随着价格变动的习惯性适应而降低。（　　）

④价格攀比心理通常表现为不同消费者之间的攀比和营销者之间的攀比。（　　）

⑤营销企业在选择商品降价时机时，通常要综合考虑营销企业实务，产品在市场生命周期所处的阶段、销售季节、消费者对产品的态度等因素。（　　）

(4) 简答题

①简述消费者的价格心理特征的内容。

②简述消费者对营销企业商品降价的心理反映。

③试述营销企业商品提价应具备的基本条件。

2. 实务训练题

【案例分析 1】

案例资料：

不　二　价

在我国台湾，制鞋业较发达，因而竞争也激烈。台北市的金华皮鞋公司在经营上常出别人轻易不敢尝试的新招，并取得意想不到的效果。

一天，地处延平北路的金华皮鞋公司门口，挂出了“不二价”的特大招牌。所谓“不二价”即不还价。这在当时的延平北路可谓风险冒得太大，因为人们已形成一种概

念，买东西照标价付钱是最傻不过的事。久而久之，厂商们索性把售价提高两倍左右，以便还价时折扣，也好让买、卖双方满意。金华公司实施“不二价”不久，很多顾客对某双皮鞋非常中意，可就是由于根深蒂固的“怕吃亏”心理，总觉得照标价付钱亏了，使许多眼见成交的生意吹了。

金华公司遇到了历史上最冷清的时期。许多职工抱怨：“创什么新，干脆恢复原先的作法，用虚浮价格来满足顾客拣便宜的心理。”公司老板叫杨鑫彬，主意是他出的，听到职员们的抱怨，杨考虑：“以自己多年经营皮鞋的经验来看，此次打出‘不二价’新招，是有点令人发寒；但从价格上看，本公司售价是依据皮鞋质料、做工、市场状况而确定的，且比别人的标价低50%，自己没有亏待顾客。”经再三权衡，他认为“顾客会货比数家，再来金华的”，便决定挺一阵子。

果然不出杨老板所料，时隔不久，金华公司门庭若市，这是因为许多顾客到可以还价的商店购买打折皮鞋后，价格往往比“金华”高。因此，顾客们纷纷回头光顾金华。

不二价的真正用意，总算被顾客了解并接受了。许多厂商看到“金华”的成功，纷纷效法，渐渐地也搞起了不二价的公开标价。现在，到延平北路，再也不见以往那种漫天要价和顾客大杀价的现象了。

设计问题：

（1）金华皮鞋公司实行“不二价”的成功原因何在？

（2）结合当地市场营销情况，谈谈你对不二价的看法？

【案例分析2】

案例资料：

降价与涨价

爱多VCD曾是家喻户晓的中央电视台黄金时段广告标王，但1997年下半年错误的价格策略，改变了VCD行业的竞争格局。1995年8月，广东中山爱多电器公司正式成立；同年12月，第一批VCD出厂。1996年，借助国际影响的广告促销和香港回归题材，爱多闯入VCD行业前三名。1997年春节，公司日产2万台VCD，仍供不应求。但1997年春节一过，销售淡季就到了，公司库存近10万台。爱多在分析了VCD市场情况后，决定大幅度降价。一方面想以低价策略扩大市场份额；另一方面，预计每台VCD赚六七百元的高利润不能长久维持。在“阳光行动计划”的包装下，爱多发动了降价风暴，5种型号平均降幅25%。此次行动，不仅引发了VCD行业的全面降价（半年之内VCD降幅近45%），而且使爱多大获全胜，爱多的市场份额迅速上升，跃居行业第二，知名度跃居第一，树立了行业领导品牌的形象。

1997年夏季过后，降价行动的一个意想不到的后果出现了，爱多产品在全国开始断货。根据以往的经验，每年的10月至第二年的2月是VCD销售的黄金季节，每月的销量在20万台以上。这时有人提议，如果每台涨价250元，5个月就能净赚2.5亿元。尽管有人对涨价持不同意见，但爱多的决策者认为，爱多涨价后主要的竞争对手会跟进，采纳了涨价意见。但在爱多每台涨价250元后，不仅主要竞争对手没有跟进，大部分厂家也没有跟进。结果，爱多机出现滞销，9月份销量下降一半，10月份销售又下降一半。销量大幅度下降的同时，回款也出现问题。滞销带来的另一个严重后果，就是给一些小厂家带来喘息之机。这次涨价之后，VCD行业的竞争格局逐渐由新科、爱多、万利达“三足鼎立”

变为“群雄并起”。

设计问题：

(1) 结合所学知识试分析爱多涨价与降价的成功与不足之处？

(2) 为何爱多涨价以失败告终？对你有何启发？

【业务模拟训练 1】

新产品的定价

训练目标：

了解某一新产品定价的基本流程，熟悉新产品定价考虑的主要心理影响因素，掌握给新产品定价的基本技能。

训练内容：

到附近市场向商家调查了解他们对新产品定价的基本技巧和方法。

训练操作：

(1) 先熟练掌握新产品定价的基本定价心理策略，熟悉产品定价应考虑的主要心理因素，写出自己调查方案，并征求同学们意见，完善调查方案。

(2) 按调查方案分组，实地调查 2 家以上至少两种不同新产品的定价技巧，主要了解他们定价时考虑消费者哪些方面的心理因素。

成果要求：

根据自己实地调查，写出《××新产品定价策略》，重点要从定价时考虑了消费者哪些方面的价格心理，商家运用了哪些方面心理策略。

【业务模拟训练 2】

商 品 调 价

训练目标：

掌握商场商品调价的技巧和方法。

训练内容：

到附近超市或商场了解企业商品调价的操作程序和方法，掌握对商品调价的时机选择，调价幅度选择，调价品种选择等方面的技巧。

训练操作：

(1) 要熟练掌握一般商品调价的心理策略和技巧。

(2) 拟出自己准备调查了解的商品、调查时间、调查内容等详细提纲。与同学们讨论后形成正式调查提纲。

(3) 分组实地调查，至少了解两个商品，一个调高价格，另一个调低价格的实例。

成果要求：

根据自己实地调查资料，写出《××商品调价策略》，重点要说明调价主要考虑消费者哪些方面的价格心理，怎样运用定价的心理策略，以及调价时机、幅度把握的技巧。

第8章
营销信息传播与消费心理

知识要点 (1) 广告传播的心理过程;(2) 广告传播的心理原理;(3) 广告与消费心理的互动关系;(4) 广告传播的心理策略;(5) 人员推销与消费心理;(6) 人员推销的心理策略。

能力目标 (1) 熟悉广告传播的心理过程和广告传播的心理原理;(2) 明确人员推销的基本素质;(3) 掌握广告创意、策划和实施的心理策略;(4) 掌握人员推销的心理策略,以提高营销信息传播的能力,更好地满足消费者的需要。

导入案例

家乐福的自由商品

20世纪六七十年代,正处于高速成长期的法国家乐福面临着零售市场的激烈竞争。为了占据有利的竞争地位,家乐福请广告商为自选市场的非品牌产品定义了一个新的概念:自由产品。自由产品就是指价廉物美的产品,而自由最好的象征就是在空中飞翔的海鸥。就这样,一个杰出的广告创意诞生了。广阔无垠的蓝天背景下,一只海鸥展翅飞翔。画面上用很大的字体写着“Vivez Libre”,使人眼前一亮,赋予家乐福产品的“自由”意味也就产生了。该广告的广告语是:“让人们相信一个产品比另一个产品好只是因为它有一个名字,这难道叫自由吗?自由产品没有名字,一样好,更便宜。”

结果,家乐福的广告大大刺激了家乐福的商品销售。那些没有品牌标识的洗衣粉在上市的头一周就销售一空。两周内80%的消费者尝试过自由产品,70%的消费者成了回头客。广告发布后3个月里,家乐福的自由产品竟占据了法国市场同类产品销售量的30%。

(资料来源:刘志友.消费心理学[M].大连:大连理工大学出版社,2007:160.)

广告与企业的市场营销活动总是息息相关的。在市场竞争的条件下,了解和掌握广告与消费心理的关系,对于企业开展市场营销活动具有重要的现实意义。

8.1　广告信息传播与消费心理

8.1.1　广告传播的心理过程

成功的广告，能迅速吸引消费者的注意，引发其兴趣，使消费者正确地理解广告中的信息，从而影响其情感和态度，激发其购买欲望，并使消费者在有意或无意中进行记忆，最终在强烈的购买动机驱使下完成购买。这一过程就是广告传播的心理过程。

人们从接触广告到采取行为的一般心理过程，可以归纳为 AIDAR 模式，即注意（Attention）、兴趣（Interest）、欲望（Desire）、行动（Action）、再次购买（Repurchase），如图 8－1 所示。

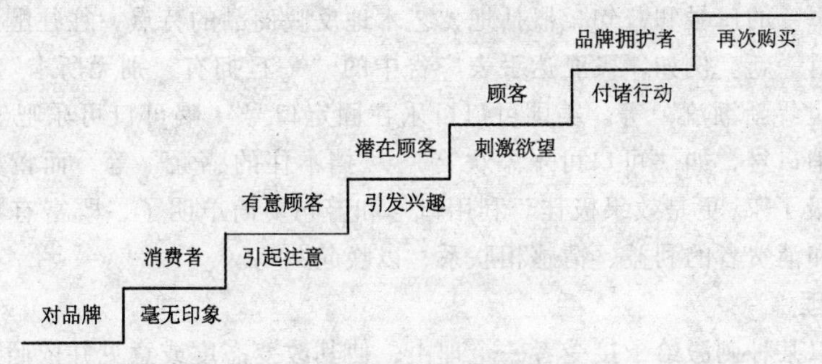

图 8－1　AIDAR 模式

在广告界流传着这样一句话：一则广告只要引起人们的注意，就已经成功了一半。引起注意是广告传播的开始，也是广告产生效用的前提。而广告注意的产生与维持则依赖于广告的内容、广告表现形式等是否能刺激消费者的兴趣和欲望，适应消费者的心理需要。广告的有效传播还应使人们从单纯的无意注意过渡到有意注意及对传播内容的必要记忆。因此，上述广告传播一般心理过程的每一个环节都必不可少。要进行成功的广告传播，就必须深入研究广告信息传播的心理特点，以提高传播的效果。

8.1.2　广告传播的心理原理

广告的传播者都希望自己的广告能深入人心，打动人心，这就必须研究广告心理，采用正确的广告信息传播策略。在广告传播的内容、形式和媒体选择上，必须符合广告传播的心理准则。

1. 注意原理

人们把意识集中到特定的物体或概念上，就是所谓的“注意”。在消费者购买行动中，注意是一个心理准备阶段，亦即广告发挥作用的第一步。根据注意的集中和指向定律，一般认为，版面所占面积大、位置独立而突出、画面动感强烈或声音富有变化的广告最易引起消费者注意。具体手段如下：

（1）增大刺激物的强度

如通过加大版面、明艳色彩或增加美妙图案、特殊音乐甚至香味等来有意识地增大广告对消费者的感觉刺激。

(2) 增大刺激物之间的对比

对比可以产生强烈反差，使消费者对刺激物形成很显著的条件反射。加强静动、明暗、浓淡、疏密等的对比度，使消费者在心理上处于一种积极、兴奋的状态，对广告的印象自然就深刻。例如，摆放在粗沙石粒上的精美手表的广告画面，一粗一精的强烈对比，使消费者充分注意到手表的精致和华美；在霓虹灯广告中，闪动的部分往往成为注意的焦点。

(3) 提高刺激物的感染力

刺激物的强度和对比固然吸引消费者的注意，但缺乏感染力则无法维持和深化注意。只有提高刺激物的感染力，激发消费者的情感体验，才能留住有效注意。例如，采用新奇有趣的构思、富于艺术性的形式等方法，能够使广告有更强的感召力和推动力。

(4) 善于利用口号和警句

利用相对不变的口号和警句，概括地、艺术地反映商品的特点，往往醒目易记、朗朗上口，使人耳目一新。例如，飞亚达手表广告中的“一旦拥有，别无所求”，瑞士手表广告中的“领导世界新潮流”等。美国可口可乐在固定口号“喝可口可乐吧”的基础上每年还有一个推销口号，如“可口可乐添欢笑”、“挡不住的感觉”等，而雀巢咖啡广告的一句“味道好极了”，更是效果极佳。利用口号和警句要简单明了，既富有特色又符合商品特性，还要和消费者的利益、情感相联系，以唤起共鸣。

2. 说服原理

说服就是以某种刺激给予接受者一个理由，使其改变态度或意见并依照说服者的预定意图采取行动。广告是说服大众购买商品和劳务的手段。它利用生动的形式和真实的承诺引起消费者的关心和信任，产生思想共鸣，并依照广告的劝导采取购买行动。广告对消费者的说服有诉诸于理智和诉诸于情感两种。一般来说，对于市场上需求十分迫切的商品和劳务的广告，多诉诸于理智；对于需求不旺的产品，多诉诸于情感。在说服中应阐明理由，并根据消费者的个性特点提出说服重点，运用威胁性说服、反复说服等技巧。例如，一种新的感冒药广告指出，“感冒虽是小病，却能引起许多严重病症，如不及时治愈，等于把自己置于危险的境地”；而另一则化妆品广告则警告消费者“岁月催人老，青春难永驻”，然后分别推出自己的产品，承诺使用该产品可免除这些威胁。这种威胁性说服如果由权威人士来宣讲，往往更容易令消费者接受。

3. 个性原理

不同的商品和劳务有着不同的性能和特点，不同的消费者有着不同的个性心理特征。个性原理要求广告传播在内容、形式和媒体上要适应目标消费者的个性。

4. 记忆原理

记忆是将过去的经验存储在印象中，必要时再浮现出来。对于广告信息的记忆，是消费者思考问题、做出购买决策时不可缺少的条件，广告必须让人容易记忆，因为在消费者获得广告信息后，一般不会立即实施购买。如果广告的视觉、听觉元素难以记忆，在他要采取购买行动时，广告效果就几乎为零。记忆原理要求增强广告的记忆性，具体可以采用以下方法。

①适当减少记忆材料的数量，广告信息简单明晰。

②充分利用视觉形象的记忆优势，用直观形象的实务或模拟增强知觉度。

③设置鲜明特征或具有明显韵律，以便于记忆、回忆和追忆。

④适当地重复。

⑤引导人们使用特殊的记忆方法，如上海巴士公司用 63848484（绿色巴士、巴士巴士）的电话号码来增强人们对公司的记忆。

同步案例 8—1

脑白金广告中隐含的广告传播理论

背景资料：

耶鲁学派提出，由于时间间隔，人们容易忘记传播的来源，而只保留对内容的模糊记忆，显然，倘若广告内容不源于现实世界和实际生活，就不能感动受传者而容易被遗忘；相反，传播内容真实且有道理，即使人们忘记了传播来源，同样也能最终改变人们的态度而且被接受。在信息的实际传播和流动中，媒介以传播内容取胜的例子并不少见。与短期效果相对照的是长效“睡眠者效应”。经过一段时间，由广告引发的情感反应会与产品名称发生分离。因此，通过不愉快的情绪而使人集中注意力的广告也会产生记忆的效果。

脑白金送礼广告中那些可爱的老头儿和老太太边舞边唱，一次一次出现在电视的各个频道，毫无美感，甚至还有些滑稽。但观众就在怒气冲冲的情绪状态中记住了这个产品的名字：脑白金。随着时间一天天过去，记忆渐渐淡化，留在脑海中的也就只有产品的印象，而由广告引起的不愉快情绪早就被遗忘了。

20 世纪 60 年代晚期由罗比特·再因茨发现的“反复曝光”效应。指反复暴露哪怕没有意义的符号，也会让观看这些符号的人产生熟悉和愉快的反应。在广告中，产品品牌和标识的反复曝光，哪怕没有合理的解释和费时费力的辩论，也会使观看它的人产生动摇。广告就能超越态度改变而直接诱发购买行为。

（资料来源：李晓霞．消费心理学［M］．北京：清华大学出版社，2010：220.）

问题：

脑白金广告成功的原因是什么？

分析提示：

脑白金广告的策略之一就是反复传播，其广告内容十分单调：简短的广告词，没有深意的画面。但就是这样一个简单的创意，反复出现，却能在让受众感到枯燥乏味甚至反感的同时，记住了“脑白金”这三个字。

5. 暗示原理

暗示就是应用含蓄、间接的方法，对消费者的心理状态产生影响。广告先是以语言或动作的暗示刺激，使被暗示者产生某种概念，然后促使其基于该概念而采取行动。暗示有直接暗示，如“开业酬宾两天，所有商品九折优惠”，言下之意是“如不来购买将错失良机”；还有间接暗示，如“爱美的我，当然用力士”，含蓄地暗示“假如你要美丽，就快选用力士产品吧”。消费者很难抗拒暗示的力量，而且一般不以为自己是被动地接受劝告，而认为是自己的本意。广告如果善用此原理，就能够成功地影响消费者的购买决策。

8.1.3 广告与消费心理的互动关系

1. 消费需求是广告产生的直接原因

当一个人正常生活的某种缺乏（需要）被意识到后，整个身体能量就会被调动起来，有选择的指向可满足需要的外界对象，从而引发消费。例如，一个人正口干舌燥，这时体内就会产生对水的强烈需要，当他突然看到销售饮料的摊点时，马上会激起购买饮料的强烈动机。饮料品种如此之多，买哪种好呢？购买动机的多样性，促成了满足不同需求层次的广告。由此可见，广告是卖主针对消费者多样、复杂的消费心理，为更好地满足消费需求而采取的一种行之有效的商业手段。其直接的目的就是借助于一定的传播媒体，使消费者接受他的观点和所宣传的商品。也就是说，广告是通过一定的媒体显现出的事物，反映在人脑中并引起一系列的心理活动及导致某种行为；而心理是客观事物以及它们之间的联系在人脑中的反映。这样，就是广告与消费者心理产生了一种互为影响的关系。

2. 广告是满足消费需求的重要途径

（1）广告唤起消费者的潜在需要

据美国一家商场的实地调查，发现72%的购买行为是在消费者只有朦胧欲望的情况下实现的；真正具有明确购买计划的购买行为，才占购买行为的28%。说明，在现实的购买活动中，每天都会涌现出无数的新产品，有些产品不但见所未见、闻所未闻，而且连想都没想过，却突然呈现在我们面前，让我们来试用，满足我们潜在的需要。许多购买者在事先并不一定有明确的购买意图和目的的情况下，还是把东西给买下来。而唤起他们这种潜在的需要，诱发他们的购买愿望，进而产生购买动机的重要因素便是广告。

（2）广告引导消费

消费者有了一定的需要并注意于某种物品之后，便产生了如何来满足自己需要的问题，这时便进入了获得信息的阶段。一般来说，消费者首先是回忆自身的经验，从记忆中获取了有关商品的信息。但是，记忆中的经验和知识毕竟有限，特别是对于大件物品的知识，更有求于各种信息源，广告便是提供商品信息的重要途径。消费者通过信息的输入，完成其对商品或劳务的认识与了解，这有助于促成购买行为的实现。大量广告信息的反复传递，形成消费者潜意识中的丰厚积存，并逐步表现为对消费生活的指导作用。而面对广告所提出的倡导与号召以及提供的相关信息，消费者并不一定就会下定决心购买，还得依靠广告采取进一步的有效措施来说服他们，引导他们接受产品甚至是广告所倡导出的观念，以此来吸引住消费群，树立产品及企业的长期誉信。

3. 消费心理贯穿于广告活动的全过程

广告实际上是一种有计划的活动，它不仅涉及一系列通过媒介传播的相关广告作品的创作，还包含对企业市场营销情况和传播情况进行分析，制定广告目标，作出战略决策并加以实施。我们知道，广告是为更好地满足消费者的各种需求而产生的，因此，不管广告活动的哪个阶段都应该是以消费心理为基础而进行的。

（1）广告定位的立足点是消费心理

任何广告都要选择对象，市场就是广告的对象。市场是由那些具有待满足的需要、购买能力和购买愿望的消费者，也就是买主、顾客构成的。由于年龄、性别、收入、文化程度、地理环境、心理等因素的影响，不同的消费者通常有不同的欲望和需求，因而，不同的消费者也就会有不同的购买行为和购买习惯。企业主只有充分地认识市场、研究市场、看准市场这个对象，才能做好广告，否则不看对象的广告，再精彩也是徒劳无益的。市场调查与分析的主要任务就是了解市场的变化动向，使广告的对象能够具体而形象起来，在有了这些调研资料之后，企业主就可以结合企业的营销目标及广告目标，进行广告定位。

(2) 广告创意与表现形式是针对特定消费群的消费心理来实施的

广告创意及其表现形式总是针对特定消费群体的消费心理来制作的，在不同的市场领域，由于地理变数的影响，消费者对产品和营销组合的需求不同，广告创意也必须针对特定的市场区域采用特定的创意表现，以达到诉求的效果。所以说如果同一产品有不同的目标市场区域，那么所作的广告创意形式也应是多样化的。在广告创意表现之前，必须事先对目标市场的心理做认真细致的考察，找出最佳诉求点，然后围绕这一点展开具体的广告创意。

(3) 广告策略与消费心理

任何商品都是能够满足消费者某方面的需要的，不能满足一定需要的商品是卖不出去的。而人的需求是多方面的，这自然便决定了消费动机的多样性。不过，诸多需要中经常会有一种优势的需要。能否满足这种优势需要，将直接影响到消费者对该商品的态度和购买行为。从商品本身来说，一种商品是具有多种属性的，究竟突出哪种或哪些属性作为该商品的广告的主题，这是广告决策中的重要问题。科学和经验证明，对准消费者的优势需要作出相应的广告策略是取得成功的重要前提。例如，国外有家制鞋商，以为消费者对鞋的属性，其关心顺序首先是式样，然后依次是价格、质地及小饰件。于是，把广告的主题对准了鞋的式样，但销路平平。后来，该公司进行了一些实地调查，询问了五千多位顾客对鞋的关心点。结果发现：42% 的顾客表示“穿着舒服”；32% 的反映是“耐穿”；16% 是“样式好看”，9% 为“价格合理”。根据所得到的这个调查结果，鞋商果断地改变了广告主题，由原来注重鞋的样式转变为穿着舒适、经久耐穿，之后的收效当然在意料之中。

总体来说，广告自产生以及整个活动过程都是围绕消费心理来进行的。无论成功广告的诉求形式是如何的多样化，其最根本的核心都是立足于取得消费者的信任和顺应消费者的心理。

同步实训 8—1

深入了解消费者广告心理

[实训目标]

掌握广告传播的各种心理策略。

[实训内容]

先由教师提供有关广告的电教资料，学生进行分析，确定其传播媒体及传播策略；之后学生分组选择具体产品，并设计相关问卷，进行该产品广告传播心理效果的市场调查，并对结果分析总结。

[实训操作]

(1) 学生每 5 人分为一组，选定一人为负责人，明确分工和具体责任。

(2) 本实训前部分可选择在教室进行，由教师准备充足的广告资料，并激发学生的思维。后半部分以小组合作的方式在人群密集区进行。

(3) 将调查问卷筛选、整理，写出消费者购买动机问卷调查报告。

(4) 在班级交流，并由老师点评。

[**成果要求**]

(1) 每组撰写一份《××商品广告传播与消费心理调查报告》，报告要说明调查时间、调查方式、调查过程、调查结果分析和启示。

(2) 根据每组同学调查问卷设计，调查组织和调查报告的质量，调查中成员完成任务情况，评定每个同学的实训成绩。

8.1.4 广告传播的心理策略

广告要达到预期的效果，就必须在计划、设计、制作和播出的全过程中重视对消费者心理活动规律与特点的研究，巧妙地运用心理学原理，增强广告的表现力、吸引力、感染力和诱导力。广告信息首先作用于消费者的听觉、视觉等感觉器官，并在消费者的大脑中引起不同程度的反应，从而形成一系列复杂的心理活动过程，导致需求的产生和购买行动的实现，广告可以采用下列手段引发消费者心理反应，促使购买行为的发生。

1. 引起注意策略

注意是心理活动对一定事物的指向和集中。它反映人的意识对客观事物的感觉性与选择性。注意主要由两种因素引起：一是刺激的深刻性，指外界刺激的强度及刺激物的突然变化；二是主体的意向性，指因主体的需要或兴趣而自觉地将意识集中于某一事物。由于引起注意的因素不同，人的意识反映特点和反映时序也不同，从而形成了三种既有联系又有区别的注意：有意注意、无意注意及有意后注意。

根据注意的引发因素和形式不同，广告可以采取多种心理策略来引起消费者注意。

(1) 加大刺激的强度

刺激达到一定的强度，即刺激量要大于人的感觉阈限制，才能引起人的注意。而且在一定的范围内，刺激物的强度越大，人对这种刺激物的注意就越集中。不仅刺激物的绝对强度有这种作用，相对强度也有这种作用。比如广告色彩艳丽，文字醒目优美，音乐悠扬悦耳，画面清新脱俗，表现方式别出心裁等，都能较好地引起消费者的注意。在广告设计中，应该特别注重对色彩或光线、字体或图案以及音效的合理综合运用，以达到强化信息的影响程度、引起高度注意的效果。

(2) 加大刺激元素间的对比

刺激物各元素间显著的对比也容易引起人们的注意。在一定限度内，广告中刺激物各组成部分的对比度越大，人们对刺激物所形成的条件反射就越明显。因此，在广告设计中，可以有意识地处理各种刺激物的对比关系和差别。例如，在画面布局上采用动静对比与黑白对比，图案的大小对比与色彩对比，色彩和光线的明暗对比与强弱对比，音响和语调的节奏对比与高低对比，文字语句的长短对比与轻重对比等。除了广告本身各元素的对比外，还有与周围环境的对比，使色彩相映，浓淡相同，大小对照，高低错落，轻重有别，目的是形成产品的独特形象，增大广告的易听、易视、易读、易记效果。

(3) 利用刺激物的运动变化

运动着的事物、变化中的刺激更容易引起人们的注意，动画片的效果胜过幻灯片就是一个显著的例子。诸如影视广告、大屏幕的自动化广告等中忽明忽暗的光线；户外不断闪烁变化的霓虹灯；忽隐忽现往返移动的图案；播音员声音的抑扬顿挫等，都是常用的运动刺激手段。

(4) 力求刺激的新奇

相同或相似的刺激接受过多，消费者会慢慢变得迟钝起来。罕见的、奇异的、一反常态的事物，却能给人以较强的刺激力度。广告刺激的新异性通常还表现在其形式和内容的更新上。一个颇有经验的广告商在宣传产品时，往往不是集产品的各种性能或特点于一幅广告中长期不变。相反，他总是在相继推出的广告中不断变化地介绍其产品的不同特性，以期达到保持广告新异性的目的。

(5) 增强广告的感染力

在广告中，厂商应该有意识地增大广告各个组成部分的感染力，采取多种艺术手段，激发消费者对广告的兴趣，以保持他们对广告和产品的持续注意。

2. 启发联想

联想是一种由当前感知的事物回忆过去的另一事物，或者由所想起的某一事物联想起其他事物的一种神经联系。事物之间存在着的共性和人对事物认识上的关联性构成了联想的客观和主观基础。在广告宣传中，充分利用事物之间的联系，启发消费者的联想，无疑能起到消费者回忆、提高记忆效果、刺激消费需求的心理作用。启发联想的方法有以下几种。

(1) 形象法

利用消费者熟知的某些形象，来比喻和提高广告商品的形象。明星广告就是典型的例子。

(2) 暗示法

也称暗喻，即通过语言或画面创造出一种耐人寻味的意境，给消费者留下宽广的联想空间。如某皮鞋广告，画面出现两个妙龄女郎正在赤足涉水过小溪，每人手中提一双皮鞋，字幕与画外音："宁失礼不湿鞋"，暗喻了皮鞋的珍贵，给人以回味的余地。

(3) 反衬法

即广告商品不直接对准传播对象，而以其他形式来表现广告商品，以此影响真正的传播对象，如麦当劳公司在我国中央电视台播放了一则电视广告：一个婴儿坐在摇椅上面，面向窗外一上一下地摇动，看到窗外时隐时现的麦当劳广告标志，一会儿笑，一会儿哭。最终妈妈过来才发现，婴儿看到麦当劳的标志时就笑，看不到时便哭。广告从婴儿的情感变化反衬出人们对麦当劳的喜爱。

(4) 讲述法

即利用文字或画外音述说一个传说和典故，来显示所宣传商品的名贵和历史悠久。不少传统名酒即采用此种广告手法。

(5) 比喻法

即利用某些恰到好处的比喻来宣传商品或服务，如某眼镜广告写道："眼睛是心灵的窗户，为保护您的心灵，请给您的'窗户'安上玻璃吧。"

3. 增进情感

消费者的情感状态直接影响着他们的购买行为导向。积极的情感体验，如满意、愉快、喜爱等，能够增进消费者的购买欲望，促进购买行为；而厌烦、冷漠、恐惧等消极的情感体验则会抑制消费者的购买行为。一则好的广告，应该有助于促进消费者形成以下积极的情感。

（1）信任感

广告通过自身的媒介行为激发起消费者对所宣传商品的信赖心理。消费者对广告的信任，是产生购买欲望的前提条件。如果不存在值得信任的宣传的内容，则无从谈起要购买广告宣传的产品。实事求是、客观公正的广告，往往能达到增加消费者信任感的目的。

（2）安全感

消除消费者对商品的不安全心理，增强心理安全感是广告宣传的重要内容。某些家用电器、药品、食品等广告宣传应增强顾客对商品的安全信心，消除顾客对商品存在不安全因素的心理疑虑。

（3）亲切感

广告宣传要设身处地为消费者着想，表现出对消费者的关心、爱护，或者创造出一种温馨的意境，从而给人以亲切感，使消费者加深记忆，达到增加信任的目的。

（4）美感

爱美是人类的天性，美好的事物总能使人心情舒畅、赏心悦目。追求美也是丰富人们生活内容的重要途径。广告策划中，实现满足人们的求美心理是广告成功的一个重要因素。因此广告设计中应巧妙地运用画面构思、色彩与光线的艺术以及新颖、亮丽、奇特的美学表现手法，使广告画面给受众以美感冲击，有效地吸引消费者的注意，大大提高宣传效果。

4. 增强记忆

记忆是人脑对过去感知过的事物的反映，是对经历过的事物和感受由记到忆的一种心理活动过程。对广告信息的记忆是消费者认知、判断、评价商品以及作出购买决策的重要条件。因此在广告的设计与传播中，有意识地增强消费者的记忆是非常必要的。经常采用的争抢消费者记忆的策略有如下几种：

（1）减少材料数量

记忆的效果与广告材料的数量有一定的依存关系。在同样的时间内，材料越少，记忆水平越高。所以，广告的文案应力求扼要、精炼，尤其是广告标题要短小精悍，有一鸣惊人的效果。

（2）适当加以重复

重复是加深记忆的重要手段。人们对事物的记忆往往不是一次就能完成的，而需要经历多次重复的过程。广告可以对有关信息中关键的部分加以重复，可以在同一传播媒介上反复播放同一广告，还可以在不同媒介重复同一广告，以达到强化消费者记忆的目的。

（3）增进理解

理解是记忆的前提。通常，人们对于理解的事物才能深刻记忆，所以广告要根据消费者记忆的特点，善于化抽象的事物为具体的形象，尽量发挥形象记忆的优势。同时通过深入浅出的说明解释，来增进消费者的理解和记忆。

(4) 运用多种艺术形式

广告中适当运用各种艺术表现形式，也能够帮助人们加深记忆。例如，将广告词写成诗歌、顺口溜、对联等形式，可以使人朗朗上口；使用成语、双关语、谐音等，巧妙地说明商品的特性，可以做到语意双关，引人入胜；运用相声、漫画、卡通等形式，使用幽默、夸张等表现手法，会令人忍俊不禁，会心一笑。这些形式可使消费者对广告内容经久难忘。

8.2　人员推销过程中的心理策略

8.2.1　人员推销过程中的心理效应

在商品销售活动中，推销人员所承担的商品销售工作，是在与顾客的双向沟通中完成的，这是营销活动的关键部分。因为在顾客眼中，推销人员是生产企业的代表，是销售企业的窗口和形象的化身，推销员的主体形象对消费者的行为和心理将产生一定的影响。这种影响作用所产生的心理效应主要表现在以下几个方面：

1. 首因效应

首因效应又称优先效应，是指在某个行为过程中，最先接触到的事物给人留下的印象和强烈影响，也称第一印象，是先入为主的效应。首因效应对人们后来形成的总印象具有较大的决定力和影响力。在现实生活中，先入为主的首因效应是普遍存在的，例如，消费者第一次和某位推销员接触，总有一种新鲜感，都很注意对方的仪表、语言、动作、表情、气质等，并喜欢在首次接触的瞬间对一个人做出判断，得出第一印象。如果这种印象是积极的，会产生正面效应；反之，则会产生负面效应。良好的第一印象为营销沟通和消费行为的实现创造了条件；反之，则会使消费者产生消极的情绪，影响消费者购买行为的进行。消费者许多重要的购买决策和购买行为，都与对推销人员的第一印象有关。

2. 近因效应

近因效应是指在某一行为过程中，最后接触到的事物给人留下的印象和影响。消费者完成购买过程的最后阶段的感受，离开推销人员之前的所见所闻和印象及评价，最近一次购买行为的因果等都可能产生近因效应。与首因效应类似，近因效应也有正向与负向之分，对下次购买行为也会产生积极或消极的影响。优质的服务所产生的近因效应是促使顾客经常光顾的动因。

3. 晕轮效应

晕轮效应也称为光环效应或印象扩散效应，是指人们在观察事物时，由于事物所具有的某些特征从观察者的角度来看非常突出，使他们产生了清晰、明显的知觉，由此掩盖了对该事物其他特征的知觉，从而产生了美化和丑化的印象。晕轮效应发生在消费者身上，表现为消费者根据对推销人员某一方面的突出知觉作出了对整个人的判断。如推销员对售后服务的承诺兑现程度如何、接待顾客投诉的态度及处理方式是否认真负责等，这些都会使消费者产生晕轮效应，使之形成对推销员的总体形象的知觉偏差。

4. 定势效应

定势效应是指人们在社会知觉中，常受以前经验模式的影响，产生一种不自觉的心理活动的准备状态，并在其头脑中形成固定、僵化、刻板的印象。消费者对不同的推销人员的个体形象及其评价也有一些概念化的判断标准。这种印象若与消费者心目中的“定势”吻合，将会引起消费者的心理及行为的变化。例如，仪态大方、举止稳重的推销人员，给消费者最直观的感受是“真诚”、“可信赖”，若与消费者的心理定势相吻合，消费者则愿意与其接近，征询他们的意见和接受他们的指导，容易促成交易。反之，消费者对于闪烁其词、解答问题含糊不清、急于成交的推销人员的最直观感受是“不可信赖”，若与消费者的心理定势不相吻合，消费者则会产生警觉、疑虑、厌恶的情绪并拒绝购买。

8.2.2 人员推销过程的心理策略

1. 推销前的心理策略

（1）推销前顾客消费心理分析

顾客由于需要产生购买动机，这种购买动机受时空、情境等因素的制约，有着各种各样的心理取向。

①顾客认知商品的欲望。商品销售以前，顾客最关注的是有关商品的信息。他们需要了解商品的品质、规格、性能、价格、使用方法，以及售后服务等内容。这是决定是否购买的基础。

②顾客的价值取向和审美的情趣。随着社会经济的发展，人们的价值取向和审美情趣往往表现出社区消费趋向的现象。所以，通过市场调研了解社区顾客的价值取向和审美情趣，并以此作为标准来细分市场。

③顾客的期望值。顾客在购买以前，往往对自己要购买的商品有所估量。这种估量可能是品牌，可能是价格，可能是性能，也可能是其他因素。这种估量就是所谓的期望值。随着时代的发展，人们对产品的要求越来越高，企业生产与销售产品，一方面要满足顾客的物质需要，另一方面要满足顾客的心理需要。顾客的购买从生理需求占主导地位正逐渐变为心理需求占主导地位，心理需求往往比物质需求更为重要。因此，推销服务中除了要考虑产品的质量等各项功能外，还要考虑人们的引申需求。推销员在售前服务中应根据顾客的心理特征，有效地把握顾客的期望值。

④顾客的自我意识。自我意识并非与生俱来，它是个体在社会生活过程中与他人相互作用、相互交往、逐渐发展所形成的。所以，要了解顾客的自我意识，为进一步开展推销活动奠定基础。

（2）推销前的心理策略

①了解自己推销的产品。了解自己推销的产品，对于推销工作具有两方面的意义：

a. 只有了解自己推销的产品，才可能帮助顾客。推销是一件帮助别人解决困难的高尚工作，前提是自己有能力帮助顾客解决困难。试想，如果连自己所推销产品的性能、使用方法都不了解，怎么去帮助别人？推销员只有了解、熟悉自己推销的产品，才能详细地向顾客说明产品能带给顾客什么利益，产品能满足顾客哪些需要，由产品的质量、功能所决定，自己推销的产品在满足顾客需求上能达到什么程度。

b. 只有了解自己推销的产品，才能说服顾客。顾客不是专家，因此，推销员要充当优秀顾问的角色，要用自己对产品的了解，帮助顾客理解并接受产品，挖掘出顾客内心的需求。推销员只有了解自己推销的产品，才能圆满地回答顾客提出的疑问，从而消除顾客的异议；只有了解自己推销的产品，才能指导顾客如何更好地使用、保管产品，以使顾客能够重复购买。推销员应掌握的产品知识包括：产品能给顾客带来什么好处；产品的生产方法；产品的用途和使用方法；产品的市场状况，企业的交易条件、售后服务规定、财务结算知识；等等。

②信赖自己推销的产品。首先，要相信产品在特定情景下对特定顾客有帮助。“信赖自己推销的产品”并不意味着你推销的产品是世界上最优秀的产品。在营销理论看来，世界上没有所谓“最好的产品”，只有最能满足特定顾客在特定时间内的特定需要的产品。也许你推销的产品不是同类产品中质量最好的，不是品牌知名度最高的，不是功能最全的，不是外观最美的，但，只要你推销的产品是顾客最需要的产品，你就大可以“信赖自己推销的产品”。你信赖的不仅是产品本身，还包括你的服务以及服务的时机，包括你为顾客提供的便利性。只要产品的让渡价值足够大，你的产品就值得你信赖。因此，“信赖自己的产品”必须做以下几点：一是找到需要产品的目标顾客。没有一种产品是所有顾客都喜欢的，只要你推销的产品没有危害性，而且性价比合理，相信总会有市场。你的任务是找到真正需要产品的人。二是找准推销产品的合适时机。顾客需求强烈，而寻找产品需要付出更多努力时，是产品推销的最好时机。如果你总是在顾客可能轻易获取更好的同类产品的时间或地点推销产品，你当然不会信赖自己推销的产品。其次，要让顾客喜欢你推销的产品，首先得说服自己喜欢该产品。试想一下，如果你对自己推销的产品都没有信心，那你在说服顾客的过程中就不可能真诚地去打动顾客，因为你的语言、声调、眼神、动作都会透出你的心虚与不真诚。人们总是强调推销的技巧，但如果你推销的是一件你自己都不喜欢的商品，那么，一切技巧都只能是用来骗取顾客信任的伎俩。“相信自己推销的产品”应当是发自内心的、真诚的。推销就是说服顾客的过程，推销员必须使顾客相信自己推销的产品能够给顾客带来利益。要说服顾客，必须先说服自己真心地相信所推销的产品能够给顾客带来利益。你对产品充满自信，认为顾客购买产品是幸运，而不购买产品则是损失，这样你才能打动顾客。欧美的推销员提出：“你买它，然后再卖它。”这就是说，你要说服顾客喜欢，首先得说服自己喜欢；你要说服顾客购买，首先得说服自己购买。

③消费教育。以上几点知识是传统的售前服务内容，真正的售前服务还应该更加超前，应该体现在消费教育上，引导消费观念，挖掘潜在消费需求，从而创造现实消费需求。在竞争异常激烈的今天，推销人员可以在售前服务中引入消费教育的服务理念，向顾客传达新的消费知识和消费观念，引导消费，从而实现企业的销售目的。

同步案例 8—2

粽子广告对消费观念的引导

背景资料：

粽子作为一种时令性非常强的传统食品，有着极其鲜明的淡旺季划分，以端午节为中心的前后两个月是粽子的传统旺季，这段时间大约能占到全年销售的50%以上，所以粽子历来的广告运动大战都基本上集中在3月、4月这两个关键时期段。思念竹叶青香粽子也由此打破常规广告操作策略，在侧重端午旺季密度投放的同时，合理规划全年广告行程，参考日常消费品的媒介策略与促销规划，将整合营销推广运动继续开展下去。其中重要的策略之一，就是对于粽子消费观念的引导与改变：①早餐概念：将粽子作为早餐的替代品或补充来确定新的定位。早餐概念的提出打破了只有端午节前后才吃粽子的习惯，倡导了一种新鲜早餐、营养早餐的消费理念，思念粽子的直观属性又一次证明这一概念的正确性；②休闲食品概念：将粽子作为日常的休闲食品、方便食品来定位。随着人们消费水平的提高，休闲越来越成为都市人的一种生活方式，相应的休闲食品市场不断扩大。而思念竹叶青香粽子抓住了这样的消费趋势，予以有利的引导，向顾客传达粽子其实是一种休闲食品的观念，逐渐使其获得顾客的青睐。思念竹叶青香粽子整合推广运动从2003年4月1日开始发起，据河南思念食品股份有限公司初步统计，截至6月20日，2003年已创造销售额为6500万元人民币，不足3个月创造的销售额是2002年全年销售额的2倍多，并且这一销售成绩目前仍然在快速突破中。

（资料来源：毛帅．消费者心理学［M］．北京：清华大学出版社，2009：189.）

问题：

粽子广告是如何打破常规广告操作策略的？

分析提示：

粽子广告在侧重端午旺季密度投放的同时，注重引导与改变人们对粽子消费的观念，引入早餐概念打破了只有端午节前后才吃粽子的习惯，倡导了一种新鲜早餐、营养早餐的消费理念；而且将粽子作为日常的休闲食品、方便食品来定位。

2. 推销中的心理策略

（1）推销过程中顾客心理分析

顾客在接受服务的过程中，大致有以下期望希望得到满足。

①希望获得详尽的商品信息。顾客希望推销人员能对自己所选购的商品提供尽可能详细的信息，使自己准确了解商品，解决选购的疑惑与困难。期望主要表现在：推销人员提供的信息是真实可靠的，不能为了推销而搞虚假信息；提供的信息够用、具体、易于掌握。

②希望寻求决策帮助。当顾客选购商品时，推销人员是他们进行决策的重要咨询和参与者。特别是在顾客拿不定主意时，非常希望推销人员能提供参谋建议，帮助顾客做出正确的购买决策。期望主要表现在：推销人员能站在顾客的角度，从维护消费者利益的立场出发帮助其做出决策；能提供令顾客信服的决策分析；能有针对性地解决顾客的疑虑与难题。

（2）推销中的心理策略

在推销过程中，要满腔热情地投入推销工作。推销工作并不能仅仅依靠技巧，而必须依靠心灵沟通，用热情去感染对方。为此，在推销的过程中要注意以下顺序：推销自己——推销利益——推销产品——推销服务。

①推销自己。现代推销强调的一个基本原则是推销自己。所谓推销自己，就是让顾客喜欢你，信任你，尊重你，接受你。简言之，就是要让顾客对你抱有好感。

在推销活动中，人和产品同等重要。顾客购买产品时，不仅看产品是否合适，而且深受推销员的诚意、热情和勤奋精神的影响。据美国纽约销售联谊会统计，71%的人之所以从推销员那里购买商品，是因为他们喜欢推销员、信任推销员、尊重推销员。如果顾客喜欢你推销的产品但不喜欢你这个人，推销很难成功。因此，推销员必须首先把自己推销给顾客，让顾客乐意与自己接触，愿意听自己介绍，这样才会有推销产品的机会。推销自己可以从以下两方面努力。

a. 向顾客推销你的人品。推销员的个人品质，会使顾客产生好恶等不同的心理反应，从而潜在地影响着交易的成败。向顾客推销你的人品，是指推销员要按照社会的道德规范和价值观念行事，要表现出良好品德，如诚实、热情、勤奋、自信、有毅力、富有同情心、谦虚、自尊、自信等，其中最重要的是向顾客推销你的诚实。首先，介绍产品要实事求是，不能为了推销而搞虚假信息。其次，要遵守诺言。需要注意的是，推销员在不妨碍推销工作的前提下，不要作过多的承诺，同时要考虑自己的诺言是否符合公司的方针政策，不要开空头支票。推销员一旦许下诺言，就要不折不扣地履行诺言，否则会失去客户的信赖。

b. 向顾客推销你的形象。推销人员的外在形象即仪表，包括人的容貌、姿态、衣着、修饰、风度和举止等各方面。心理学认为，客观事物给人的视觉的第一印象是形式感。人们总是从感知事物的外部形态开始，再逐渐认识其本质的。人们在初次接触中，仪表是一个重要的吸引因素，就是我们前面所说的"首因效应"，它影响了人们之间以后的相互关系的发展。推销员为给顾客留下良好的第一印象，推销员应从服饰、谈吐、礼节等方面加强修养。

②推销利益。顾客在购买产品或服务时，购买的不是产品功能，而是产品或服务能够带给他们的利益。但是，在实际推销过程中，许多推销员更愿意畅谈自己产品或服务的特色，认为，客户自己能透过产品特色认识到产品利益。但是，很少有准客户能做到这一点。

a. 利益与特色的概念。利益是指顾客从某一特定产品中获得的具体好处或者避免的损失。而特色是指某产品的突出或明显的品质或性质。在向顾客介绍时应该透过特色阐述利益。利益从范围上分，可分为产品利益、企业利益和差别利益。产品利益，即由产品性能、特点所产生的利益；企业利益，即从提供该产品的企业所获取的利益。顾客一旦购买了公司产品，他就同公司建立了联系。企业需要在企业形象、实力、销售政策、交通条件、售后服务、结算方式等方面强调顾客购买产品后能给顾客解除哪些后顾之忧，顾客能从公司获取哪些利益；差别利益即由本企业提供的、竞争对手所没有提供的利益，如独到的服务、独有的便利条件、独特的货源及加工方法等。这种比竞争对手更有优势的差别利益能够使推销员处于主动地位。

同步案例 8—3

哪位推销员成功的可能性大

背景资料：

有两位煤炭推销员向顾客进行推销，甲介绍说："我矿生产的煤炭水分含量 8.0%，灰分29%，硫分0.47%，挥发分10.5%，发热量20400KJ/kg，水分低、硫分少……”乙则介绍说：“我矿生产的煤炭热稳定性较好，受热时不易爆裂成碎小粉末而增加飞灰和漏煤，极适合你们这种链条式锅炉。另外，含水量8.0%比较适中，煤炭含有适量的水分，可使煤粉粘结成团，减少漏煤损失；挥发分10.5%，在这种炉中能够燃烧净；发热量20400KJ/kg，能保证您厂的蒸气要求……并且，我们有完善的售后服务，如果您的锅炉改造了或需更换新的产品，我们会供应您相应的煤炭以保证您厂锅炉的正常运转。”

（资料来源：刘国防．营销心理学［M］.北京：首都经济贸易大学出版社，2007：370.）

问题：

甲和乙两名推销员哪名推销员成功的可能性大？为什么？

分析提示：

乙推销员成功的可能性大。甲只说明了特色，而乙向用户介绍的是煤炭各种指标与用户利益的关系，容易说到用户心坎上，打动用户。特色和利益是合而为一的，二者不能单独存在。单独陈述特色无法回答顾客“这对我来说到底有什么意义”的疑问，单独强调利益也无法帮助顾客立即实现利益。空谈利益而不谈特色的后果和空谈特色不谈利益的后果一样严重。如何透过特色阐述利益是测量销售成功率的直接工具。

b. 利益推销的步骤。首先，要鉴别产品利益，即要分析自己推销的产品可能给顾客带来哪些利益。其次，要了解顾客的利益需要，对顾客具有最大吸引力的利益是什么。可以把握以下几点。一是顾客需求的心理是不同的，不同类型的顾客对利益的要求是不同的，即使人们购买同一产品，但可能出自不同的购买动机。因此，推销员要敏锐地觉察顾客的需求心理。二是一种产品包含的利益是多方面的，推销员不能面面俱到，应抓住顾客最感兴趣的利益作重点介绍。最后，要把特色转化为顾客利益。转化的基本方法是FABE说明术，其中F代表产品特征；A代表优点；B代表利益；E代表证据，包括技术报告、实验报告、报刊报道、用户来信、用户反映等。简单地说，推销员要找出顾客最感兴趣的各种特征，分析每一特征所产生的优点，找出每种优点能带给顾客的利益，最后提出证据证实该产品确实给一些用户带来很大的利益。

③推销产品。在推销产品时，推销员要根据不同顾客的需求特性和主导欲望，有针对性地进行重点说服，以消除顾客提出的异议。

④推销服务。推销服务是指生产企业或零售企业为已购商品的顾客提供的服务。在市场经济条件下，商品到达顾客手中，进入消费领域以后，企业必须继续提供一定的服务。因为这样可以有效地沟通与顾客的感情，获得顾客宝贵的意见，以顾客亲身感受的事实来扩大企业的影响。该内容在推销后的心理策略中将详细阐述。

3. 推销成功后的心理策略

（1）推销成功后顾客心理分析

顾客在进行购买以后，无论是要求退换商品，还是咨询商品的使用方法，或是要求对商品进行维修等，他们的心理活动是各不相同的，其心理状态表现为以下几个方面：

①评价心理。顾客在购买商品后，会自觉不自觉地进行关于购买商品的评价，即对所购商品是否满意进行评估，进而获得满意或后悔等心理体验。

②试探心理。由于主观和客观的多种因素，顾客对所购商品的评价在购买的初期可能会出现不知是否合适的阶段，尤其以大件和新产品居多，甚至有些顾客希望退换商品。但他们提出要求指出商品的问题时，往往具有试探的心理状态。

③求助心理。顾客在要求送货安装、维修商品、询问使用方法和要求退换商品的时候，多会表现出请求推销员给予帮助的心理状态。

④退换心理。当购买的商品被顾客确定为购买失误或因产品质量出现问题时，顾客会产生要求退换商品或进行商品维修的心理状态。

（2）推销成功后心理策略

①真正的销售始于售后。销售，是一个连续的活动过程，只有起点，没有终点。成交并非是推销活动的结束，而恰恰是下次推销活动的开始，在成交之后，推销员要向顾客提供服务，以努力维持和吸引顾客。大批忠诚的顾客是推销员最重要的财富。

②要保持与顾客的定期联系。优秀的推销员应当坚持与顾客保持有计划的联系：详细地记录每位顾客所订购的商品名称、交货日期，以及何时会缺货等项目。货物发出后，要询问顾客是否收到货物以及产品是否正常使用；在产品保修期满之前通知顾客带着产品作最后一次检查，外出推销时前去拜访买过产品的顾客等。

③正确处理顾客抱怨。顾客抱怨是每个推销员都会遇到的事情，产品再好，也会受到挑剔的顾客的抱怨。不要粗鲁地对待顾客的抱怨，能够抱怨的顾客才是企业产品永久的买主。所以，倾听顾客的不满，是推销工作的一部分，并且这一工作能够增加推销员的利益。对顾客的抱怨不加理睬或对顾客的抱怨错误处理，将会使推销员失去顾客。面对顾客的抱怨，推销员应该采取的正确态度是：

a. 感谢顾客的抱怨。顾客的抱怨使你有机会知道他的不满，并设法将问题予以解决。这样做不仅可以赢得一个顾客，而且可以避免他向亲友诉说，造成更大的伤害。

b. 仔细倾听，找出抱怨所在。尽量让顾客畅所欲言，把所有的怨愤发泄出来。这样，既可以使顾客心理得到平衡，又可以知道问题所在。

c. 收集资料，找出事实。要站在客观的立场上，找出事实的真相，公平处理。

d. 征求顾客的意见。投诉大都属于情绪上的不满，由于你的重视、同情与了解，不满就会得到充分宣泄，这时顾客就可以毫无所求，而可能仅仅是象征性地要一点补偿，棘手的抱怨问题就可圆满解决。

e. 迅速采取补偿行动。拖延处理会导致顾客产生新的抱怨。

④向顾客提供服务。推销是一种服务，优质服务就是良好的销售。只要推销员乐于帮助顾客，就会与顾客和睦相处，为顾客做一些有益的事，就会造成非常友好的气氛，而这种气氛是任何推销工作顺利开展所必需的。

同步实训8—2

推　销　实　践

［实训目标］

掌握客户对人员推销的心理反应以及采取的对策。

［实训内容］

参加一次商品推销实践，掌握推销过程的心理对策与影响因素。

［实训操作］

(1) 学生独立进行。

(2) 利用节假日，参加一次商品推销实践。

(3) 实践结束后，总结客户对人员推销的心理反应以及自己所采取的心理对策，并写成报告。

(4) 在班级交流，并由老师点评。

［成果要求］

(1) 每组撰写一份《××商品推销实践报告》，报告要说明调查时间、调查方式、调查过程、调查结果分析和启示。

(2) 根据每位同学调查报告的质量，及实践中成员完成任务情况，评定每个同学的实训成绩。

本章知识脉络

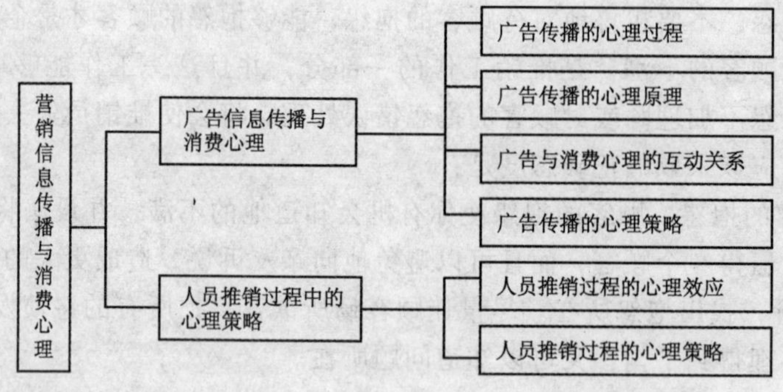

本章导入案例点评

好的广告创意，不仅能引起消费者的注意，而且可以激发其购买欲望。家乐福把“自由”比作空中飞翔的“海鸥”，充分利用了事物之间的联系，启发了消费者的联想，刺激消费需求的心理作用。

思考与练习

1. 理论题

(1) 单选题

①在设计售点广告时，广告主题应对准消费者的（　　）。

A. 现实需要　　B. 潜在需要

C. 优势需要　　D. 一般需要

②广告的基本功能是(　　)。

A. 消费　　B. 促销

C. 沟通　　D. 传播

③商业广告的诱导功能主要是(　　)。

A. 引起消费者的好奇　　B. 激发消费者的购买欲望

C. 改变消费者的态度　　D. 提供商品知识

④下列关于广告与消费心理的关系说法不正确的是（　　）。

A. 消费需求是广告产生的直接原因

B. 广告是满足消费需求的重要途径

C. 广告定位的立足点是消费心理

D. 广告引导消费，所以广告支出越多，消费量就越多

⑤不能引起消费者注意的心理策略是(　　)。

A. 加大刺激的强度　　B. 加大刺激元素间的对比

C. 利用刺激物的运动变化　　D. 启发联想

(2) 多选题

①商业广告传播功能的表现是(　　)。

A. 传播商业信息　　B. 增强商品影响力

C. 吸引消费者的注意　　D. 提高消费者的兴趣

②广告传播的心理策略包括（　　）。

A. 引起注意策略　　B. 启发联想策略

C. 增进情感策略　　D. 增强记忆策略

③广告需要增进（　　）的情感。

A. 信任感　　B. 美观感

C. 安全感　　D. 亲切感

④广告可以通过（　　）方法增强目标受众的记忆。

A. 减少材料数量　　B. 适当加以重复

C. 增进理解　　D. 运用多种艺术形式

⑤人员推销的心理效应主要有（　　）。

A. 首因效应　　B. 近因效应

C. 晕轮效应　　D. 定势效应

(3) 判断题

①定势效应是指人们在社会知觉中，常受以前经验模式的影响，产生一种不自觉的心理活动的准备状态，并在其头脑中形成固定、僵化、刻板的印象。（　　）

②“信赖自己推销的产品”并不意味着你推销的产品是世界上最优秀的产品。（　　）

③推销就是说服顾客的过程，推销员必须使顾客相信自己推销的产品能够给顾客带来利益。（　　）

④在广告宣传中，充分利用事物之间的联系，启发消费者的联想，无疑能起到消费者回忆、提高记忆效果、刺激消费需求的心理作用。（　　）

⑤在一定限度内，广告中刺激物各组成部分的对比度越大，人们对刺激物所形成的条件反射就越明显。 （ ）

（4）简答题

①简述广告传播的心理准则。

②简述在广告传播中引起注意的策略有哪些？

③简述人员推销过程中的心理策略。

2. 实务训练题

【案例分析1】

案例资料：

请得假王妃，引来众顾客

戴安娜是英国王妃，其美貌绝伦，仪态超群，令绝大多数英国人为之仰慕倾倒。1985年，戴安娜与查尔斯王子举行婚礼，成为轰动英国和全世界的新闻。其时伦敦有一家濒临倒闭的珠宝店老板灵机一动，认为如能抓住公众对王妃结婚盛典的专注心理，导演一出绝妙的广告剧，必定能使濒临倒闭的珠宝店摆脱危机，大发其财。于是，他挖空心思地找到了一位酷似戴安娜王妃的模特儿，对她的服饰、发型、神态、气质各方面作了一番煞费苦心的模仿训练。

一天晚上，这家珠宝店灯火辉煌，老板衣冠楚楚，神采奕奕地站在店门口，似乎是在恭候要人光临。此举顿时吸引了过路行人，他们驻足观望。不一会儿，一辆高级轿车缓缓停在门口，“戴安娜王妃”从容地从车上走下，嫣然一笑，向聚拢来的行人点头致意。崇拜戴安娜王妃的众人都蜂拥而上，想一睹王妃的翩翩风采。有的青少年还为吻了“戴安娜王妃”的车而得意非凡。事先接到珠宝商暗示有“佳宾”光临的电视台记者，急忙打开摄像机。警察怕影响王妃活动而急忙维持秩序。珠宝店老板此时则笑容可掬地感谢“王妃”的光临。彬彬有礼地接待“王妃”参观，店员相继向王妃介绍项链、耳环、钻石、翡翠等各种贵重珠宝首饰。“戴安娜王妃”面露赞许之色，满意地挑选了几件。

第二天，电视台便播放了这段新闻录像，因受老板的关照，被蒙在鼓里的记者把它拍成“默片”，自始至终没有一句解说词。屏幕上出现的是热烈非常的场面和珠宝店的地址。

电视录像播放后，震动了全伦敦城，人们纷纷传播这一新闻，崇拜戴安娜王妃的青年人更是爱屋及乌，络绎不绝地跑到这家珠宝店来抢购“戴安娜王妃”称赞过的各种珠宝首饰。原来门可罗雀的珠宝店一下子变得门庭若市、生意兴隆起来，几天的营业额远远超过开业多年的总和。

但这则新闻惊动了皇家发言人，他郑重声明：“经查日程安排，戴安娜王妃并没有去过那家珠宝店。”发了财的珠宝店老板却振振有词地说：“电视片中没有一句话，我也没有说贵宾就是戴安娜王妃，这在法律上不能构成欺君之罪，是围观的公众想当然地把模特儿当作王妃了。”

（资料来源：廖晓中．消费心理分析［M］．广州：暨南大学出版社，2009：172.）

设计问题：

(1) 该商店老板的广告满足了消费者的什么心理？是否违法？

(2) 该案例给你以什么启示？

(3) 商店老板运用了什么广告心理策略？

【案例分析 2】

案例资料：

雕牌的翅膀——广告

有人说："雕牌是靠广告起飞的"，请分析一则纳爱斯公司雕牌洗衣粉的精美广告：新版的纳爱斯雕牌洗衣粉广告语是"经历过，才能明白，努力就有机会！"这句广告语借用刘欢那首脍炙人口的《从头再来》的曲调，伴着激昂向上的旋律，响彻人们耳畔，给予逆境中的人一种生命的冲动，同时电视画面上一组组再就业典范，强化着生命再生的内涵，这则广告在央视媒体上滚动播出，收到了预料中震撼人心的效果。

设计问题：

(1) 这则广告运用了什么策略？

(2) 请分析这则广告的受众会有什么样的心理需求与消费习惯？

【业务模拟训练 1】

拟定一则广告

训练目标：

在广告构思及传播的过程中，如何准确抓住消费者的心理。

训练内容：

从下面产品中选择一种，针对一个特定的细分市场拟定一则广告，在广告中指出你的品牌将满足消费者哪些需要。

运动鞋　手提电脑　手机　MP3

训练操作：

(1) 学生每 3—5 人一组，选择恰当的产品。

(2) 小组准备调查问卷并对周围同学进行调查分析。

(3) 在调查分析的基础上进行市场细分并拟定广告。

(4) 在讨论的基础上，写出广告策划报告。

(5) 各小组派代表向全体同学陈述其广告策划报告。

成果要求：

写出《××产品广告策划报告》，重点说明消费者的心理特点及广告构思的精、巧、美。

【业务模拟训练 2】

广告心理策略分析

训练目标：

掌握广告策划与消费行为的关系。

训练内容：

列举一个比较熟悉的广告，分析其广告心理策略。

训练操作：

(1) 学生每3—5人一组，选择一个比较熟悉的广告。

(2) 讨论分析其创意以及引起顾客注意、激发顾客购买欲望的精髓是什么？

(3) 在讨论的基础上，写出广告与消费心理报告。

(4) 各小组派代表向全体同学陈述其广告策划报告。

成果要求：

写出《××产品广告与消费心理分析报告》，重点说明消费者的心理特点及广告构思的精、巧、美。

第9章
营销环境与消费心理

知识要点 （1）商店选址、招牌、标志、橱窗设计等外部环境设计与消费心理、商品陈列、商场照明、色彩、音响、温度、湿度等内部环境设计与消费心理；（2）营业人员的基本素质与消费心理；（3）柜台接待及服务技巧与消费心理。

能力目标 （1）了解商店选址、招牌、标志等外部环境设计对消费行为的影响；（2）熟悉商品陈列布局、商场照明、色彩等内部环境设计与消费心理的关系；（3）明确营业员的基本素质对消费心理的影响，引导消费者进行合理消费。

导入案例

小张为什么喜欢逛商场

小张是典型的逛街一族。她喜欢逛商场，每逢周末，只要没有其他的事情，逛街总是她的首选。她最喜欢去的商场是太平洋百货，因为他喜欢那里的风格，名牌林立，淡雅的色彩，背景舒缓的轻音乐，空气中弥散的沁人心脾的香味，售货员化了妆的青春的面容，还有许多从身边走过，打扮入时的女孩子，从她们身上，可以轻而易举地知道今年流行什么样的鞋子，什么样的长裤，还有裙子的长短、款式，这为她如何装扮自己提供了很好的参考……她并不是每次都会买东西，但即使是闲逛，她也喜欢待在这里，因为她觉得置身这样的环境里，就是一种享受，无论她有多疲惫，或是心情有多糟，只要一跨进商场的大门，她就会立刻精神焕发，力量倍增。连她自己也不知道这股神奇的力量从何而来。在越来越多的都市女性把逛商场作为休闲、享受的一种方式的时候，一个好的购物环境会给消费者留下美好的印象，吸引消费者流连忘返，引起消费者的购买欲望，进而影响其购买行为。因此，研究购物内外环境对消费心理的影响，是消费心理学所要研究的一个重要的问题。

（资料来源：李晓霞．消费心理学［M］.北京：清华大学出版社，2010：162.）

消费者通常在一定的购物环境中实现购买行为，购物环境的优劣对消费者的购买过程中的心理感受具有多方面的影响。从心理学的角度看，人们对事物的认识是由表及里，由感性到理性，逐步认识其本质的过程。在营销活动中，一个好的购物环境会给消费者留下美好的第一印象，引起消费者的购买欲望，进而影响其购买行为。因此，研究购物环境及其对消费心理的影响是非常必要的。

9.1 商店外部环境设计的心理功能

9.1.1 商店选址与消费者购买心理

商店选址，就是对商店建筑应处的地理位置的选择。商店选址是从市场营销的角度出发，权衡顾客需求与商业利益的商业布局安排。它与消费者的购买心理密切相关，直接关系到经营能否成功。要实现企业的经营目标，商场选址要综合考虑所选定区域、经营商品种类、商场类型及消费者的需求心理等诸多因素，并兼顾现在与未来的发展趋势。

1. 区域与选址心理

商场选址要综合考虑所在城市的区域人口因素、地理因素、地段因素，并掌握与此相关的顾客心理。

（1）商场区域聚焦心理

商场选址首先应了解区域内人口是否密集，顾客人数是否足以形成市场，是否具有一定数量的目标消费群体。在城市中被大家所认可的商业中心，由于商家聚集，成为本市或旅游者购物和休闲的必经之地，会形成一个规模巨大、高密度的顾客群，形成商业经营中的“马太效应”。即消费者在一处营业环境中购买和消费时，他们可能同时会在附近的营业场所游览、观光或消费，并可能产生购买行为。一般消费者都有从众心理，商店越密集、单位时间的人流量越多，越容易引起消费者的购买兴趣，越容易形成购买行为。所以，城市区域内传统的商业街，因人口密集，商家聚集，从而满足商场选址的理想条件。但是由于这些地段都属于一个城市的“黄金地段”，因而企业经营成本比较高，适合以销售中高档的产品为主的专卖店和大型的购物商场进入。

（2）交通便捷心理

影响消费者购物心理的一个重要的条件就是购物的便捷性，因此公共交通条件是影响营业环境的最重要的外部因素。交通条件越方便，消费者购买商品的心理体验越愉悦，消费者购买的积极性越高。所以选址要选择交通比较便捷、进出道路比较畅通、商品运输安全省时、主要顾客购买路程不远或乘坐公共汽车站数不多且不必换车的地方。

（3）最佳位置心理

在一条商业街内不同的位置会给消费者以不同的心理效应，企业在商业区域选址时，切不可盲目设店，如果有意识地按照以下几点选址，也许可以达到事半功倍的效果。

①寻找商眼。每个商业街都有“黄金漩涡点”。这个商眼是消费者在街上不自觉地停留的地方，是这条商业街上最宝贵的地段。商眼的位置一般不在商业街的中心位置，而是在商业街全长约 2/3 的地方，即商业街全长的“黄金分割点”。

②寻找方位。我们国家的人在交通规则中习惯靠右走，因而在商业街中大家也是不自觉地按照这一点先去右侧的购物场所购物。在商业街的主入口的右侧一般客流量要远远高于左侧。所以确定商业街的主入口，尽量选取右边的方向会对商场地址的选择有帮助。

③排列规律。在一般商业街，商店的排布有较强的特点，在商业街入口的地方一般是一些小的专卖店，100 米之后，规模渐次扩展，到了接近 1/2 处的地方出现中型商铺，而真正的热销区域，在全街总长的“黄金分割点”，这里一般是大型购物商场。企业应根据自身特点按照商业街不同的距离和位置进行选址。

2. 商品与选址心理

商场选址除考虑地理区域等因素之外，还要分析商品性质、顾客的消费习惯等特点，准确选择面向目标区域顾客的商品门类或商品价格定位。

（1）商品性质与消费心理

商品性质与人们的消费心理有非常密切的关系。如销售日常生活用品的超市应设在靠近居民区中间的地段，以方便居民日常购物消费的需要；黄金饰品、钢琴等贵重物品应设在与高档商店相毗邻的地段，以适应顾客购买高档物品时对商场档次、商场信誉、外部环境的心理要求。

（2）商品价格与消费心理

商品价格的高低与其周围居民的消费品味、消费水平有直接的联系，应根据顾客对商品价格的需求心理选择店址。高档文化艺术类商品、高档生活消费品的商场应设在高收入顾客群生活地段或商业街。

（3）消费习俗与消费心理

不同地区、不同民族的人们消费习惯各不相同。商场选址要根据商品的特性，考虑人们消费习俗的不同，因地而异。如北方毛皮商店兴盛，南方则不宜开设；西部地区的贵州四川等地广设辣味专营店，而在其他地区则不宜多设。

3. 商场类型与选址心理

在商业发达的地区，顾客购物除考虑商品因素外，商场类型往往是重要的选择因素，可从以下几个方面进行分析。

（1）业态分布与消费心理

业态是指商业服务于某一顾客群或某种顾客需求的店铺经营形态。目前中国的零售业态主要有百货商店、超市、便利店、仓储商店、折扣店、专业商店等多种类型，顾客对不同业态的店址需求心理有差别。如标准食品超市应贴近居民区，以居民区的常住居民为主要顾客群，并与大型超市保持一定距离；大型综合超市应选在城乡结合部、住宅区、交通要道；便利店应在居民住宅区、主干线公路边以及车站医院、娱乐场所、机关团体企事业单位所在地；百货商场选在在城市繁华区、交通要道。

（2）竞争环境与消费心理

商场周围竞争环境是影响顾客心理的重要因素，是商场选址心理的重要组成部分。商场选址要考虑业种、业态分布，或与其周围的其他商品类型相协调，或能起到互补作用，或有鲜明特色。同类小型专业化商家接壤设店，可形成特色街，吸引人气。这可以满足顾客到特定商业街购物时怀有的特定心理预期。如果一家珠宝玉器商店孤零零地开在汽车配件一条街中，则谁也不会相信它能够招徕购买玉器的顾客。

(3) 配套场所与消费心理

顾客在商场购物中要求获得配套服务，因此商场在选址中要同时考虑配套场所。比如，仓储式会员店一般停车场面积与营业面积之比为1∶1，以方便频繁的进货与顾客大批量购物后的用车停放；以低廉价格销售商品的大卖场可设在市郊结合部，以便在配备与营业面积相适应的宽敞的停车场的同时，享受较低的价格。尽管路远一些，但它可以低价取胜，满足顾客的求廉心理。

9.1.2 商店招牌与消费者购买心理

1. 门面与消费者购买心理

(1) 店门

商店的门面是一个商店的“面孔”及构成商店形象的关键部分。它的设计风格对消费者最初主观地判断商店的新旧、优劣、大小等有很大影响。具有新颖独特风格的门面，可以吸引消费者进店，哪怕是不购买产品，也要进店来欣赏一番。店门设计应注意以下几个方面：

①设计风格。店门的设计风格不同，给消费者的心理感受也不同。例如，新颖独特风格的店门会给消费者一种与众不同的心理感受，简洁明快风格的店门会给消费者一种现代气息的心理感受，古老庄重风格的店门会给消费者一种古朴典雅的心理感受，民族特色风格的店门会给消费者一种地方情调的心理感受。因此，商店应根据自己的经营特色或产品特点等因素来设计店门。

②店门的开放度。店门的开放度与商店的经营品种直接相关，经营品种不同，店门的开放度也有所不同。一般来讲有以下几种开放形式：

a. 封闭型。一些专业性强的商店，如经营宝石、玉器、金银首饰、名人字画、古董工艺品的商店，在保护这些贵重产品不受店外空气尘埃污染的同时，也创造了一种幽静、舒适、典雅的环境，以便顾客在不被打扰的环境中精心选购。

b. 半开放型。一些经营服装、化妆品、布料、手表的商店以及大中型百货商店或商场，为了提高空调效果，隔音防尘使室内安静、舒适、时髦、显贵，需要将店门设计成半开放型。

c. 全开型。一些经营食品、水果蔬菜、大众百货的商店为了让消费者不用进到店里就可对店内商品一览无余，以此引发消费者的消费需求，或者为了让消费者进出方便，无约束感，而将店门设计成完全开放型，并且不设橱窗。

d. 通道型。一些日杂商场、菜场、农贸市场将商店两头的店门全部开放，以便顾客以及小型非机动车辆通行，同时形成方便、自由的感受。

③颜色。店门是消费者进入商店的必经之路，整个门面装饰配以什么色调，直接影响到消费者的心理感受，进而影响到消费者是否进店的抉择。因此，商店门面装饰颜色的配置应注意：与商店建筑风格相一致，与周围环境相协调，与消费者心理要求相符合，与经营特色相匹配，冷暖色对比搭配要和谐。

(2) 对联

商店张贴或悬挂对联，在我国已有悠久的历史。一副构思精巧、意境深远、语词凝练的对联，再配上精湛的书法或其他别具特色的工艺美术（如镶嵌、表饰等），不仅能引起消费者的浓厚兴趣而驻足观赏，而且还能提高商店的名气和声誉。

①能帮助消费者认识商店。有不少商业对联都是根据本店的经营特色来写的，消费者在驻足欣赏的过程中，便可知道该店的经营范围和基本宗旨。例如，“客上天然居，居然天上客”，“天然居”是北京海淀区的一个餐馆。消费者一看对联便可大体知道该店的经营范围和经营宗旨。

②能博得消费者的好感。情真意切的商业对联能给人一种亲切感。例如，“但愿世间人无病，哪怕架上药生尘”（药店），卖药人不是为赚钱而卖药，而是为了人们身体健康而卖药。像这样的对联，不仅能博得消费者的好感，而且还能达到招徕顾客的目的。

③能给消费者以美感。对联是中华民族文化的精华，被誉为“诗中诗”。如“美味招来云外客，清香引出洞中仙”（餐馆）、“茶香高山云雾质，水甜幽泉霜雪魂”（茶馆）。这些对联的构思精巧，意境深远，音韵和谐，文字巧美瑰丽，读者心旷神怡，令人赏心悦目，给人以美的享受。

2. 招牌与消费者购买心理

招牌是商店的名称，它是用以识别商店、招徕生意的标记。消费者在购买商品时，总是先寻找招牌，再实现自己的购买行为。一块设计出色的招牌，往往能激发消费者美好的联想和想象。所以，具有高度概括力与吸引力的商店招牌，对消费者在购买活动中的视觉刺激和心理活动的影响是十分明显的。

（1）招牌设计和命名的心理方法

目前，招牌命名的方法多种多样，设计的形式各具春秋，广告化、立体化和艺术化的招牌也不断涌现。然而，要使招牌充分发挥其心理作用，除了讲究形式、用料、构图、造型、色彩等方面能给消费者以良好的心理感受外，更重要的是在命名方面多下功夫，要力求言简意赅，清新不俗，易读易记，具有较强的吸引力。为了达到这一效果，招牌的命名一般可采用以下几种心理方法：

①与经营特色或主营产品属性相联系。这种命名方法能起到引导和方便消费者的作用，能反映商店的经营范围和特点，能使消费者易于识别购物的去处，达到招徕顾客的目的。如：“光明眼镜店”、“亨得利钟表店”、“红袖服装店”等。这种命名很直观，让人一目了然，消费者可以直接根据招牌命名作出购买商品和购买地点的选择。这样的招牌具有引导消费者购买的作用，可以满足消费者求速、求便的心理需求。

②与服务精神或经商格言相联系。用这种方法命名，除了能反映商店文明经商、讲究信誉、诚心诚意为消费者服务的商业道德外，还能使消费者产生信任和可靠的心理感觉。例如：“薄利饭店”反映了经营者实行薄利经营的服务宗旨；“一分钟照相馆”反映了经营者服务迅速，方便顾客的经营理念。

③与名人、名牌商标或象征高贵事物的词语相联系。追求高级、华贵、高雅是某些消费者特有的心理倾向。随着收入水平的提高，现代消费者不仅追求“名牌商品”，同时也追求“名牌商店”。例如专营名人字画的“荣宝斋”，其店给人的感觉是温文尔雅，容易诱发消费者的购买动机，对求名、求奢心理强烈的消费者具有极大的吸引力。

④与享受意境或美好愿望相联系。这种命名方法通常能反映经营者乐意为消费者的生

活增添乐趣，同时包含对消费者的良好祝愿，引起消费者有益的联想，从而对经营者产生亲切感。如“陶陶居”，寓意来这里定能沉醉于乐陶陶的环境中。又如“经典咖啡馆”，寓意来此品尝咖啡的情侣们获得经典的爱情。

⑤激发消费者的兴趣或好奇心理。情感动机是一种重要的购买动机，好奇心能引起兴趣、渴望、快乐、喜欢、满足等情感，容易诱发消费者购买商品的欲望。如浙江宁波开明街人民电影院附近有一家小店的招牌上画一只小缸、一只白鸭和一条黄狗，来往行人看了无不好奇，进店方知是家汤团店。因原店主名叫江阿狗，经营有方，创出名牌老店，现在的招牌是依原主人名字的谐音而画的。如此新鲜有趣的招牌，常使小店顾客盈门，远近闻名。香港一百货店老板用自己的巨幅照片作招牌，也引来顾客纷纷进店以一睹其真面目为快。

（2）商店招牌设计的艺术表现形式

有了良好的商店招牌命名后，还需配以良好的艺术表现形式。艺术表现形式较之命名给消费者的视觉感受更为强烈，因而是招牌设计中不可忽视的重要问题。招牌倘若在构图、用料、造型、色彩、书写、格调等方面设计别致，表现完美，具有艺术性，就可以给消费者赏心悦目、品味高雅、别具一格、亲切自然等心理感受，从而与良好的命名相得益彰，取得良好的心理效果。招牌的艺术表现形式多种多样，常见的有以下三种。

①请名人或书法家题写店名。名人题字可以提高商店的知名度，书法家题写店名可以增加艺术效果，如沈阳中街的“天益堂”药房就是著名的老一辈革命家薄一波所题。

②采用立体化的艺术造型。采用立体化的艺术造型可使字体与背景的色彩对比鲜明、醒目。

③使用霓虹灯、灯箱、电子显示牌等新型材料。这样的艺术表现形式容易吸引消费者的目光，且很有时代感。

同步案例 9—1

处于大栅栏的同仁堂药店

背景资料：

北京“同仁堂”乐家老铺创立于1669年，位居旧中国四大药店之首，分号遍布全国各地，素以工制丸散膏丹著称于世。清代乾隆年间，“同仁堂”已誉满京都，进入近代更获得供奉御药房用药的“皇家药店”之优势地位，长期占据我国药业的第一把交椅。

“同仁堂”虽以经营传统产品而闻名于世，但并不故步自封，而是注重采用先进的营销方法，除旧布新，以奇取胜，使企业保持了旺盛的进取势头。“同仁堂”店处大栅栏内，地理位置很不理想。为了克服地处偏僻之处的不足，他们在大栅栏胡同东口竖立起一座金光闪闪的铜牌楼，上面写有斗大的“同仁堂药店”五个字。人们一看到牌楼上的字，便知道鼎鼎有名的“同仁堂”在胡同里面。旧时的北京，市政荒疏，没有电灯照明，晚上一片漆黑，污秽遍地。“同仁堂”别出心裁，巧妙地利用中华民族挂红灯笼的传统习俗，在北京的一些主要街头巷口挂起红灯笼，五只一排，每只上书一个金色的大字，合起来就是“同仁堂药店”，使店铺的名号深深印入人们的脑海。这种别致典雅的宣传手法，成为北京最早的市政广告。

（资料来源：廖晓中．消费心理分析［M］.广州：暨南大学出版社，2009：222.）

问题：

"同仁堂"是如何营造自己良好的外部经营环境的？

分析提示：

在现代商业经营活动中，商店外部的门面装饰、招牌设计、橱窗布置等，商店内部的商品陈列、灯光照明、色彩运用等，都是消费者对商店产生第一印象的重要客观条件。"同仁堂"为了克服地处偏僻之处的不足，采用金光闪闪的招牌和红灯笼灯箱广告牌，吸引消费者的眼球，给消费者留下深刻的第一印象。

9.1.3　商店标志与消费者购买心理

1. 标志的心理功能

所谓标志，是以独特造型的物体或设计的色彩附设于商店的建筑上而形成的一种特别载体。在现代商店外观设计中，标志具有多方面的心理功能。

（1）标志是商店的主要识别物

由于标志通常设计独特，个性鲜明，为一家商店或企业所独有，因而成为商店的主要识别物。消费者仅从标志上即可对各种商店加以辨认和区别。尤其在由多家商店组成的连锁经营方式中，标志更成为连锁组织的统一代表物。

（2）标志是商店或企业形象的物化象征

现代商店标志往往具有丰富的内涵，是商店或公司经营宗旨、企业精神、经营特色等理念与识别形象的高度浓缩和象征。标志的视觉刺激，可以向消费者传递有关企业理念的多方面信息，使消费者获得对该企业或商店形象的初步了解，并留下深刻印象。

（3）标志是特殊的"广告"

标志如同招牌、橱窗等外观要素一样，还具有重要的广告宣传功能。它通过不间断地强化消费者的视觉感受，以引起过往以及一定空间范围内众多消费者的注意和记忆，从而成为招揽顾客的有效宣传手段。

2. 标志设计的心理要求

为充分发挥标志的心理功能，在设计标志时，应充分适应消费者的心理特点，体现以下基本要求。

（1）独特

避免相似或雷同是标志设计的基本要求。对于消费者来说，一家商店的标志应当是独一无二的，为此，在设计商店标志时，应力求构思巧妙，独具匠心。

（2）统一

一般来讲，连锁店或企业集团内各个分店或分支机构的标志必须是统一的。不仅如此，标志的字体、造型、色彩等还应与企业的形象识别系统相统一，不但要与其中的视觉识别系统如标准色、标准字等保持一致，而且应尽可能体现理念及行为识别系统的内涵与要求，以使消费者从标志中感知到企业或商店的整体形象。

（3）鲜明

标志的色彩应力求鲜明，以便形成强烈的视觉冲击效果，给消费者留下深刻印象。如麦当劳快餐店的红黄对比、肯德基快餐店的红白对比等，对比鲜明，效果良好。

(4) 醒目

除造型独特、色彩鲜明外，标志在形体大小和位置摆放设计上还应做到醒目突出，能够让消费者迅速辨认出。为此，标志的形体与商店外观保持协调的前提下，应以大型为宜，且一般应树立在建筑物顶端或商店门前。

9.1.4 橱窗设计与消费心理

商店橱窗，是在商店沿街的窗户内设立的玻璃橱窗，把所经营的重要商品，按照巧妙的构思设计，通过布景道具和装饰画面的背景衬托，并配合灯光、色彩和文字说明，排列成富有装饰性和整体感的货样群，从而进行商品介绍和商品宣传的综合艺术形式。具有特色的、美轮美奂的橱窗设计，不但能令人驻足观赏，更能烘托出所售商品的卓越品质，有助于推销橱窗中所展示的商品。相关调查结果显示，80%成功出售的钻戒都是顾客直接从橱窗中挑选出来的，这足以证明橱窗的促销作用不容忽视。此外，橱窗设计在商场整体的装饰中也发挥着重要的作用。因此，橱窗布置从设计策划到着手陈列均不能掉以轻心。

1. 橱窗的心理功能

(1) 唤起注意

随着新产品不断推向市场，商品品种越来越多，人们面对琳琅满目的商品，目光常常是游移不定的，他们喜欢四处观看，橱窗、招牌、店门等都在他们的视觉范围之内，其中，商店橱窗往往能最先引起消费者注意，直接刺激消费者的视觉器官，引起他们的注意。

(2) 引发购买兴趣

橱窗的最大特点是以商品实物的形态向顾客展示，商品以此推荐，形象而又生动。在吸引人们视觉的同时进而激发消费者情绪上的兴趣，使顾客产生想要进一步对商品进行了解的愿望。

(3) 激发购买动机

橱窗展示具有特殊的丰富表现手法，光线、色彩、造型手段全方位地运用可以淋漓尽致地将商品的形象、性能、功用加以渲染，让人产生这是一种无与伦比的美妙商品的感受。消费者的购买动机从注意到兴趣的积累，往往会逐渐形成一种欲望，想象中的自己也变成了画面中的主角，身临其境般潇洒自如，于是忍不住产生“心动不如行动”的焦虑，促使人们最终想要购买。

2. 橱窗设计的心理方法

橱窗设计要发挥橱窗对消费者的心理影响功能，一般可采用下面的方法。

(1) 突出主营产品特点，激发浓烈购买兴趣

橱窗是消费者了解产品经营情况的窗口。因此，橱窗布置的重要心理方法就是要突出主营产品，把商品的主要优良品质或个性特征清晰地显示给消费者，激发他们的购买兴趣。为达到这一目的，橱窗陈列产品首先应选择能引起消费者注意并能产生兴趣的流行性产品、新上市的产品，以突出主营产品、热门产品和新产品为主。其次，还应根据陈列产品的性质、用途和特点，考虑产品的展示形式和摆放位置，使各种产品都得到充分显示，

并能构成各种形状的表现面或使用状态。另外，对新产品还要配以生动具体的图文说明，这样的橱窗陈列既可以给消费者一个经营项目的整体印象，又可以突出个别产品的独特风格，还可以使消费者产生新鲜感、亲切感和购买兴趣。

（2）塑造整体艺术形象，诱发强烈购买欲望

综合性的橱窗陈列必须考虑整体的艺术搭配。总体来说，就是要认真研究消费者的审美趋势，要从消费者的求美心理出发，将橱窗内种类繁多、形状不一的各种产品进行整体艺术构思，并运用各种艺术手段，进行生动、巧妙、别致而有序地组合，使之形成一个整体的艺术群雕。

（3）利用景物间接渲染，增强和坚定购买信心

橱窗布置除了商品实体外，还运用布景、道具、灯光、画面装饰等作为背景衬托，以增强橱窗的整体美感，并能达到以景抒情、以情感人的良好效果。一般可从商品的名称、性能、产地、原料、用途、使用对象和使用季节等有关方面，挖掘其内在的联系，抓住最能描绘渲染商品的某个方面进行丰富的想象，创造出诱人的意境。此外，为方便选购和吸引顾客，可布置儿童游乐场等设施，创造更佳的购物环境。

9.2　商店内部环境设计的心理效应

优雅、舒适和友善的店内购物环境，可以使消费者从容选择，顺利完成购买活动，并留下对商店的良好印象。商场的商品陈列、灯光、音响、照明和色彩以及温度、湿度等都会对消费者的心理产生一定的影响。

9.2.1　商品陈列与消费心理

消费者走进商店后最关心的自然是产品。产品陈列是否美观，陈列位置是否有利于消费者迅速寻找，都直接影响到消费者的心理感受。因此，产品在陈列时要做到与消费者的选择、习惯心理相适应。

1. 陈列高度适宜，易于消费者观看感受

消费者进入商店后，首先会环顾商店内的货位分布、产品陈列等，获取一个初步印象。产品陈列的高度要与消费者的视线、视阈相适应。据研究，消费者进店后无意识展望高度为 0.7—1.7 米，上下幅度为 1 米左右，与人的视线成 30 度角内的物品最容易被人们感受。因此应当认为，从人的胸部到头顶距离内，是最有效的陈列高度。

2. 货位分布要适应购买习惯，便于消费者选购产品

大中型零售企业经营的产品在万种以上，对产品进行货位分布时，应考虑到消费者的购买习惯，以便于消费者寻找选购产品。具体地说，零售企业在市场营销活动中，应根据消费者对产品的要求和购买习惯，对方便品、选购品和特殊品进行合理的陈列。这三类产品与消费者购买习惯的关系，如表 9－1 所示。

表 9－1　　部分产品的陈列

购买习惯 \ 产品类别	方便品	选购品	特殊品
购买次数	多	稍少	少
购买努力程度	无须努力	比较努力	相当努力
主要选择标准	实用方便	效用美观	先进独特
价格考虑	便宜	稍高	较高或高
质量要求	过得去	高	最好的
购买距离	近或附近	稍远或近	不考虑
对商店的期望	清洁、愉快、方便	安静、宽敞、选择余地大	高级感、专业化
购买行为习惯	方便、快捷、顺手	比较便于选择、方便	便于选择、安全

3. 货位分布、产品陈列要与消费者随机购买心理相适应

调查证明，消费者很快买到原计划购买的产品之后，多数人不是立即离开商店，而是增加了“逛”商店的兴趣，增加了在店内的滞留时间，从而扩大了随机购买的机会。因此，产品的开放性、货位分布的合理性、通道的方便性都有助于消费者随机购买行为的发生。产品的开放程度高，无形中缩短了消费者与产品的距离，增加了信任感和对自由自在进行挑选的满足感。

我国大中型零售企业经营的产品在万种以上，对产品进行分布时，经常采用磁石理论。所谓磁石，就是指超级市场的卖场中最能吸引顾客注意力的地方，磁石点就是顾客的注意点，要创造这种吸引力就必须依靠商品的配置技巧来实现。商品配置中的磁石理论运用的意义就在于，在卖场中最能吸引顾客注意力的地方配置合适的商品以促进销售，并且这种配置能引导顾客走遍整个卖场，最大限度地增加顾客购买率。表 9－2 将超市店铺各个磁石点的位置、商品配置要点以及配置的商品类型作一比较。

表 9－2　　超市磁石点理论

磁石点	店铺位置	配置要点	配置商品
第一磁石点	位于卖场中主通道的两侧，是顾客的必经之地，是商品销售最主要的位置。	由于特殊的位置优势，不必刻意装饰体现即可达到很好销售效果。	主力商品；购买频率高的商品；采购力强的商品。
第二磁石点	穿插在第一磁石点中间。	有引导消费者走到卖场各个角落的任务，需要突出照明度及陈列装饰。	流行商品；色泽鲜艳、容易抓住人们眼球的商品；季节性很强的商品。
第三磁石点	位于超市中央陈列货架两头的端架位置。	是卖场中顾客接触频率最高的位置，盈利机会高，应重点配置，商品摆放三面朝外。	特价商品；高利润商品；厂家促销商品。

续表

磁石点	店铺位置	配置要点	配置商品
第四磁石点	卖场中副通道的两侧。	重点以单项商品来吸引消费者，需要在陈列方法和促销方式上刻意体现。	热销商品；有意大量陈列的商品；广告宣传商品。
第五磁石点	位于收银处前的中间卖场，是非固定卖场。	能够引起一定程度的顾客集中，烘托门店气氛，展销主体需要不断变化。	用于大型展销、特卖活动或者节日促销商品。

卖场的布局是否合理，是一个卖场最终能否得到消费者认可、企业是否能赢得市场的重要因素。许多卖场的平面往往是一个矩形。最有号召力的商品应放在这个矩形的周边，也即卖场的三条边线。在以食品为主的超级市场内，这里配置的商品一般是购买频率高的商品，如米、油和菜等。卖场内必须处处有卖点，以增加消费者其在场内的滞留时间，增加卖场的销售收入。具有卖点的商品一般购买频率高、时髦、季节性强，或者是促销品、高利润品、特价品。如图 9－1 所示，超市的磁石点有 5 个，不同的磁石点应该配置相应的商品。

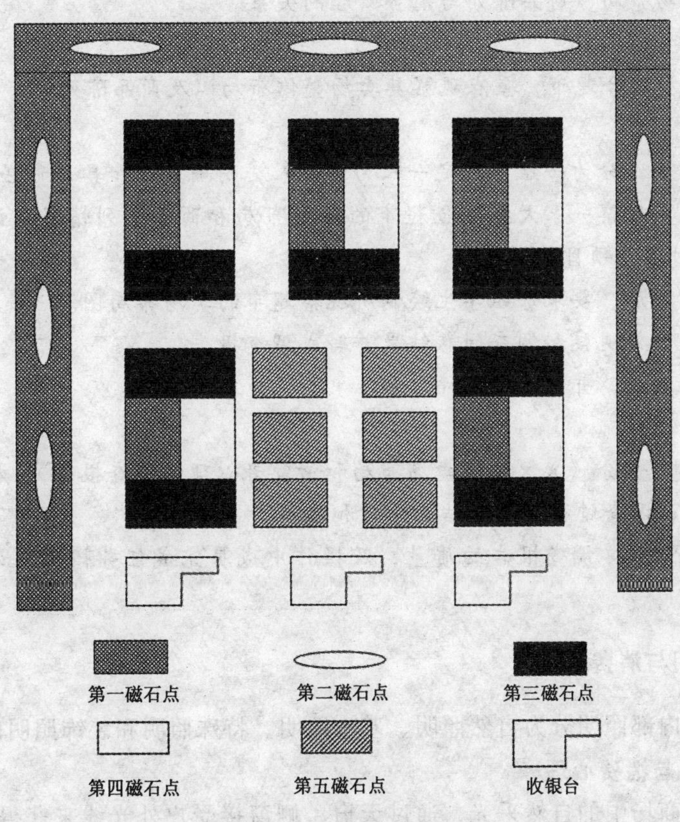

图 9－1　磁石点配置图

收款结算台附近摆放一些冲动性购买产品或有连带消费关系的产品，以便消费者在等待交款时看到这些产品。一般来讲，我国超级市场的商品陈列顺序是将食品类非食品类自左至右排列，而在一些西方国家，如法国超级市场通常是将食品类、非食品类商品按照从右至左的顺序排列。图 9－2 是一家法国著名超级市场——Promodes 超级市场的商品陈列

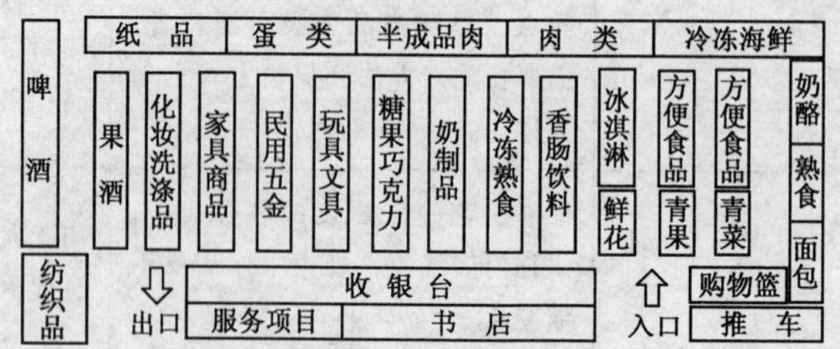

图 9－2　法国 Promodes 超级市场的商品陈列布局

布局，该布局充分运用了磁石理论。

同步实训 9—1

调查超市商品陈列

［实训目标］

掌握超市卖场布局、商品陈列与消费心理的关系。

［实训内容］

选择一家大型综合超市，重点观察其卖场整体布局以及商品陈列。

［实训操作］

（1）学生每 5 人分为一组，选定一人为负责人，明确分工和具体责任。

（2）利用周末观察一家大型综合超市的卖场布局和商品陈列情况，设计问卷并至少向 20 位顾客针对这些项目做调查。

（3）观察结束后，要求每组学生绘制所观察超市的卖场布局图。

（4）整理、分析观察和调查问卷结果并写成调查报告。

（5）在班级交流，并由老师点评。

［成果要求］

（1）每组撰写一份《××超市卖场布局和消费者心理的调查报告》，报告要说明调查时间、调查方式、调查过程、调查结果分析和启示。

（2）根据每组同学调查报告的质量，及操作中成员完成任务情况，评定每个同学的实训成绩。

9.2.2　照明与消费心理

营业环境的内部照明分为自然照明、基本照明、特殊照明和装饰照明四种类型。

1. 自然照明与消费心理

自然照明是商场中的自然采光，通过天窗、侧窗接受户外光线来获得。自然光柔和、明亮，使人心情舒畅，是最理想的光源。商场设计中应考虑最大限度地利用自然光，增加玻璃顶面、玻璃墙面的面积，但自然光要受季节、营业时间和气候的影响，不能满足商场内部照明的需要，因此要以人工制作的其他照明作为补充。

2. 基本照明与消费心理

这是为保证消费者能清楚地观看、辨认商品而设置的照明系统，一般以在天花板上配置日光灯为主，起到保持整个商店亮度均匀的作用。基本照明亮度的强弱，能影响消费者的购买气氛。如果光度太弱，人不容易兴奋，会感到压抑，情绪也不容易调动起来，产品颜色也会发生不同程度的变异，甚至看起来会有发旧的感觉，进而影响消费者对产品的挑选和购买。一般，商场最里面或角落处配置最大光度、前面和侧面光度次之，商场的中部光度可稍小些。这样可使消费者的视线本能地转向明亮的里面，吸引他们从外到内把整体商店走遍，保持较大的选购兴趣。

3. 特殊照明

这是为了突出部分产品的特性而布置的照明，主要的目的是显现产品的个性，以便更好地吸引消费者的注意，激发其购买兴趣。特殊照明的配置要视产品的特性而定。例如，金银首饰、珠宝玉器、手表等贵重产品，往往用定向集中的光束直照产品，以增加产品的美感和珠光宝气的特性，并给消费者一种高贵稀有的心理感觉，激发他们的购买动机和购买行为。

4. 装饰照明

这是在购物环境中，为了营造一种特殊的气氛或情调而设计的照明，目的在于更好地调节消费者的情绪，烘托企业的形象，给消费者留下美好的印象。装饰照明，大多采用壁灯、彩灯、吊灯、落地灯、闪烁灯和霓虹灯等照明设备。装饰照明的运用应适度，使之真正发挥装饰和美化作用。

9.2.3　色彩与消费心理

色彩是指商场内壁、天花板和地面的颜色。心理学的研究证明，不同的色彩能引起不同的联想意境，产生不同的心理感受，影响人的行为活动。因此，店内装饰颜色的调配，应注重对这一规律的运用，以充分发挥不同颜色的积极影响作用。

1. 色彩对视觉的影响

颜色不同，对人的视觉的刺激也不同。其原因是，各种颜色对应的光波波长的长短不一，对人的视神经的刺激程度也不同。红色、橙色、黄色等光波波长较长，颜色鲜明突出，对视神经的刺激较强；蓝色、灰色、紫色等光波波长较短，色彩暗淡对视神经的刺激较弱。

2. 色彩对情绪的影响

不同颜色能使人们发生不同的情绪变化。暖色会促使人的心理活动趋向活跃，情绪高涨，但也会使人感到焦躁不安；冷色会促使人的心理活动趋向平静，但也使人感到沉闷、压抑。在进行商店内部色彩调配时，必须考虑以下几个因素：

（1）店堂的空间

浅色具有扩张空间的感觉，深色具有压缩空间的感觉。所以，我们可以根据店堂的不同空间状况，利用色彩的这种作用，改变消费者的视觉感受，给人以舒展开阔的良好感觉。

（2）商品色彩

商店装饰色彩应与主营产品颜色相协调，这有利于突出主营产品本身的色彩和形象，并可将产品衬托得更加完美，具有吸引力，以刺激消费者的购买动机。

(3) 季节变化和地区气候

根据季节的变化和气候的不同来调配店堂的装饰色彩，利用色彩的特性，从心理上调节消费者由于气温变化和自然因素所造成的不良情绪，使消费者在严冬季节进店有温暖如春之感，在酷暑季节进店有清爽荫凉之感，从而产生积极的情绪和美好的联想，促进购买行为。

此外，还应考虑商店装饰色彩与外部环境色彩、店堂灯光色彩和广告牌色彩之间的相互协调和相互制约的问题，以获得店内外色彩的整体和谐和良好效果。

9.2.4 音响与消费心理

心理学研究表明，人的听觉器官一旦接受某种适宜音响，传入大脑中枢神经，便会极大地调动听者的情绪，于是萌发某种欲望，并在欲望的驱使下而采取行动。优美、轻快的音乐能使人体产生有益的共振，促使体内产生一种有益健康的生理活性物质，这种物质可以调节血液的流量和神经的传导，使人精神振奋。但是，并不是任何音响都有利于唤起消费者的购买欲望。所以，商场在利用音响时应注意以下几个问题：

1. 音量要适度

为了给消费者一个比较安静的购物环境，商店音响的音量必须严格控制在一定范围之内。因为商店在营业时间内较嘈杂，若再加上音量大得刺耳的音响，定会给消费者的购物心理带来严重影响，使消费者产生反感情绪和厌恶心理。

2. 音色要优美

为了调节消费者的情绪，缓解紧张的购物心情，活跃购物气氛，增强购物环境的生机，播放的音乐必须优美动听，并与所销售的商品及企业经营特色相结合，促使消费者产生与商品有关的联想，激起消费者对商品及商店的良好情绪，从而诱发购买欲望。

3. 音质要清晰

提高音响的清晰度，是使消费者保持良好心理状态的重要因素之一。另外，商店播放广告信息的音响如果音质清晰，就能让消费者听得真切，就会引起他们对广告内容的注意，并可能对广告的产品产生兴趣或购买行为。

9.2.5 温度、湿度与消费心理

适宜的温度、湿度对购物情绪和欲望有着良好、直接的影响。商场的温度受季节和客流量的影响。温度过高或过低都会引起人们的不舒适感，无心挑选商品，自然无法形成购物的冲动。现在，商场里安装冷暖空调已不是奢侈之举，它是满足人们生理和心理双重需要的基本设施，在制冷过程中，可以有效地降低空气中的水分，提高人们的舒适度。

9.2.6 空气、气味与消费心理

宜人的气味也通常对人体生理有积极的影响。空气污浊充满异味的商店顾客不会久留，无味的商店易使顾客感到疲劳。商场内如能根据所经营的商品特征适宜地散发一些宜人的气味，能使顾客在购买活动中精神爽快、心情舒畅。如一些糕饼店人为地制造出诱人食欲的气味，吸引过往行人的注意，并刺激其购买行为。

9.3　服务环境与消费心理

随着消费者收入水平的提高和消费观念的变化，消费者在购物时，不仅注重商场内外部环境状况，而且更加注重商场的服务环境情况，即对商场营业员的基本素质与服务技巧提出越来越高的要求。

9.3.1　营业人员的基本素质与消费心理

1. 营业人员仪表行为与消费心理

(1) 仪表的心理功能

仪表即人的外表，一般包括容貌、服饰、发型、姿态和风度等，它在人们的相互交往中起着重要作用。通常，给人留下第一印象或发生首因效应的就是仪表。仪表不仅能影响人们的心理感觉，而且能影响人们相互之间关系的发展。一般来讲，营业员的仪表对顾客具有以下心理功能。

①增强商店信誉。营业员优雅大方的举止和风度，整洁的衣着和良好的修养，对顾客以及周围的气氛会产生良好的影响，这不仅有利于买卖成交，也有利于树立商店的信誉。

②赢得顾客的信赖。在接待顾客时言谈举止得体的营业员，会很快取得顾客的信任，获得他们的好感，使他们愿意听取其建议。相反，营业员举止不雅甚至粗鲁无礼，会引起顾客的反感。

③营业员的仪表是优质、文明服务的基础。要做到文明服务，首先要求营业员做到仪表美，以文明的语言、高超的技巧和周到的服务满足顾客多方面需求。

(2) 仪表对顾客心理的影响

营业员的仪表能带给顾客不同的心理感受。这主要表现在以下几个方面：

①营业人员的服饰穿着与顾客心理。服饰、发型虽然体现外貌特征，但却反映了人的性格爱好、文化素养、审美情趣。一般来说，营业人员的服饰着装应该整洁大方、美观合体、端庄舒适，并能与营业环境相和谐，与接待顾客的需要相适应，给顾客以清新明快、朴素稳重的视觉印象。营业人员舒适端庄的服饰衣着，对顾客的购买行为具有积极的影响，它可以使顾客联想到零售企业经营成就和尊重消费者的服务精神，使顾客感到诚实、忠实的营业作风，从而产生信任感，促进购买活动的进行和完成。

②营业人员的言语运用与顾客心理。语言是人们交流思想、增进感情的工具。营业人员的语言十分重要，它不仅用来宣传、出售商品，也用于沟通营业人员与顾客之间的感情。礼貌文明、诚恳、和善的语言表达，能引起顾客发自内心的好感，起到吸引顾客的作用。营业员在同顾客交谈时，尽量多用“请”、“麻烦您”、“抱歉，久等了”、“谢谢”等词语，并结合文明的举止，往往能给顾客以好感。营业人员说话时要注意顾客的情感，使顾客乐于接受。对顾客的称谓要恰当、准确，这样能缩小与消费者的距离感。要善于把握消费者的情绪变化，对个性不同的消费者要采用不同的语言，避免让消费者感到难堪。

③营业人员的行为举止与顾客心理。营业人员的行为举止主要指其在接待顾客过程中的站立、行走、表情、动作等。行为举止能体现人的性格、气质，也最容易引起消费者的注意。营业人员要给人以健康向上、精神饱满的感受。这对顾客有着一定的积极影响，乐于与之交易。其次，营业人员的脸上要时时面带笑容，这不仅是所有企业的服务信条，也是营业人员努力追求的目标。

营业人员的举止应做到适应顾客心理需要，与人相交，贵在诚意。在销售工作中要真诚地对待顾客，注意倾听顾客的要求，了解掌握顾客的需要、偏好，提供各种方便条件。

同步案例 9—2

你今天对客人微笑了没有?

背景资料：

美国希尔顿饭店创立于1919年。在不到90年的时间里，从一家饭店扩展到100多家，遍布世界五大洲的各大城市，成为全球最大规模的饭店之一。希尔顿饭店的成功在于牢牢确立自己的企业理念，并把这个理念上升为品牌文化，贯彻到每一个员工的思想和行为之中。饭店创造的“宾至如归”的文化氛围，注重企业员工礼仪的培养，并通过服务人员的“微笑服务”体现出来。希尔顿总公司的董事长、89岁高龄的唐纳·希尔顿在50多年的时间里，不断地到他分设在各国的希尔顿饭店、旅馆视察业务。

每天他至少要到一家希尔顿饭店与饭店的服务人员接触，向各级人员（从总经理到服务员）问得最多的一句话，必定是：“你今天对客人微笑了没有?”1930年，是美国经济萧条最严重的一年，全美国的旅馆倒闭了80%，希尔顿的旅馆也是一家接着一家地亏损不堪，一度负债高达50万美元。但希尔顿并不灰心，他召集每一家旅馆的员工向他们特别表示：“我请各位记住，希尔顿的礼仪万万不能忘。无论旅馆本身遭遇的困难如何之大，希尔顿旅馆服务员脸上的微笑永远是属于顾客的。”

经济萧条刚过，希尔顿旅馆系统就领先进入了新的繁荣期，跨入了经营的黄金时代。希尔顿旅馆紧接着充实了一批现代化设备。此时，希尔顿到每一家旅馆召集全体员工开会时都要问：“现在我们的旅馆已新添了一流设备，但你们觉得还必须配合一些什么样的东西才能使客人更喜欢呢?”员工们回答之后，希尔顿笑着摇头说：“请你们想一想，如果旅馆里只有一流的设备而没有一流的服务员的微笑，那些旅客会认为我们提供了他们全部最喜欢的东西吗? 如果缺少服务员的美好微笑，就好比花园里失去了春天的阳光和春风。假如我是旅客，我宁愿住进虽然只有残旧地毯，却处处洋溢着微笑的旅馆，也不愿走进只有一流设备而不见微笑的地方……”

（资料来源：希尔顿的宾至如归．中国服务营销网，2010－6－15.）

问题：

希尔顿成功的原因是什么？

分析提示：

在销售服务中，营业员的行为举止礼仪，最容易引起消费者的注意。企业礼仪是企业精神风貌的体现。它包括企业的待客礼仪、经营作风、员工风度、环境布置风格以及内部的信息沟通方式等内容。企业礼仪往往形成传统与习俗，体现企业的经营理念。它赋予企业浓厚的人情味，对培养企业精神和塑造企业形象起着潜移默化的作用，希尔顿的成功是十分注重员工的礼仪教育，倡导员工的微笑服务。

2. 营业人员自身心理素质与消费心理

(1) 坚定的自信心与消费心理

自信心就是营业人员对自己行为的正确坚信不疑，对营销的商品抱有充分的信心。营业人员只有对自己充满信心，才能感染顾客，影响顾客，改变顾客的态度，使顾客对营业人员产生信心，进而对商品产生购买信心。

(2) 开朗的性格与消费心理

只有性格开朗的人才能主动与他人接触，才懂得如何与他人进行沟通，才会熟练、准确地将自己的意思表达出来，并恰当地领会他人的想法。

(3) 稳定的情绪与消费心理

情绪是指与生理需要相联系的体验，它是由情景引起并随之变化的。在销售工作中，各种各样的情况都可能出现。如眼看成交的交易却失败了，使人感到惋惜；接二连三地碰钉子，使人感到沮丧等。这些情况的出现，必然引起营业人员情绪的波动，而营业人员情绪的波动会使顾客的情绪受到感染。所以，营业人员不但要善于控制自己的情绪，而且要用自己良好的心理来感染顾客，引导顾客的情绪，为销售活动创造良好的气氛。

3. 营业人员职业道德与消费心理

道德是调整人们相互关系以及个人与社会关系的行为准则与规范的总和。营业人员应具有良好的职业道德，因为销售活动不仅是一种个人行为，也是一种社会行为。作为一个营业人员，应具备的职业道德主要有：遵纪守法，对企业、顾客负责，信守承诺，公平交易、公平竞争。

4. 营业人员业务素质与消费心理

营业人员应具备的业务素质是指业务知识。主要包括企业和产品知识、市场知识、心理学知识。营业人员只有对产品和企业有一个正确、透彻的认识，才能向消费者详细地介绍自己的产品，准确地回答消费者的咨询和解释消费者的疑问，帮助消费者选择商品、产生购买信心，作出购买决策；营业人员直接与市场、消费者接触，只有及时、准确地捕捉市场信息并加以整理、分析，反馈给企业，使企业能够掌握市场动态，把握市场的脉搏，作出相应的调整，才能大大增强对市场的反应能力；另外，营业人员只有了解消费者的心理特征、心理活动过程，才能准确地理解和判断消费者行为的产生和变化，也才能使自己的销售活动取得成效。

9.3.2　营业员柜台接待与消费心理

消费者从进入商店到离开商店可以算做是一次购买过程。在此过程中，消费心理发展的不同阶段具有各自的特点和一定的连续性。无论整个过程最终是否发展成实际购买，营业员的柜台接待工作都至关重要。因此，要想使消费者的购买过程顺利发展，并取得良好效果，必须按照消费者购买行为的心理状态，确定相应的柜台接待步骤和服务方法。大体可以分为以下几个步骤。

1. 观察分析进店的各类消费者，并判断其购买意图

（1）根据消费者的穿着打扮，判断其身份和爱好

不同的消费者从事不同的职业，即使从事同一职业也有可能处于不同的地位，加之每个人不同的个性心理特征，这些都能从人的外表、穿着打扮表现出来。营业员在接待服务中，正确判断消费者的职业、年龄是很重要的。因为不同职业、年龄的消费者对商品有不同的需求与爱好。

（2）善于从消费者的言行举止分析判断其个性心理特征

个性心理特征影响消费者的言谈举止，使购买过程染上独特的色彩，显示出较大的差异性。有些性格外向的消费者，往往一进店就向营业人员询问，喜欢讲话评论，反应灵活，动作迅速。对这类消费者，营业员要尽量主动接触，热情回答他们的问题，积极展示其所需要或感兴趣的商品，发表自己的意见，为顾客当参谋。而对性格内向、表情平淡的消费者，营业员不要过早接触，提前发问，但要随时做好接待准备，注意回答问题简明扼要，除了顾客有明确表示，尽量少发表或不发表自己的见解。

2. 介绍、展示目标商品，激发购买兴趣

营业员可以从不同的方面展示介绍商品的特点，满足不同顾客对不同品牌商品的选择要求，使顾客产生积极的心理反应。对商品的展示介绍主要从以下两个方面进行：

（1）根据商品的性能、特点展示介绍商品

每种商品都有不同的性能特点，从而满足人们多方面的消费需求，这要求营业员对不同商品的不同性能、特点，分别予以展示介绍。

（2）根据顾客的特点展示介绍商品

顾客的性别、年龄、职业、个性特征不同，其购买行为往往会表现出很大差异，对选择商品的标准也各不相同。这就要求营业员在展示介绍商品时，要迎合不同顾客的不同审美情趣，要考虑到顾客自尊心，一般应该由低档到高档逐步升级展示介绍，使顾客在价格方面有充分的考虑余地，又避免了从高档到低档降级展示时顾客出于自尊心或虚荣心而中止挑选的情况发生。此外，营业员还应注意展示介绍商品时所运用的动作、语调、神态，既不能太慢，也不能太快，更不能表现出不耐烦，同时要注意观察顾客的反应，及时掌握他们的意图、兴趣的变化，尊重他们的意见与要求。

3. 启发消费者的兴趣与联想，刺激其购买

在消费者进行联想、想象，甚至产生购买欲望和动机的阶段，营业员应将有关商品的性能、质量、价格、使用效果等，全面清晰地介绍给消费者，并力求诉诸多种感官的刺激，强化消费者的心理感受，促进其产生丰富的联想和想象，进而诱发购买欲望。一般情况下，营业员要诱导消费者的心理活动，主要采取以下方法。

（1）启发式

营业员注意到消费者选择商品拿不准主意时，可以提示启发消费者，解除他们的疑虑，从而形成购买动机。

（2）比较法

在消费者出现动机冲突，不知道选择哪种品牌时，就需要营业员帮助顾客分析不同品牌的特点，权衡利弊，促使其早下购买决定。

（3）提供经验数据法

提供经验数据法是证明商品使用性能、内在质量最有效的方法，并且最具有说服力。

(4) 实际操作法

这种方法，形式多样，内容广泛，可以是营业员操作表演，也可以是顾客操作试用，以加深消费者对商品的感官刺激，消除其对商品的不信任心理，有效地促进销售。

4. 诱导说服

消费者产生购买欲望后，还会对已掌握的商品信息进行思索和评价比较。通过评价选择坚定购买信心，作出购买决策。此时，营业员的任务是充当消费者的参谋和顾问，为消费者提供建设性的、富有成效的意见和建议，帮助和促成消费者作出购买决定。此外，还应根据不同消费者的需求特性和主观欲望，有针对性地进行重点说服和诱导。例如，对注重商品审美价值的消费者，可以突出显示商品外观的美观别致；对求廉务实的消费者，可以着重说明商品价格低廉。这里需要指出的是，劝说诱导应当从消费者角度出发，围绕消费者利益进行。唯有如此，才能使消费者切实感到劝说者是在为自己的利益着想，从而增加心理开放程度，增加对营业员的信赖感，主动接受说服。

同步案例 9—3

顾客为什么逃离药店?

背景资料：

一位顾客正在挑选一种补钙产品，店员介绍说，这种产品效果好，价格也比同类其他产品便宜，比较实惠。

顾客回答说：我以前吃过这种药，效果是不错的，我听说你们最近在做活动，买两盒送一小盒赠品。

店员扭头大声问柜台内的同事：现在某某产品还有没有赠品，这里有个想要赠品的顾客。

店员这一叫，店内所有的顾客都把眼光投向了这个顾客，他不好意思地低下了头，还没等店员的答复就逃似的离开了药店。

（资料来源：毛帅．消费者心理学［M］.北京：清华大学出版社，2009：204.）

问题：

顾客逃离药店的原因是什么？

分析提示：

顾客在购买中会有很多的原因影响最终的决定，而这许多的原因有很多顾客不愿让别人知道，以上例子中的顾客可能就是冲着赠品来的，但由于“面子”问题，不愿让其他人知道，该店员一句“无心之言”将顾客的本意“公之于众”，结果可想而知。所以店员须时时将自己放在顾客的位置上，处处为顾客考虑，只有充分地考虑了顾客的所思所想，并巧妙地帮助顾客解决；那么，虽然顾客没有口头表示什么，但在心里已经对你感激万分。

5. 促进消费者的购买，结束交易行为

通过营业员的一系列服务，顾客对其所选商品有了较深刻的认识，其购买欲望会被激起。但有了购买欲望并不等于会产生购买行为。冲动型的顾客容易产生购买行为，而理智型的顾客要经过一番思考：商品的价格是否合理？身边的其他人如何评价？等等。在这种情况下，营业员要把该商品在市场上流行的状况及其畅销程度以及其他顾客对该商品的评价意见、商店的售后服务情况、经营宗旨、服务宗旨、信誉保证等介绍给顾客，消除顾客的疑虑。

当消费者作出购买决策后，便进入了实施购买行动和进行购买体验的最后阶段。此时消费者虽有明确的购买意向，但仍需营业员巧妙地把握时机，促使交易达成。营业员应主动帮助其挑选，在适当的情况下，还可以对消费者的选择给予适当赞许、夸奖，以增添交易给双方带来的喜悦气氛，但切不可过分，否则会给消费者留下虚伪、不真实的感觉。若能及时巧妙地抓住时机，辅以恰当的语言和递拿动作，即可迅速成交。当交易达成，货款结算后，应妥善包扎商品，并尽量采用适宜消费者携带习惯、使用习惯和特定心理需要的包扎方法包扎商品。同时向消费者表达感谢购买、欢迎惠顾的语言和情感，使消费者体验到买到商品和享受良好服务的双重满足感。

同步实训 9—2

深入了解消费者购买心理

［**实训目标**］

体验销售服务所包括的各项内容；掌握营业员维护与消费者关系的技巧；正确处理顾客对所购商品不满所引发的冲突。

［**实训内容**］

学生分别扮演顾客、营业员和店长。模拟从顾客进入视觉范围后就开始观察其有无购买意图、介绍产品、购买交易、售后服务以及对售后不满或冲突的处理过程。

［**实训操作**］

（1）学生每5人分为一组，选定一人为负责人，明确分工和具体责任。

（2）可选择在模拟的实训室或教室进行，最好配备模拟柜台和具体销售产品。

（3）也可以利用节假日，到真实的商场实习体会。

（4）将模拟体会或真实感受写成调查报告。

（5）在班级交流，并由老师点评。

［**成果要求**］

（1）每组撰写一份《××深入了解消费者购买心理调查报告》，报告要说明调查时间、调查方式、调查过程、调查结果分析和启示。

（2）根据每组同学调查报告的质量，及操作中成员完成任务情况，评定每个同学的实训成绩。

本章知识脉络

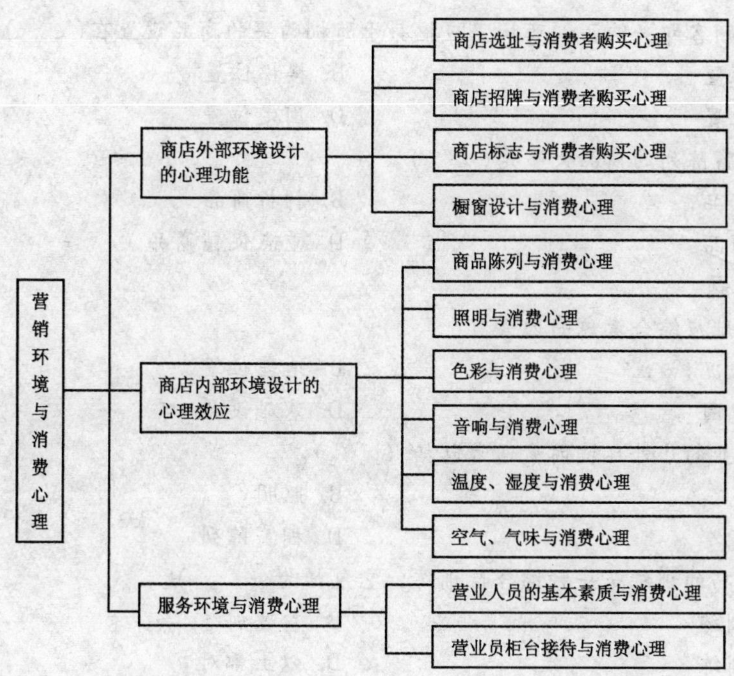

本章导入案例点评

现在的消费者进商场，再也不满足于仅仅是为了购物，他们开始对商场的环境美化提出更高的要求。诸如希望商场提供憩息之地，建议商场摆设花卉草木，渴望商场增添文化氛围……如此看来，商场环境美化对顾客心理的影响作用很大。顾客逛商场，不仅要和营业员进行有声的直接交际，更重要的是在双方之间还要进行一种无声的间接交流。这就是通过商场美化来向顾客进行心理服务，以满足顾客对商场多功能、全方位的较高要求。

思考与练习

1. 理论题

(1) 单选题

①不属于营业员心理素质的是(　　)。

A. 自信心　　B. 性格

C. 情绪　　D. 言语

②调配商店内部色彩时，不需要考虑的因素是(　　)。

A. 店堂空间　　B. 商品色彩

C. 季节　　D. 照明

③下列属于店内环境设计的是（　　）。

A. 橱窗　　B. 招牌

C. 店门　　D. 色彩

④为刺激顾客即兴购买，商场里应把易于随机购买的商品设置在(　　)。

A. 明显位置　　B. 楼梯位置

C. 门口位置　　D. 固定位置

⑤商场橱窗陈列的商品大多是(　　)。

A. 滞销产品　　B. 打折商品

C. 畅销商品　　D. 重点促销商品

(2) 多选题

①商店选址应综合考虑的因素有(　　)。

A. 交通状况　　B. 地理位置

C. 商圈范围　　D. 基础设施

②商业企业的店外环境因素通常包括（　　）。

A. 店址　　B. 照明

C. 招牌　　D. 橱窗陈列

③推销技巧的训练是一种综合性训练，它包括为（　　）。

A. 知识训练　　B. 心理训练

C. 技能训练　　D. 以上都对

④营业员应具备的心理品质包括（　　）。

A. 良好的服务心理　　B. 细致的观察能力

C. 说话的艺术　　D. 自信心的树立

⑤营业员应具备的业务素质包括（　　）。

A. 对产品的充分了解　　B. 了解用户的基本情况

C. 对现实市场状况的了解　　D. 以上都正确

(3) 判断题

①现代企业的营销人员，作为与顾客或用户打交道的代表，和顾客保持直接的联系，其营销活动有很大的灵活性和较大的自主权，因此，他们的举止、言行自然就成为企业形象的代表。一个良好的企业形象，是一笔无形的财富。因此，营销人员应以强烈的责任感塑造和维护好企业形象。（　　）

②消费者走进商店后，一般都会无意识地环视陈列商品，对货架上的商品获得一个初步的印象。因此，商品的摆放，首先就应注意在高度方面与消费者进店后无意识的环视相适应。（　　）

③店内装饰的色彩调配要因季节和地区而异，从心理上调节消费者由于气温和自然因素造成的不良情绪。（　　）

④一般情况下，商品的摆放高度应适宜，适应购买习惯，突出商品的价值和特点。（　　）

⑤营业员只要努力提高自身的业务素质，自己的性格与销售工作无关，营业员要有自控能力的说法是没有道理的。（　　）

（4）简答题

①你喜欢到哪些地方购物，你到这些地方购物主要考虑哪些因素？哪些因素对你的选择影响最大？

②简述商店内部环境美化有什么意义？

③简述营业员应具备哪些素质？

2. 实务训练题

【案例分析 1】

案例资料：

顾客购物实录：一位医护人员在超市的购物经历

1. 顾客购物动线分析

（1）二楼卖场布局图和顾客在二楼的购物动线图（图 9－3）

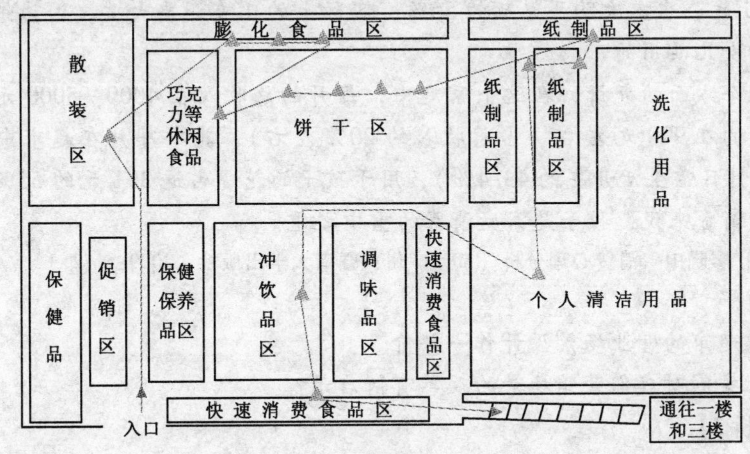

图 9－3

（2）对该顾客购物动线的分析

总体购买动线描述：该顾客选择购物的卖场共三层，三层是家电、服装、家用器具以及百货商品等；二层是食品、清洁用品和洗化用品等商品；一层是生鲜食品。顾客购物不能直接到一楼上二楼，必须先到三楼，然后下楼。该顾客到三楼，没有做任何停留，直接找到电梯到二楼，在二楼停留将近一个小时，然后下楼，在一楼直接找到面包的现场制作区，买了面包后结账离开卖场。

重点停留区分析：从上述顾客的总体路线中可以看出，顾客的全部购物时间基本都花在二楼，因此，特殊描述一下顾客在二楼的购买路线。具体请参照图 9－3。从图9－3中我们可以得到：休闲食品区包括膨化区和饼干区，和纸制品区又是顾客相对停留时间最长的区域。

2. 对该顾客消费重点的分析

从购买金额看消费重点：列举几个数字，该顾客本次购物购买总金额为 154.8 元，其中食品 89.2 元（占比 57.6%），日用品 65.6 元（占比 42.4%）；给孩子购买生活用品共计 85.1 元（其中食品 64.6 元），占本次购买总额的 55%。从这些数据可以分析出以下几点：

（1）日常生活开支的43.4%在超市消费。根据2003年3月到8月（含3月和8月）的顾客记录，该顾客累计在超市消费金额达2342.5元，平均每月约391元。该顾客家庭每月用于日常消费的开支在900元左右（每月家庭总收入4000—5000元），在超市的开支占比达43.4%。

（2）家庭购物的每次平均水平为222.5元。该顾客基本半月一次家庭采购，每次购物金额在222.5元左右变动，本次购买金额达154.8元，相对平均水平较低。

（3）食品的购买量占顾客购买商品总额的一半以上，其次就是家居生活使用频率很高的日用品。在本次购物中，顾客主要选购了休闲食品和纸制品，结合以前该顾客的一些购物小票分析了解，除了上述这些商品外，顾客还会在超市频繁购买的就是洗化用品。

（4）孩子（初一女生）是家庭消费的重点所在。本次购买的商品中，给孩子购买的商品共计85.1元，占本次购买总额的55%，实际上的比重还要大些，因为纸制品中的卫生巾是母亲和女儿共用的。

从以上4个方面的分析，在这个家庭中，每月的总收入在4000—5000元之间，用于日常生活开支的在900元左右（占总收入的20%左右），其中每月在超市中消费大约有391元（占每月日常生活开支的43.4%），用于孩子的花费占这391元的55%以上。仅从超市这一块的消费来说，孩子是家庭消费的重中之重。

（资料来源：廖晓中．消费心理分析［M］．广州：暨南大学出版社，2009：172.）

设计问题：

（1）对该超市的营业场景设计作一评价。

（2）以上案例对我们营销场景的改善有何启示？

【案例分析2】

案例资料：

对商店的报复——摘自一位顾客的自述

我是一个脾气较好的人，我有许多朋友，周围的人都很喜欢我，我到商店买东西时从来没有和售货员发生过口角，不管我受到什么样的对待。

我进入百货商店时，假如遇到售货员在和一个朋友聊天，不理我，我就耐心等待，甚至比我晚来的顾客先买走了东西，我也不抱怨，我还是等着。

一次，我买了一台干燥机，在使用后的第一个星期线圈就烧了。当时我不想打扰商店的服务人员，但是希望他们能告诉我一个电器修理店的地址。但是还没等我解释清楚，商店的售货员就指责说，干燥机是我故意弄坏的。我只好礼貌地说“对不起”，然后就离开了商店。

我决不会在商店里批评或嘲笑售货员，我是一个好心人，但是，我又是一个绝不返回商店的人。这就是我对自己所遭受的不礼貌行为的报复。虽然我也接受他们发放的免费广告单，但我再也不会到那里买东西了。老实说，这就是我发泄不满的方法。从长远的观点看，他们的利润的损失就是我心理的满足。说到这，大家该说我并不是一个好心人了，对这个批评我可以静心地听取，但是我还要按自己的方式行事。

设计问题：

(1) 这位顾客为什么要报复商店？这种报复方法有效吗？

(2) 你或你身边的朋友有过类似的经历吗？说说是如何处理的？

【业务模拟训练 1】

回顾一次购物经历

训练目标：

掌握营销服务环境对消费者的心理影响及作为营业员应该具备的素质和服务技巧。

训练内容：

请列举一次购物经历？并分析营业人员是如何处理异议、解决冲突的，自己是如何讨价还价的，并且说出自己希望有什么样的销售服务。

训练操作：

(1) 每位同学独立完成。

(2) 每位同学在回顾购物经历时重点从营业人员的仪表、心理素质、职业道德、业务素质、观察能力、情绪控制能力、语言表达能力、应变能力、解决冲突能力等多方面对营业员的服务进行评价。

(3) 将回顾经历撰写成心得体会，并且说出优秀的营业员应具备的素质和能力有哪些。

(4) 挑选几名同学在班级交流，并由老师点评。

成果要求：

写出《购买××产品经历的心得体会》。

【业务模拟训练 2】

营销场景观察

训练目标：

掌握营销环境与顾客心理需求之间的联系及相应的策略。

训练内容：

设计一张调查问卷测试一家商店的形象及店内设施。

训练操作：

(1) 学生每 3—5 人一组，选择一家便利店、书店、面包店或超市，对商店的形象进行观察，并设计一张调查问卷。

(2) 每个小组调查消费者对店内设施包括陈列区、店内环境等情况的评价。

(3) 每组至少抽取 30 名顾客进行问卷调查。

(4) 根据收集到的问卷整理分析作出书面报告。

(5) 在班级交流，并由老师点评

成果要求：

根据讨论情况，写出《营销内外部环境设计与消费心理的分析报告》。报告应客观全面了解消费者对商场外部和内部购物环境的评价，对消费者消费心理产生的影响，提出积极的方面，同时指出需要改进的地方。

第 10 章
网络营销与消费心理

知识要点 (1) 网络营销的工作原理；(2) 网络消费的心理特征表现；(3) 网络消费者的需求特征；(4) 网络消费者购买决策过程；(5) 网络营销中消费者心理变化对网络营销的影响。

能力目标 (1) 熟悉网络消费及网络消费的特征、网络消费者及心理特征；(2) 了解网络消费者的需求、购买动机、购买决策过程；(3) 掌握制约网络营销发展的心理因素；(4) 会根据网络消费者的需求变化，灵活运用现代技术和网络营销中的心理策略，促进网络营销的健康发展。

导入案例

中国网络营销迅速发展

随着互联网在全世界的飞速发展和广泛应用，它已经成为全球性的迅捷和方便的信息沟通渠道，依托互联网的网络营销应运而生，由于它可以节约大量的场地租金，经营规模不受场地限制，可以方便地采集客户信息等，作为一种新的商业模式得到了迅猛发展。

根据中国互联网络信息中心的统计资料显示，我国 2001 年的网络营销额已经超过 1088.2 亿元，2005 年增加到 6800 亿元；我国网络用户规模 2003 年首次突破 1000 万人，达到 1520 万人，到 2006 年 12 月底，网络购物市场用户数达到了 4310 万人。截至 2008 年 6 月底，我国的网络购物用户数达到了 6329 万人，网络购物已进入互联网的十大应用之列。

（资料来源：瞿彭志. 网络营销 [M]. 北京：高等教育出版社，2009：36.）

网络营销的产生有其特定的技术基础、观念基础和现实基础，是多种因素综合作用的结果。网络营销者可以以互联网为媒体，以新的方式、方法和理念，针对网络市场的特征开展网络营销活动，将可以更有效地促进个人和组织交易活动的实现。特别在我国企业中 95% 为中小企业，在网络营销环境下，网络营销的平台给中小企业提供了与大企业公平竞争的舞台。利用网络营销对改善中小企业营销环境，提高产品竞争能力和市场占有率具有非常重要的现实意义。

10.1　网络营销与网络消费者

10.1.1　网络营销

20 世纪 90 年代初，互联网的飞速发展在全球范围内掀起了互联网应用热，世界各大公司纷纷利用互联网提供信息服务，拓展公司的业务范围，并且按照互联网的特点积极改组企业的内部结构，探索新的管理营销方法，网络营销应运而生。

网络营销是借助于联机网络、计算机通讯和数字交互式媒体来实现营销目标的一种市场营销方式。网络营销通常采用网上页面广告、搜索引擎加注、商业分类广告、电子杂志广告和交换链接等方式进行。网络营销作为一种新的营销理念和营销方法，与传统的市场营销相比，具有跨时空、多媒体、交互式、人性化、成长性、整合性、超前性、高效性、经济性和技术性 10 个方面的特点。

随着互联网的飞速发展和广泛普及，互联网已经成为全球性的迅捷和方便的信息沟通渠道。特别在商业领域的应用已经显现出巨大威力和发展前景。

同步案例 10—1

戴尔公司的网络营销

背景资料：

创立于 1984 年的戴尔（DELL）计算机公司，首创了具有革命性的网上“直线订购模式”，直线订购模式使戴尔公司能够提供最佳价值的技术方案，与大型跨国企业、政府部门、教育机构、中小型企业以及个人消费者建立直接联系。在美国，戴尔已经成为占这些领域市场份额第一的个人计算机供应商。戴尔在 1994 年就建立了自己的企业网站 www. dell. com，并在 1996 年加入了电子商务功能，现在该网站包括 80 个国家的站点，目前每季度有超过 4000 万人浏览，通过网站的销售额占公司总收益的 40%—50%。

在 DELL 公司中文网站（http：//www. dell. com. cn）首页上，可以看到一个非常简洁的界面，除了公司介绍、技术支持和联系信息之外，最醒目的就是针对中国市场四类不同用户（家庭、小型企业、中型企业、大型企业）的产品目录简介和链接了，所有详细的产品介绍和在线订单处理程序都恰到好处地安排在应该出现的地方。

DELL 面对企业、政府和个人消费者进行个性化的直销服务，能够对消费者的要求进行定制化服务。由于省却了中间环节，所以价格更具竞争优势，同时也能满足顾客个性化的需求。

（资料来源：臧良运．消费心理学［M］. 北京：北京大学出版社，中国农业大学出版社，2009：274.）

问题：

消费者为什么会选择网上购物？网上购物的消费心理如何？网络营销怎样满足消费者

的需求并赢得消费者的青睐？

分析提示：

网络消费者能够以一种全新的方法在虚拟网络市场中自由地选择、购买自己所需要的信息、商品及其他服务，不再受制于各种现实、市场空间等外部因素。在网络营销中，消费者心理呈现出新的特点和发展趋势。他们追求文化品位、追求个性化、追求自主独立、追求表现自我、追求方便、快捷，追求时尚、追求物美价廉。网络营销者必须认真研究顾客消费心理，对网络用户情况进行分析、了解他们的特点，制定相应的对策、吸引顾客、提高企业竞争力。

同步实训 10—1

走访网店

【训练目标】

通过走访网店，了解经营者心理和网络购物者的消费心理。

【训练内容】

走访网店，详细了解该网店经营模式、货款结算方式、经营商品类别、货物配送模式、消费对象特点和网络营销者的经营感受等内容。

【训练操作】

（1）将学生每5人分为一组，并选出小组负责人一名。

（2）小组负责人与组员共同制定走访方案，明确任务。

（3）走访2—3家网店，了解网络营销情况，并详细记录相关资料。

（4）每组写一份走访报告。

【成果要求】

（1）每组撰写一份《关于网店营销与消费心理的报告》。

（2）就各组的分析报告在班级交流，并由老师作点评。

（3）学生实训成绩由学生完成走访任务情况、资料记录和小组报告交流的成绩综合评定。

10.1.2 网络消费者

1. 网络消费

网络消费简言之是指人们借助互联网而实现其自身需要的满足过程。网络消费又可从广义和狭义两个角度去理解，从广义上讲，是人们借助互联网络而实现其自身需要的满足过程。它包括网络教育、在线影视、网络游戏在内的所有消费形式的总和。从狭义上说，网络消费指消费者通过互联网络进行购买商品的行为和过程。消费者和商家凭借互联网进行产品或服务的购买与销售，是传统商品交易的电子化和网络化。网络消费也称为“网络购物”或“网上购物”等，包括B2C和C2C两种形式。这里主要从狭义的角度探讨消费者的网上消费心理及行为。

2. 网络消费的特征

网络消费不同于传统消费，它具有以下几方面的特征：第一，网络消费的无边际性。

网络消费通常是在互联网技术所构成的虚拟购物空间或消费网页中进行的，消费者的购物行为不再被距离所限制。通过在线方式，消费者可以在其他国家或地区，甚至传统意义上不存在的商场进行购物。网络消费是一种没有边界限制的购物行为。另外，消费者的购物行为不再被时间所限制，网络商店 24 小时营业的全时域特征为人们提供了更为自由的消费空间。第二，网络消费的个人性。对于消费者而言，能够不被强迫而自由自在地消费。那将是一件相当愉悦和幸福的事，而网络交往的高度随意性和隐匿性决定了网络主体可以“随心所欲”地进行消费活动，从一定意义上说，网络消费使人变得更自由、更富有个性和智慧。第三，网络消费的直接性，从现代经济学的角度来看，网络消费相对于传统消费而言似乎对消费者更为有利。数字化网络所产生的知识经济合力，缩短了生产和消费之间的距离，省却了各种中间环节。使网上消费变得更加直接、更容易使买卖双方能在一种近乎面对面的、休闲的气氛中，在获得大量信息和得到乐趣的同时，点击鼠标就能在瞬间轻松地完成购物。第四，网络消费的便捷性。网络消费的便利和快捷是每一个网络消费者共同的体会，也是网上交易的最诱人之处。如果你想在网上购物，只需到相应网站的网页上进行简单的讨价还价，再一按鼠标，就可完成一笔买卖，而且往往还能享受到送货上门的服务。

3. 网络消费者及心理特征

(1) 网络消费者

结合对网络消费的理解，我们可以将网络消费者定义为：是指以网络为工具，通过互联网在虚拟网络市场中进行消费和购物活动的消费者人群，网络消费者具有许多新的特征。第一，他们很年轻，文化程度高；第二，他们注重自我，他们都各自有一些独特的、不同于他人的喜好，他们有自己独立的想法，对自己的判断力非常自负；第三，他们头脑冷静，擅长理性分析，他们不会轻易受舆论左右，受潮流影响；第四，他们对新鲜事物的追求孜孜不倦，对事物喜欢追根究底；第五，他们的品位越来越高，他们对产品和服务的质量和精细程度都相当高，他们在购物时都有自己的标准；第五，他们的消费观念发生了很大变化。绿色消费、理性消费将成为主流价值观。

(2) 网络消费者心理特征表现

①追求文化品位的消费心理。在互联网时代，文化的全球性和地方性并存，文化的多样性带来消费品位的强烈融合，人们的消费观念受到强烈的冲击，尤其青年人对以文化导向的产品有着强烈的购买动机，而网络营销恰恰能满足这一需求。

②追求个性化的消费心理。网络消费者往往富于想象力，渴望变化，喜欢创新，有强烈的好奇心，对个性化消费提出了更高的要求，他们所选择的已不仅仅是商品的实用价值，更要与众不同，充分体现个体的自身价值，这已成为他们消费的首要标准。而消费品市场发展到今天，多数产品无论在数量上还是质量上都极为丰富，消费者能够以个人心理愿望为基础挑选和购买商品或服务。个性化消费已成为消费的主流。

同步案例 10—2

网络营销与消费个性化

背景资料：

芭比娃娃是享誉世界的一种玩具，以往人们只能通过大型百货商店和玩具商店购买千篇一律的芭比娃娃。从1998年10月开始，消费者可以通过www.barbie网站定制芭比娃娃，从制造商玛泰尔公司提供的若干选择中挑选自己中意的娃娃——芭比的皮肤弹性，眼睛头发的颜色及式样，附件的名称。当这个“自己的芭比娃娃”被送到你的手中时，你会在包装上找到娃娃的名字，甚至还有这个由个人选择和计算机程序共同创造的娃娃性格。个性化的消费正在也必将成为消费的主流之一。

问题：

谈谈你对玛泰尔公司网络定制营销，满足个性化消费的做法的看法？

分析提示：

现代消费者往往富于想象力，渴望变化，喜欢创新，有强烈的好奇心，对个性化消费提出了更高的要求。他们所选择的已不再单是商品的实用价值，更要与众不同，充分体现个性的自身价值，这已成为他们消费的首要标准。玛泰尔公司推出网络定制营销，满足个性化需求心理，吸引了不少网络购买者，满足了消费者追求时尚、追求表现自我、追求个性化消费心理。因而开拓了新的市场空间，是一种有创新又有文化品味的新的商业模式，对我们从事网络营销有很多启示。

③追求自主独立的消费心理。在社会分工日益细分化和专业化的趋势下，消费者购买的风险感随着选择的增多而上升，而且对传统的营销方式感到厌倦和不信任。在对大件耐用消费品的购买上表现的尤其突出，消费者往往主动通过各种可能的途径获取与商品有关的信息并进行分析比较，他们从中可以获取心理上的平衡以减轻风险感，增强对产品的信任和心理满意度。

④追求表现自我的消费心理。网上购物是出自个人消费意向的积极的行动，消费者会花费较多的时间到网上虚拟商店浏览，比较和选择，独特的购物环境和与传统交易过程截然不同的购物方式会引起消费者的好奇、超脱和个人情感变化。这样消费者完全可以按照自己的意愿向商家提出挑战，以自我为中心，根据自己的想法行事，在消费中充分表现自我。

⑤追求方便、快捷的消费心理。对于惜时如金的现代人来说，在购物中即时、便利、随手显得更为重要。传统的商品选择过程短则几分钟，长则几小时，再加上往返路途的时间，消耗了消费者大量的时间、精力，而网上购物的消费者无需驱车到很远的商场去购物，交款时无需排着长队耐心等待，最后也无需为联系送货而与商场工作人员交涉。坐在家中即可逛虚拟的商店，在比较各种同类产品的性能价格以后，作出购买决定，用电子货币结算，无论从时间上看，还是从地域上看，都有很大的便捷性，可以满足消费者足不出户即在很大范围内选择商品的心愿。

⑥追求躲避干扰的消费心理。网络消费者更加注重精神的愉悦，个性的实现，情感的满足等高层次的需求满足，希望在购物中能随便看、随便选，保持心理状态的轻松自由，最大程度地得到自尊心理的满足。而传统的店铺式购物中商家提供的销售服务却常常对消费者构成干扰和妨碍，有时过于热情的服务甚至吓跑了消费者。

⑦追求物美价廉的消费心理。从消费者的角度说，价格不是决定消费者购买的唯一因素，但却是消费者购买商品时肯定要考虑的因素，而且是一个非常重要的因素。网上购物之所以具有生命力，重要的原因之一是网上销售的商品价格普遍低廉。这一方面是由于网络营销作为新兴市场可以减少传统营销中中间费用和一些额外的信息费用，

可以大大削减产品的成本和费用，另一方面从企业内部来讲，许多企业为了抢占网络市场，在网络营销战略中，努力通过降低生产成本、降低相关业务管理费用和销售费用来控制网络销售产品的定价，这为满足网络消费者追求物美价廉的消费心理提供了可能。

⑧追求时尚商品的消费心理。现代社会新生事物不断涌现，消费心理受这种趋势带动，稳定性降低，在心理转换速度上与社会同步，在消费行为上表现为需要及时了解和购买到最新商品。产品生命周期的不断缩短反过来又会促使消费者的心理转换速度进一步加快。而网络营销的快捷、方便、全球性正好满足了网络消费者这种心理需求。

10.2　网络消费者的需求、动机和购买行为

10.2.1　网络消费者的需求

随着互联网技术的飞速发展，网络作为一种新的载体，正在以一种惊人的速度和力量改变着人们的生活方式。目前越来越多的人选择网络作为载体进行购物，通过网络消费来满足自己的需求，因此对网络消费者需要、动机的研究就成为消费心理学的一个重要研究内容。

1. 网络消费者的需求

网络消费者的需求是指在网络营销环境下，网络消费者为了满足自己的生存和发展，对获得物质财富和精神财富的愿望和欲望。

2. 网络消费者需求的层次

现代网络消费者对企业的需求按层次由低到高排列如下：

（1）需要了解公司产品、服务的信息

网络消费者需要广泛了解产品、服务的详细信息，从中寻找能满足他们个性化需求的特定信息。这些要求在网络营销的环境下可轻而易举地实现。

（2）要求公司帮助解决问题

帮助顾客解决问题是指从产品安装、调试、使用到故障排除，提供产品系统更深层次的知识等都是顾客服务的范围。而在网络营销的环境下不仅能提供解决问题的方案，而且能提供对产品知识的自我学习，自我培训，还能将顾客自我教育为产品专家。

（3）接触公司人员

网络消费者不仅需要自己了解产品，了解服务的知识、解决问题的方法，同时还需要像传统顾客服务一样，在必要的时候和公司的有关人员直接接触，解决比较困难的问题，或询问一些特殊的信息，反馈他们的意见等。

（4）了解整个过程

网络消费者不仅需要了解信息、接触人员，常常还要作为整个营销过程中的一个积极主动因素去参与产品的设计、制造、运送等。这一点充分体现了网络消费者个性化服务的双向互动的特性。网络消费者了解产品信息越详细，他们对自己需要什么样的

产品也就越清楚。公司要实现个性化的顾客服务，也应将主要顾客的要求，作为产品定位的依据纳入产品的设计制造、改进的过程中。从而建立公司与顾客的“一对一”的服务关系。

3. 网络消费者的需求特征

(1) 消费需求的个性化

在现代社会中，没有一个消费者的心理是完全一样的，每一个消费者都是一个细分市场，心理上的认同感已成为消费者选择品牌和产品的先决条件。网络作为一个全新的营销工具，能提供即时、互动的顾客服务，满足消费者个性化需求。

对于不同的网络消费者，因其所处的环境不同，也会产生不同的需求，即便在同一需求层次上，他们的需要也会有所不同。因为网络消费者来自世界各地，有不同的民族、信仰和生活习惯，因而会产生明显的需要差异性。

(2) 消费的主动性增强

消费的主动性增强来源于现代社会不确定性的增加和人类追求心理稳定和平衡的欲望。如在许多大额和高档消费中，消费者往往会主动通过各种可能的渠道获取与商品有关的信息并进行分析和比较。或许这种分析和比较不是很充分和很合理，但消费者能从中得到心理的平衡以减轻风险或减少购买后产生的后悔感，增加对产品的信任程度和心理上的满足感。

(3) 消费者直接参与生产和流通的全过程

传统的营销渠道由生产者、经销商和消费者组成，其中商业机构起着主要的作用。生产者不能直接了解市场，消费者也不能直接向生产者表达自己的消费需要。而在网络营销中消费者能直接参与到生产和流通中来，与生产者直接进行沟通，减少了市场的不确定性。

(4) 追求消费过程的方便和享受

在网上购物，除了能够完成实际的购物需求之外，消费者在购买商品的同时，还能得到许多信息，得到在各种传统商店里购物所没有的乐趣。同时，网上购物的方便性也会使消费者节省大量的时间和精力。

(5) 价格是影响消费心理的重要因素

网络营销系统巨大的信息处理能力，为消费者挑选商品提供了前所未有的选择空间，消费者会利用在网上得到的信息对商品进行比质比价，以决定是否购买。消费者也可以通过网络联合起来向厂商讨价还价，产品的定价逐步由企业定价转变为消费者引导价格。

(6) 网络消费的层次性

网络消费就其消费内容来说，仍然可以分为由低级到高级的不同层次。在网络消费的开始阶段，消费者侧重于精神产品的消费，到了网络消费的成熟阶段，消费者在完全掌握了网络消费的规律和操作，并且对网络购物有了一定的信任感后，消费者才会从侧重于精神消费品的购买转向日用消费品的购买。

同步案例 10—3

一对一的服务

背景资料：

世界饮料巨头可口可乐公司（heep：///www. cocacola. com），也力求在网络营销中与顾客交互往来获得信息。在可口可乐公司的网站调查栏目中，设计了以下一批问题：

①您最常访问哪类站点（科学、商业、政府、卫生、教育、新闻、运动、娱乐、游戏、地理……）？

②您是如何找到可口可乐站点的（搜索引擎、从报纸或杂志上看到、从朋友处听到、从一个你本人不太喜欢的人处听到、本人是可乐迷专程找上门来的、只是偶然撞上、从别的站点链接过来的）？

③您最后一次访问本站是（昨天、上周、上个月、很久以前）？

④您访问过本站几次（1 至 2 次、3 至 6 次、6 次以上）？

⑤您最喜欢本站哪些页面或栏目（选择栏目……）？

⑥您认为本站点还应增加哪些内容（游戏、不同品牌的信息、可下载的新资料和旧素材、建站者信息……）？

⑦您认为本站点在网上排名第几（你访问过的前 5% 以内、前 10% 以内、排名再靠后些……）？

（资料来源：瞿彭志．网络营销［M］. 北京：高等教育出版社，2009：63.）

问题：

可口可乐公司设计网站调查栏目目的是什么？对你有何启发？

分析提示：

通过以上调查项目，可以获取有关消费者的第一手资料，而且这些资料是一笔无可估量的财富，它将在营销站点改进、建立顾客数据库、开展精神营销、个性化服务和培养顾客忠诚度、增强品牌竞争力方面发挥巨大的作用。企业也可以从顾客的建议、需求和希望得到的服务中，找出企业的不足，改变企业自身的经营管理，提高网络营销的服务质量。

10. 2. 2 网络消费者的购买动机

1. 网络消费者的购买动机

网络消费者的购买动机是指在网络购买活动中，能使网络消费者产生购买行为的某些内在的驱动力。由于动机是一种内在的心理状态，但它可以根据人们长期的行为表现和自我陈述后加以了解和归纳。在传统的营销活动中，了解消费者购买动机相对容易些，而在网络营销中难度相对大些，因为网络营销是一种不见面的销售，网络消费者复杂的、多层次的、交织的和多变的购买行为不能直接观察到，只能够通过文字或语言的交流加以想象和体会。因此对网络消费者购买动机的研究，就显得尤为重要。

2. 网络消费者购买动机的种类

网络消费者的购买动机基本上可以分为两大类：需求动机和心理动机。

（1）网络消费者需求动机

网络营销是在网络虚拟市场中进行的，但虚拟市场与现实市场有很大的差别，所以在虚拟市场中人们希望满足以下三个方面的基本需要。

①兴趣需要。分析畅游在虚拟社会的网民可以发现，网民之所以热衷于网游，是因为对网络产生极大的兴趣。这种兴趣的产生，主要出自于两种内在趋动：一是探索的内在驱动力，人们出于好奇的心理探究秘密，驱动自己沿着网络提供的线索不断地向下查询，希望能够获得更多的信息。另一种内在的驱动力是成功，当人们在网络上找到自己需要的资料、软件、商品，自然会获得一种成功的满足感。随着这种成功的个人满足感不断加强，人们对网络的接受程度也不断增强。

②聚集的需要。在互联网时代，这种虚拟的网络社会为具有相似经历的人们聚集创造了机会，这种聚集又不受时间和空间的限制，并形成极有意义的个人关系。通过网络聚集起来的群体是一个极为民主的群体。在这样的一个群体中，所有成员都是平等的，每个成员都有独立发表自己意见的权力，满足了在现实社会中经常处于紧张状态的人渴望在虚拟社会中寻求得到解脱的需要。

③交流的需要。聚集起来的网民，就形成了一个互相交流的群体，他们相互间交流的内容的广度、交流的频度随着时间推移在不断地扩大，从而产生示范效应，带动对某些种类的产品和服务有相同兴趣的成员聚集在一起，形成商品信息交流的网络虚拟社会，在这个虚拟社会中，参加者大都是有目的的，所谈论的问题集中在商品质量的好坏、价格的高低、库存量的多少、新商品的种类等。他们所交流的是买卖的信息和经验，以便最大限度地占领市场，降低生产成本，提高劳动生产率，人们对于这方面的信息需求，永远是无止境的，这就是网络营销出现之后迅速发展的根本原因。

（2）网络消费者心理动机

①理智动机。这种购买动机是建立在人们对于在线商场推销商品的客观认识基础上的。众多网络购物者大多是中、青年，他们具有较强的分析判断能力。他们的购买动机是在反复比较各个在线商场的商品之后才做出的，对所要购买的商品的特点、性能和使用方法早已非常了解。理智购买动机具有客观性、周密性和控制性等特点。在理智购买动机驱使下的网络消费者购买动机，首先注意的是商品的先进性、科学性和质量高低，其次才注意商品的经济性，这种购买动机的形成，基本上受控于理智，而较少受到外界气氛的影响。

②感情动机。感情动机是由于人的情绪和感情所引起的购买动机。这种购买动机又可分为两种形态：一种是低级形态的感情购物动机，它是由于喜欢、满意、快乐、好奇而引起的。这种购买动机一般具有冲动性、不稳定性的特点。如某种新产品，通过网页运用图片、数据、文字、动画等将商品的特点展示得活灵活现，从而吸引消费者购买。另一种是高级形态的感情动机，它是由于人们的道德情操、群体观念所引起的，具有稳定性、深刻性的特点。如网络中大量宣传绿色消费，低碳经济。凡是按照绿色和低碳生产和营销的产品人们就愿意购买。

③惠顾动机。这是基于理智、经验和感情之上的，对特定的网站、图标广告、商品产生特殊的信任与偏好而重复地、习惯地前往访问并购买的一种动机。惠顾动机的形成，经历了人们的意志过程。从它的产生来说，或者是由于搜索引擎的便利、图标广告的醒目、站点内容的吸引，或者是由于某一驰名商标具有相当的地位和权威性，或者是因为产品质量在网络消费者心目中确立了购买目标，并在各次购买活动中克服和排除其他的同类水平

产品的吸引和干扰，按照事先计划实施的购买行为。具有惠顾动机的网络消费者，往往是某一站点的忠实浏览者，他们不但自己经常光顾这一站点，而且对众多网民也具有较大的宣传和影响功能，甚至在企业的商品或服务一时出现某种过失的时候，也能予以谅解。

同步实训 10—2

走访网上购物者

【训练目标】

通过走访了解网上购物者、了解网络消费者消费心理，培养同学们与人交流沟通的能力，并学会体察别人心理。

【训练内容】

走访网上购过商品的同学（或居民），了解他们购物的品种、购买动机、购物时的感受、购后感受。

【训练操作】

(1) 将学生分为 5 人一组，并选出小组负责人一名。

(2) 小组负责人与组员共同制定走访方案，明确任务和分工。

(3) 走访 5—7 位在网上购过商品的同学（或居民），询问网上购物的原因、购物的体会和感受。

(4) 详细记录相关资料和网上购物消费者的感受。

(5) 每组共同写一份走访报告。

【成果要求】

(1) 每组撰写一份《关于网上购物者的消费心理报告》，包括走访调查人数、购物的具体名称数量、购物理由、购物感受，对小组成员的启发等内容。

(2) 就各组的分析报告在班级交流，并由老师作点评。

(3) 学生实训成绩由学生完成走访任务情况、资料记录和小组报告交流的成绩综合评定。

10.2.3　网络消费者购买决策

网络消费者购买决策过程是网络消费者在各种内外因素和主客观因素影响下形成的购买动机，导致购买行为的过程。它是由一系列环节、要素构成的完整的过程，是网络消费者需要、购买动机、购买行为和购后使用感受的综合与统一。心理学家认为，普通消费者购买决策的过程是一个动态发展的过程，一般遵循“认知需要、收集信息、比较评估、购买决策和购买后的评价”五个阶段的模式。在网络营销中，一个网络消费者完整的购买决策过程，也基本遵循上述模式。

1. 认知需要

网络购买过程的起点是诱发需求，对于网络营销来说，诱发需求的动因只能局限于视觉和听觉。文字的表述、图片的设计、声音的配置是网络营销诱发消费者购买的直接动因。从这方面讲，网络营销对消费者的吸引是有一定难度的。这就要求网络营销人员必须了解哪些刺激因素可能诱发消费者需求，进而巧妙地设计营销手段去吸引更多的消费者浏览网页，诱导其消费需求的产生。

(1) 突出产品的吸引力

产品是满足消费者的核心内容，也是影响网络消费者购买决策的首要因素。一是要做好网店推广工作，网上商店是指建立在第三方提供的电子商务平台上，由商家自行开展网络营销的一种形式。网上商店既有网上销售的功能，又具有一定的营销价值。因此，网上商店必须要强化并突出自身特色，为网络消费者提供良好的购物环境。大量的网店介绍、广告、图片展示作用于消费者的感觉器官，消费者不可能同时反映所有这些事物，只会选择性地对某些事物产生清晰的反映。一般消费者会关注以下三个方面的刺激物：第一是与消费者目前的需要有关的。如近期有购买电子图书打算的消费者，会直接被与电子图书相关的产品信息、广告、图片等吸引。第二，是与消费者兴趣相关的，如对图书比较感兴趣的消费者，往往会关注网上发布的最新图书信息。第三，是变化幅度大于一般的，较为特殊的刺激物。因此，网上商店在站点设计、网页制作方面应注意突出自身站点特色，主题鲜明，在结构和背景上体现出自己独特的一面，体现自身的企业文化和经营理念，同时提供方便的搜索界面，注意信息丰富、有趣和及时更新，在网页中将文字、图像、动画、音乐等多种元素融合，提供网站导航支持、站点结构图与其他网站的连接，使消费者轻松浏览吸引其注意力，诱发消费者的需求。二是突出产品的特色，由于目前网络消费者多以年轻、高学历用户为主，他们有自己独立的思想和喜好，对自己的判断能力也比较自负，所以他们对产品的具体要求越来越独特，而且变化多端，个性化越来越明显。因此，网络营销人员应根据消费者的不同特征细分市场，满足消费者的个性需要，提供定制化服务，使其产品集个性、独特、新颖于一身。三是提高产品的显示效果。网上产品的展示只有通过文字说明和图片来展示。网上产品的文字说明要尽量做到语言描述充分、准确，减少消费者对产品的误解。网上产品的图片展示，要对网络前沿科技保持高度敏感与关注，利用最新的科学技术，使用清晰的图片、动态、三维地表现产品特性，提高产品展示效果，诱导消费者需求。

(2) 充分发挥网络营销定价优势

企业进入网络营销市场的主要目标是占领市场求得生存发展的机会，然后才是追求企业的利润。因此企业面对网络营销市场必须采用相对低的定价策略来占领市场。这是由于互联网起步和发展都依托了免费策略，而且免费策略也得到了成功的商业运作。加之网络营销作为新兴市场，可以减少传统营销的中间环节费用和一些额外的信息费用，可以大大削减产品的成本和销售费用，这也为网上商品低价销售提供了可能。网络购物之所以有生命力，其原因之一就是网上销售的商品价格普遍低廉。网络营销者可以针对网络消费者追求物美价廉的这种心理去诱导消费需求的产生。一是设计好“特价热卖”栏目。网络消费者只要进入专栏，就可以轻松获得各个热销产品的信息以及价格，进而通过链接进入消费者认为合适的网站，完成购物活动。二是运用好折扣策略，网上商店一般都要按照现实市场上的流行价格进行折扣定价。具体做法是，要明确标明本网店该商品市场指导价的具体价格，并标明本网店的优惠幅度，让网络消费者一目了然。

(3) 提高网络购物的方便性

网络购物的方便性主要表现在以下两个方面，一是时间上的方便，网络消费者无论身处何地都可以 24 小时订购商品，购买过程也无须排队等候，既不受时间限制又能节省时间。二是空间上的方便性。网络消费者不用离开他们的办公室或家中就可以找到有关公司、产品、价格、竞争者等方面的可比信息，并且足不出户就很方便地从网店中方便快捷地找到自己想要购买的商品。

目前网络消费者出于便利的原因选择网络购物方式主要基于以下两种情况：一种是自己购买，产品直接送到购物者手中；另一种是为他人购买礼品，需要送到第三方手中，前者希望足不出户，得到送货上门的服务，或希望买到本地没有的商品；后者通过网络购物的一站式服务直接将礼品送到朋友手上，节约了包装、送达等一系列繁琐的过程。

随着网络营销的发展，要让网上购物方便快捷的优势发扬广大，网络营销商要注意做好以下两方面工作：第一，搞好物流配送工作，能及时地将网络消费者订购的商品准确完好地送到消费者指定的地方。第二，提高网站访问的便利性，网络消费者可以通过网站方便地获取信息，而且所提供的交易过程简单，让消费者在购物过程中付出的时间和精力最小化。从而激发消费者需求的产生。

（4）采用多种促销因素，激发消费者新的需求

网络消费者需求具有可诱导性，网络营销者可以通过人为地、有意识地给予外部诱因而促使其产生消费需求。主要的网上措施有：第一，开展灵活多样的促销推广活动。网络营销者利用网络技术向虚拟市场传递有关商品和服务信息，以启发需求，引起消费者购买欲望和购买行为。如网上赠品促销、网上抽奖促销、积分促销等。第二，开展体验营销。为了取得消费者理解和信任，网络营销者可以先将一些商品让网络消费者体验与使用，消费者通过消费商品和服务而获得对购物网站的了解和对其商品的信任，从而产生购买欲望。第三，运用关联策略促进销售。网络营销者利用商品种类或者名称之间的相互联系，以推荐或相关链接的方式为网络消费者提供与其密切相关的商品信息，以达到促进顾客购买的目的。第四，将网络文化与商品广告相融合来吸引消费者。网络营销商可将自己的商品广告融于网络游戏中，使网络使用者在潜移默化中接受促销活动，或者通过组建用户俱乐部吸引大批的网友来交流意见，借助网络文化传播实现促进销售的效果。第五，利用网络聊天功能开展消费者联谊活动或在线商品展销活动和推广活动。此外，网络营销商可以通过电子邮件等方式给顾客提供有用的商品信息，主动争取顾客，劝诱他们购买。或者与非竞争性的厂商进行线上促销联盟，通过相互线上资料库联网，增加与潜在消费者接触的机会，促使其消费需求的产生。

2. 收集信息

当需求被唤起以后，每一个消费者都希望自己的需求能得到满足，所以，收集信息，了解行情成为消费者购买决策过程的第二个环节，这个环节的作用就是收集商品的有关资料，寻找购买目标，为下一步的比较选择奠定基础。在网络购买过程中，商品信息的收集主要是通过互联网进行的。如网络消费者根据已经了解的信息，通过互联网跟踪查询，或者在网上不断地浏览，寻找新的购买机会。

在网络营销中由于网络消费对购买商品风险的预期不同，对网上提供商品和服务认识上的差异，对商品和服务感兴趣的程度的区别等原因，都会影响到网络消费者收集信息的范围和努力程度。

网络营销者要根据影响网络消费者信息收集范围和努力程度的因素做好相应的应对工作。第一，注意网络消费者的教育，满足消费者信息需求。网络营销者可以通过开设网上

培训、网上讲座、消费论坛、建立网上虚拟展厅等措施，使网络消费者全面了解产品的各方面相关信息，满足消费者的信息需求。第二，提高网站的链接速度及网页的响应速度，节约网络消费者搜索信息时所花的时间，目前网络消费者以年轻人为主，他们相对缺乏耐心，当他们搜索信息时，如果链接、传输的速度比较慢的话，他们一般会马上离开这个站点。第三，优化有效搜索引擎。据有关资料显示，很多准备网上购物的顾客使用搜索引擎来寻找他们想要的产品。因此，网络营销者应对一些效果好的搜索引擎加大广告投入，并做好搜索引擎的排序工作，以提高被点击的机会。同时要利用网页分析技术优化网站，使从搜索引擎中走来的目标顾客更便捷地找到他想要的商品及相关信息。

3. 比较选择

消费者在广泛收集信息的基础上，对收集来的信息进行分析比较，形成若干个购买方案。

在网络营销中，网络消费者在比较选择购买某种商品时，首先是对网络营销商有信任感；其次对网络营销商提供的支付方案有安全感；第三，对产品有好感。因此，网络营销商要针对网络消费者的心理特征，除了重点抓好商品宣传与推广方面的工作外，还需要在营销商自身的品牌宣传方面下功夫。因为目前网络营销已进入到品牌竞争时期，竞争的焦点已日益集中在客户服务的质量、营销环节处理的好坏、广告宣传和网站知名度、信誉度、美誉度形象的树立等方面。

4. 购买决策

网络购买决策是指网络消费者在其购买动机的支配下，从两件或两件以上商品中选择一件满意商品的过程。

与传统购买决策相比，网络消费者在做出决策时有三个方面特点：一是网络消费者理智动机所占比重较大，而感情动机的比重较小。二是网络购物受外界影响较小，大部分的购买决策是网络消费者自行做出的，或是与家人商量后做出的，较少受到外部环境的影响。三是网上购物的决策行为速度更快，效率更高。网络消费者由于查找信息的范围广、速度快，很容易迅速准确地发现拟选的方案，无形中会加快其购买决策的速度。

网络消费者购买决策的内容主要包括：购买目标、为什么购买、什么时间购买、什么地点购买、购买多少、购买方式等内容：

（1）购买目标决策

即网络消费者要购买什么，具体内容包括商品的品牌、性能、质量、款式、价格和售后服务。

（2）购买原因决策

即网络消费者的购买动机。具体讲就是网络消费者购买商品的原因和驱动力。

（3）购买时间决策

即确定网络消费者什么时间购买的问题。不同的商品购买时间不同，不同的网络消费者对同一商品购买时间也有差异。

（4）购买地点决策

网络消费者购买地点目前有三种情况：第一种是通过网络方式购买，即利用新兴的搜索引擎，在网上查询有关商品信息，最后通过网络购买商品。第二种是网络购买与网下购买相结合，网络消费者去一些知名的网站搜索或到传统商场询问，进行一系列比较筛选后，根据比较结果在网上直接购买，或到传统商场购买商品。第三种是利用网上搜索信息到传统商场购买商品。

（5）购买数量决策

即网络购买者购买量的决策问题，通常网络购买者会根据自己的生活方式、购买习惯、使用频率、支付能力以及该网站配送费用的收取情况，决定一次购买商品的数量。

（6）购买方式决策

即确定如何购买的问题，网络消费者一般要根据个人经济状况、支付能力和对网络购物风险的态度来决定采用什么样的货款支付方式和货物的运送方式。

5. 购后评价

网络购买者购买和使用所购的商品后，会根据自己的感受进行评价，以验证购买决策的正确与否。一般来说，评价结果存在两种情况，假如网购商品能够在约定的时间范围内及时送达，且完全符合自己的意愿，网络消费者不仅自己重复购买，还会积极地向他人宣传推荐。相反，假如网购商品不符合其意愿，效用很差，或遭遇网络欺诈，网络消费者不仅不会再购买，还会通过各种渠道发泄其不满，并竭力阻止他人网上购物。

10.3 网络营销与消费心理

10.3.1 制约网络营销发展的心理因素

随着互联网投入商业化运营后，网络营销应运而生并蓬勃发展。与传统营销方式相比，网络营销显示出了购买形式方便，寻找信息快捷，交易节省时间等许多优势。但网络消费者对网上购买仍存在一定程度的担忧，除了支付手段不熟悉，对安全性能不放心因素外，心理的影响，也制约了网络营销的发展。

1. 受传统购买观念束缚

长期以来消费者形成“眼看、手摸、耳听”的传统购物习惯在网上受束缚。网络购物也很难满足人们结伴购物的社交动机，无法在购物过程中显示自己的社会地位、成就或支付能力，网络购物无法满足消费者直接看花色、式样，手触摸商品质地，试穿试用、试听等体验心理，也无法满足某些喜欢在现场讨价还价消费者的需求。因此对于看不到的实物，光是在网络的虚拟空间中看几张图片几句描述就要付款，然后要经过一段不短的等待后才能拿到货物的购物方式显然难以接受，消费者的观念问题是制约我国网络发展的一个主要因素。

2. 个人隐私权受到威胁

在网络交易过程中网络营销者往往要求交易对方提供更多的个人信息，同时也可以利用技术方法获得更多他人的个人信息。因此，对这些信息的再利用便成了网络时代的一个普遍的现象。网络营销者为了促销商品等目的，未经授权向网络消费者发送垃圾邮件，影响消费者个人生活安宁，构成侵害网络消费者隐私权的行为，有的甚至将这些信息出卖以谋取经济利益，即使有的企业对客户的个人信息采取了保密的手段，但日益猖狂的黑客攻击常常是防不胜防，许多网站经营者保存的客户资料包括个人信息、银行账号等均被盗取，使得网络消费者的财产权和隐私权均遭受损失。另外，随着网络营销的发展，网络经营者不仅要争夺已有的客户，还要挖掘潜在的客户，而现有的技术不能保障网上购物的保密性。由于隐私权得不到保护，使许多潜在的网络消费者担心自己的个人信息被泄露，不愿参与网上购物。

3. 对网上支付缺乏信任感

在网络营销中，由于买卖双方难以见面，所以货款只能采用网络银行或银行汇款等方式，这就使网络消费者在进行网上购物时产生较大的支付风险，即支付方式给消费者带来的不确定性。当消费者采用网上银行支付货款时，不但要担心款项是否能如期安全付到指定账户，同时更担心在进行网上支付时所带来的个人信息账户密码被盗用等风险，于是消费者不愿在网上提供他们的各种个人信息（包括信用卡信息），这已成为网络营销发展的主要障碍之一。此外，现阶段网上支付不论是邮局汇款还是在线支付，步骤繁琐且存在漏洞，而且成本较高，加之有时还会收到虚假订单，没有订货却被要求支付货款或返还货款，因此很多消费者还是习惯于一手交钱一手交货的传统购买模式。

同步案例 10—4

网络交易存在风险

背景资料：

2005 年 11 月 23 日，来自上海的张小姐的网络购物密码被盗，有人利用该账户的良好信用记录，在国际网站上发布了 5 台笔记本电脑的出售信息，诈骗了 1300 多欧元。之后的 1 个多月，张小姐的邮箱频频收到来自巴西的“催款、催货最后通牒”，巴西买家莱昂纳多还用中文翻译软件将自己的意思翻译成蹩脚的中文，以此传递愤怒。这是一起国内罕见的跨国电子商务诈骗事件。

（资料来源：http：//www. stdaily. com/gb/stdaily/2006 - 01/06/content_ 474407. htm。）

问题：

张小姐的网络购物密码被盗，表明网上交易的安全性较低，你对这个问题是怎样看的？盗取张小姐网络购物密码的人是一种道德缺失行为？还是违法行为？

分析提示：

目前我国网络营销的法律环境还较为薄弱，主要问题是权利与责任主体不明晰。消费者缺乏保障自身权益的有利法律武器，对经营者也缺乏法律法规的约束，加之别有用心的人有意破坏，消费者在网络消费中的权益有时就显得很难保障。

盗取张小姐网络购物密码的行为是一种严重的违法行为。这种行为是影响网络购物的最大隐忧，要加大舆论谴责，也必须加大法律制裁力度，维护网络交易的安全性。

4. 对虚拟购物环境缺乏安全感

网络购买是在虚拟市场中进行的，交易双方并不需要面对面地直接接触，消费者面对的是计算机，通过网络了解经营者和商品。现代信息技术在给消费者带来方便的同时，也为侵害消费者权益的行为提供了技术条件。网络消费者的知情权、求偿权、自主选择权受到侵害都与网络的虚拟性有直接关系。作为网络消费者，关心的是商家提供的商品信息、商品质量、商品售后服务能否和传统的商场一样有保证，购买商品后能否如期拿到商品。加之目前仍缺乏相应的法律和其他规范手段，如果发生网上交易纠纷，消费者举证困难，权益不能获得足够的保障。这些问题都会制约未来网上购物的进一步发展。

5. 对低效的物流配送系统缺少保障感

开展网络营销目前大多数企业都是通过选择合作伙伴，利用专业的物流公司为网络营销者提供物流服务，由于网络营销配送的商品主要是最终消费品，即生活消费品和日常用品，包括食品、服装、日常生活用品、家用电器、化妆品、文化体育娱乐用品、办公用品等。其配送具有品种多、批量小、距离长短不一、集货分货次数多、流通加工与包装次数多且不一致，服务质量要求程度不同，最终送货用户众多等特点。面对网络营销这样的物流配送特点，要保证配送地点与时间的准确无误，保证商品质量的外观完好无损，保证安装调试的准确到位与使用方便，保证货款与配送费用支付的简单快速，保证服务过程中的热情周到。配送的准确与安全方面难度很大。而且我国现在还缺乏一个高效成熟的社会物流配送体系，缺乏为电子商务网站配套服务的实物配送企业。加之，网上购物商品配送周期长、费用高、准确率低，低效的物流配送系统离网络消费者要求甚远，影响了网络营销的发展。

同步案例 10—5

购买容易，送货难

背景资料：

在网上买到心仪的商品，通过邮寄、快递送达自己或朋友手中，网络购物的飞速发展推动了快递业的繁荣。然而，消费者在承担网购风险的同时，有时竟还需为快递引发的问题埋单。记者日前从消费者协会了解到，随着网络购物的迅速发展，由快递引发的网购投诉也呈上升趋势。

家住历城区仲宫镇的刘小姐最近就遇到了一件烦心事：外地的朋友在网上选购了一件饰品，作为送给她的结婚礼物。然而货到济南时，快递公司却以刘小姐住在二环以外为由拒绝送货上门，要求她自行到公司领取。刘小姐多次与快递公司、卖家协商解决，均遭到拒绝。快递公司称“二环以外不送货”是公司规定，卖家则表示这是快递公司与刘小姐之间的问题，与自己无关。刘小姐无奈，只好请市区的朋友代为接收。

（资料来源：韩小红．网络消费者行为［M］．西安：西安交通大学出版社，2008：139.）

问题：

快递公司拒绝给刘小姐送货的行为符合企业营销伦理吗？谈谈你的看法？

分析提示：

网上卖家承诺“送货上门”，快递公司却以种种理由拒绝，与刘小姐有类似遭遇的不在少数。这种事情的发生，一方面由于网上店铺缺少基本的营销伦理和必要的监管；另一方面快递公司也无相应的法律严格规范，快递过程中一旦发生问题，卖家、快递公司经常互相推脱责任，消费者权益很难得到保障。这些都需要从法律、行业规范、营销伦理方面进行规范，才能为网络营销创造安全可靠的营销环境。

10.3.2 网络营销中的消费心理策略

随着网络营销的发展，网络消费者的心理与以往相比也出现了一些新的特点，网络消费者的特殊心理给网络营销者的经营理念带来了新的挑战，网络营销者必须在营销策略、方式、手段上有所突破，建立一套适合网络营销的运作机制。

1. 创造良好的网络营销环境

实践证明，网络营销的发展需要特殊的环境：一是成熟的市场机制及信用服务体系；二是拥有先进的网络基础和众多的网民；三是追求创新的社会文化环境。

（1）健全市场机制完善信用保障体系

由于网络消费的性质决定了网络消费者权益保护的特殊性，必须建立健全与网络消费相关的法律法规，保障网络消费者的合法权益；要实施网络市场准入制度，将网络经营行为纳入法律规范与政府监管范围，建立全国统一的网络营销认证体系和网上投诉中心。充分发挥各类中介机构和行业组织的作用，通过各类社会组织、社会舆论和个人对损害消费者权益的行为进行监督。保护网络消费者的权益。为了保障网络消费者的权益，要尽快建立卓有成效的信用管理体系和消费者权益保护法律体系。构建让消费者放心购物的良好环境。

（2）不断提升网络技术水平，完善网络消费配套设施

完善网络技术是提高网络安全的关键，对于网络消费安全而言，相关的技术主要包括通讯安全技术和计算机安全技术等内容，完善网络配套设施，主要是健全网上银行体系，尽快促使网上认证中心向统一化方向发展。同时要规范网络营销者的行为，努力提升服务质量和水平，要明确网络营销者对用户的责任，以保护消费者的权益，吸引更多的消费者在网上购买，促进网络营销的发展。

（3）加强教育，提倡网络消费

在网络时代，消费者迫切需要新的快捷的购物方式和服务，以及合理的最低价格，并最大限度地满足自身的需求。但由于网络营销是一种新的商业模式，目前消费者对其了解甚少，其社会认可度较低，影响了网上购物的惠顾效应。因此，构建多层次、多渠道的网络消费教育体系，提高和加强消费者对网上购物的全方位认识，以调动消费者网上购买的积极性，培养消费者网上购物的习惯，让消费者放心购物。

2. 保持网络消费渠道的畅通

一个完整的网络消费渠道一方面要为消费者提供产品信息，方便消费者进行产品的选择，另一方面在消费者选择产品后要能快捷地结算货款和及时地收到商品。因此，一个完善的网络消费渠道应发挥好订货、结算和配送等功能。

（1）订货

主要是为消费者提供产品信息，要选好域名，吸引消费者登录浏览商店，要设计好网上商店的外部形象和购物的环境，场景最好选择目标消费者熟悉或喜欢的，这样容易引起消费者共鸣，从感情上接受所宣传的产品和企业形象。同时网络营销者应该尽可能地在相关网站上增加通往购物消费网站的链接，保持网络消费者购物渠道顺畅。

（2）结算

网络消费者在购买产品后，可以选择通过多种方式方便地付款，网络营销者应向网络

购买者提供多种结算方式，以保证支付的安全性。

(3) 配送

由于网上购买的产品有无形产品和有形产品两种，对于无形产品的服务，软件音乐等产品可以直接通过网上进行配送，对于有形产品的配送，涉及运输和仓储问题，我国目前还缺少快递配送企业，只能依赖邮政系统以及一些区域性的快递公司，影响了网络营销的购买效率和覆盖的地区，这是今后要认真研究解决的问题。

3. 保障网络交易的安全性

网络购物客观上存在一定的风险，这是由于网络消费者对商品的认识和了解只能通过网络上卖方提供的图片和介绍等有限的信息，以视觉为主并结合想象等来实现的。网络购物货款的支付又往往是通过银行转账和邮寄来实现的，在这样的情况下，消费者做出的购买决策的风险很大。因此，降低网络购物风险知觉，增加消费者网络消费信心，是促进我国网络购物发展的一个切入点。

(1) 提高网络安全技术水平

网上购物过程中物流、资金流、信息流的分离状态，是消费者对网络消费缺乏安全感的重要原因。因此，为了降低消费者对网上购物风险知觉，网上购物的各个环节必须加强安全和控制措施，使消费者购物过程的信息传输和个人信息不会受到不公正的使用，以消除消费者网上购物的不确定性。

(2) 为消费者提供真实可靠的信息

网络营销者可以通过网站网页详细、真实地介绍公司的性质、类型、历史、所有者、员工、办公地址、联系电话、网站隐私和保护政策等真实可靠的信息，降低消费者的感知风险。

(3) 确保交易商品的质量

网络营销者应向消费者提供质量可靠的商品，同时向消费者承诺提供各种担保，承诺可以自由退换有缺陷的商品。通过提供技术保证和商品质量保证，激发消费者网络购物的信心，减低购物风险知觉。

(4) 完善售后服务

网络营销者应建立客户服务中心，及时为顾客提供所订商品的信息，充分利用电子邮件等方式与消费者进行交流和沟通，及时提供消费者订单确认，商品配送等信息，切实提高售后服务和服务质量，努力降低和消除网络消费者购买商品的后顾之忧。

(5) 落实有效配送

作为网络营销者，应努力建立和完善自己的商品配送系统，保证消费者订购的商品能准确、及时、完整地送到消费者手中。同时当商品出现配送差错，消费者要求退换、修理商品等也能及时方便地解决，这样有利于减少和降低网络消费者网上购物过程中对交付风险的知觉。

4. 加强网站管理

网络营销要通过自己的网站宣传或展示商品，详细、全面地介绍商品的关键信息，客观、真实地展示商品的形象、色彩等图像信息，为消费者尽可能多地提供相关信息，积极同消费者建立联系。

网络营销者还应提供方便、友好、快捷的交互界面，简便交易流程，使消费者能迅速进入并快速搜索商品，方便地进行交易或取消订单。

网络营销者更应注视网站及网页的安全性，不断升级安全措施，努力解决影响网上购物的网络连线速度过慢、网络支付安全缺乏保障等问题。

总之，维护网站的良好管理，建立良好的管理机制，统一指挥，统一调配，为网络消费者提供全天候、即时、互动的个性化服务，一定会给网络购买者带来购物与消费的充分信心。

本章知识脉络

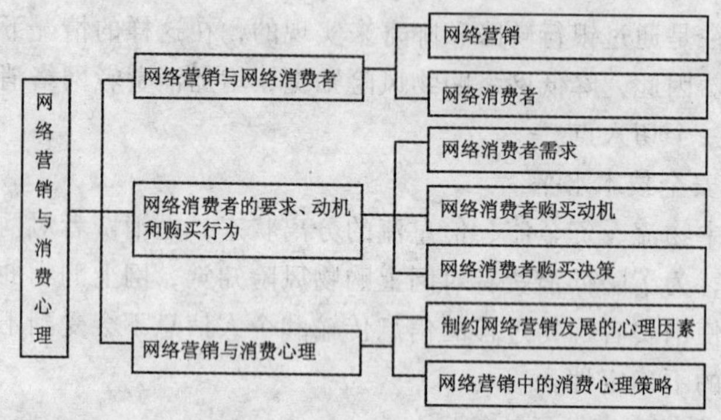

本章导入案例点评

本案例通过中国互联网信息中心的统计资料说明我国不论网络营销的营业额，还是网络用户数量都达到了相当规模，特别是近几年随着互联网的普及，网络通讯技术的发展，网上交易和支付体系的不断完善和规范，网络营销有了更迅猛的发展，随着人们消费心理的变化，网络营销一定会日益成为受到人们重视的商业模式。

思考与练习

1. 理论题

(1) 单选题

①网络消费是指人们借助（　　）实现其自身需要的满足过程。

A. 网络　　B. 互联网

C. 通讯技术　　D. 数字交互式媒体

②下面哪一点不属于网络消费特征（　　）？

A. 网络消费的无边际性　　B. 网络消费的个人性

C. 网络消费的直接性　　D. 网络消费的好奇性

③将现代网络消费者对企业的需求按层次由低到高排列：（　　）。

A. 接触公司人员　　B. 需要了解公司产品，服务的信息

C. 要求公司帮助解决问题　　D. 了解整个过程

④网络消费者的购买动机分为（　　）两类。

A. 需求动机和情感动机　B. 需求动机和惠顾动机

C. 需求动机和心理动机　D. 需求动机和理智动机

⑤下列（　　）不属于网络购买者购买地点决策内容。

A. 网上寻找信息，网上购买　B. 报纸、电视寻找信息，传统商场购买

C. 网上寻找信息，传统商场购买　D. 网络购买与网下购买相结合

（2）多选题

①一个完善的网络消费渠道应具有（　　）功能。

A. 订货功能　B. 保障功能

C. 结算功能　D. 配送功能

E. 沟通功能

②要保障网络交易的安全性，必须做到（　　）。

A. 提高网络安全技术水平　B. 为消费者提供真实可靠的信息

C. 确保交易商品的质量　D. 完善售后服务

E. 落实有效配送

③创造良好的网络营销环境应做好（　　）工作。

A. 建立成熟的市场机制及服务信用体系　B. 完善社会主义法制

C. 拥有先进的网络基础和众多的网民　D. 追求创新的社会文化环境

E. 开放的市场环境

④网络营销通常采用（　　）方式进行。

A. 网上页面广告　B. 搜索引擎加注

C. 商业分类广告　D. 电子杂志广告

E. 交换链接等方式

⑤网络营销中的心理策略包括（　　）。

A. 创造良好的网络营销环境　B. 保持网络消费渠道的畅通

C. 保障网络交易的安全性　D. 培养网站管理技术人员

E. 加强网站管理

（3）判断题

①狭义的网络消费是指消费者通过互联网络进行购买商品的行为和过程。（　　）

②网络消费者所选择的已不仅是商品的实用价值，更要与众不同，充分体现个性和自身价值，这已成为他们消费的首要标准。（　　）

③网络消费者的需求分为心理需求和物质需求。（　　）

④在虚拟市场中人们希望满足兴趣需要、聚集的需要、交流的需要。（　　）

⑤网络消费者除了对支付手段不熟悉，对安全性能不放心等因素外，心理因素的影响也制约了网络营销的发展。（　　）

（4）简答题

①简述网络消费者心理特征的内容。

②网络消费者需求特征的内容。

③制约网络营销发展的心理因素主要表现在哪几个方面？

2. 实务训练题

【案例分析1】

案例资料：

体验营销，先用后买

2004年炎热夏日的一天，远在四川攀枝花市米易县的李老师，在网站上看到了泰豪科教2000的教育城域网管理软件的介绍，但对这套软件的适用性还存在很多疑惑，直接购买总觉得不放心。这时，清华泰豪技术服务部的小马在网络上为李老师推荐了"自服务"系统，李老师通过这套系统在网上试用软件一段时间后，他的所有疑惑都在系统的FAQ上得到了实时解答，于是便放心地在线购买了软件。可在之后组建教育城域网时遇到的技术困难无论是在网上交流还是打电话都无法准确地表达和沟通。在"自服务"系统中的技术人员了解了情况后，迅速远程登陆上了李老师的电脑，将问题一一解决。教育城域网的成功安装和优质的服务后续保障，让该软件随后在整个攀枝花的各个区县得到了推广。

这就是专注做校园教育信息化系统软件的北京清华泰豪智能科技有限公司（以下简称"清华泰豪"）在电子商务领域的新举措。"别人做电子商务多半重视支付、物流等环节，而我们做电子商务更加注重服务，而且是自助的智能化交互式服务，这是基于我们经营软件商品的特点而提出的，这种服务可以解决我们客户的后顾之忧，让他们能够轻松地购买和使用。"清华泰豪的总经理杜彬告诉我们，如今的清华泰豪能取得拥有3万多家客户，年收益名列行业前茅的业绩，很大程度都源于"自服务"的优势。

（资料来源：韩小红．网络消费者行为［M］．西安：西安交通大学出版社，2008：57.）

设计问题：

（1）消费者通过消费产品和服务而获得的亲身感受最有说服力，最能诱发购买欲望，你同意这一观点吗？说说你的理由。

（2）结合网络营销的现实，试从消费者心理角度分析体验营销的适用性和局限性问题。

【案例分析2】

案例资料：

将网站的参观者变成购买者

电子邮件总是能给人们提供产生和保留客户的新方法。以下是一个用电子邮件将网站的参观者转变成购买者的巧妙方法。这项技术用在销售多种商品的网站会有非常好的效果，当然，它也可以用在任何数量商品的网站上。

浏览者放弃浏览是很普遍的，这也是网络零售商的一个大问题。也许人们放弃浏览是由于你的网站导航不明确、价格不合适、商品不能满足或其他因素。但也有许多情况是和你的网站没有关系的。无论你的网站设计得怎么好，很多人是由于其他客观原因离开的，诸如：临时有急事待办、ISP出了故障、不明原因突然掉线等。也就是说，浏览者离开网站有许多不能被网站控制的原因，但有些办法是可以使这些浏览者返回来的。

通过cookie软件，网络营销商能够知道客户在离开前浏览了哪些网页及商品。于是，网站服务人员可以给客户发送这样一封跟进的电子邮件：

尊敬的客户：

感谢你昨天参观了我们的网站××××.com。在我们网站上看到你很高兴。

我注意到你在我们网站上呆了很短的时间就离开了。也许是一些事情打断了你，使你不能再接着浏览。

以下是你在离开前浏览的网页，万一你要继续浏览，请点击：

×××商品：

http：//www.×××.com/products/12903.html

×××商品：

http：//www.×××.com/products/13849.html

×××商品：

http：//www.×××.com/products/118594.html

如果你决定在本星期内购买以上任何商品，我们可以给你 10% 的折扣。在你结算时使用折扣码 123456 即可获得这一优惠。它的有效期到本周日，即×月×日 24 时。

最后，如果你想知道更多的没有做广告的商品或新的藏品，请到

http：//www.×××.com/news.html 订阅我们的实时通讯。

再次感谢你的参观。我们希望随时为你提供服务。

（资料来源：韩小红．网络消费者行为 [M]. 西安：西安交通大学出版社，2008：59.）

设计问题：

（1）学习了本案例，试分析将网站参观者变成购买者利用了消费者什么样的消费心理？并谈谈对你的启发。

（2）试着从网络中寻找类似更为有效的营销手段设计的实例介绍给其他同学。

【业务模拟训练 1】

网　络　购　物

训练目标：

熟悉网络购物的流程，体验网络购物的过程及感受。

训练内容：

从网上给自己购买一件适用的商品。

训练操作：

（1）结合所学的网络营销的相关知识，掌握网络购物的基本操作规程和要领。

（2）从网上查找网络购物的注意事项，并有意浏览 1—2 家网上商店销售的有关规则。

（3）根据自己选定的商品，试着从网上访问有关网上商店，草拟出自己准备购买商品的基本流程和有关货款结算和货物配送的明确要求的草案。并与其他同学交流，修改完善。

（4）在网上实施购买。

成果要求：

根据自己购买的商品，详细记录下你在网上寻找站点的过程与名称、商品成交过程、货款支付方式、货物配送方式等流程、规范和基本要求。并说明自己网上购物的主要心理感受。以文字报告的形式与同学交流并提交老师审阅。

【业务模拟训练2】

网络购物问卷调查

训练目标：

调查左邻右舍对网络购物的心理。从而了解网络营销存在的问题及网络营销的应对策略。

训练内容：

进行网络购物的问卷调查。

训练操作：

（1）在网上查找有关问卷调查资料，查找与网络购物相关的一些调查问卷的内容。

（2）根据实际情况，设计一份网络购物的调查问卷（问题在10—15个之间），征求老师和同学们的意见后完善问卷。

（3）利用周日或课余时间，调查20位邻居或附近居民（性别、年龄、职业要兼顾），了解他们网上购物的消费心理。

（4）对调查问卷进行整理、汇总、分析。

成果要求：

写一份800字左右的网络购物消费心理问卷调查报告（并附上调查问卷），在班级交流，并由老师点评。

主要参考文献

[1] 田义江等．消费心理学［M］.北京：科学出版社，2005.

[2] 刘佩华．营销心理学［M］.北京：机械工业出版社，2005.

[3] 齐常华等．消费心理学［M］.北京：清华大学出版社，2010.

[4] 冯丽华．消费心理［M］.北京：中国电力出版社，2010.

[5] 柴少宗．消费者行为学［M］.北京：清华大学出版社；北京交通大学出版社，2010.

[6] 徐萍．消费心理学教程［M］.上海：上海财经大学出版社，2008.

[7] 荣晓华．消费者行为学（第三版）［M］.大连：东北财经大学出版社，2009.

[8] 唐赤华等．消费者心理与行为［M］.北京：清华大学出版社；北京交通大学出版社，2007.

[9] 申纲领．消费心理学［M］.北京：电子工业出版社，2007.

[10] 臧良运.消费心理学［M］.北京：电子工业出版社，2007.

[11] 刘志友、聂旭日.消费心理学［M］.大连：大连理工大学出版社，2007.

[12] 刘鲁蓉.消费心理学［M］.天津：天津大学出版社，2007.

[13] 贾妍、陈国胜.消费心理运用［M］.北京：北京大学出版社，2010.

[14] 谢忠辉.消费心理学及实务［M］.北京：机械工业出版社，2010.

[15] 肖涧松.消费心理学［M］.北京：高等教育出版社，2010.

[16] 廖晓中.消费心理分析［M］.广州：暨南大学出版社，2009.

[17] 韩小红.网络消费者行为［M］.西安：西安交通大学出版社，2008.

[18] 单凤儒.营销心理学［M］.北京：高等教育出版社，2009.

[19] 梁汝英.消费者行为学［M］.重庆：重庆大学出版社，2004.

[20] 毛帅.消费者心理学［M］.北京：清华大学出版社，2009.

[21] 李晓霞.消费心理学［M］.北京：清华大学出版社，2010.

[22] 刘志友.消费心理学［M］.大连：大连理工大学出版社，2007.

[23] 刘国防.营销心理学［M］.北京：首都经济贸易大学出版社，2007.

[24] 张丽莉.消费心理学［M］.北京：清华大学出版社，2010.

[25] 王春利.消费心理学［M］.北京：首都经济贸易大学出版社，2006.

[26] 冯丽云.营销心理学［M］.北京：经济管理出版社，2004.

8.4.4 异常情况管理

机械、设备、设施和使用的物质等的情况出现不正常变化，这种变化极可能导致事故发生，必须实施应急的处置，这个事态一般称为异常情况，有以下四种情况。

失调。虽然是不正常的混乱情况，但不停止施工，可恢复正常的情况。

故障。机械停止运行，需要采取修理或处理等措施，但没有发生人身伤害及设备以外的损伤。

事故。已造成人或物的损害，也包括突发性的设备故障等。

灾害。发生人身伤害、火灾、爆炸等事故，或发生自然灾害(包括台风、洪水、大规模地震等已发出警报的情况)。

1)异常情况的发现和预知

异常情况的发现包括施工中突然发生的情况，第三者发现并通报的情况及安全检查时发现的情况。在多数场合下，检查时发现的情况是尚未造成严重后果的情况，但已发生或将要发生，这样就可早期控制。所以，必须通过检查制度的有效利用，努力做到早期发现。

异常情况的发现和预知方法：

(1)利用五感。看(外观、动作、泄漏、烟、火花)；听(异常声音)；触(振动、不稳)；嗅及尝(异味)。

(2)仪器仪表的监测。安装在设备上的仪表指示和便携式仪器的测定值异常，警报和预报装置的动作等。保持测量设备、报警和预报装置、设备仪器仪表的灵敏可靠性是十分重要的。

(3)根据情报的预知。天气预报、灾害通报、宣传报道、台风和地震预报、警报的发布等都是预知异常情况是否在本地区，本单位发生的情报。

2)异常状况下的联络

(1)紧急联络体制。为了建立紧急情况下尽可能迅速地实现内部及外部的紧急联络，必须建立适宜的联络体制和网络。联络网包括：

①与消防中心直通紧急电话；

②其他有关部门电话；

③有关部门电话和有关人员移动电话；

④明传电报

⑤便携式扩音设备

⑥其他。

总之，建立紧急联络体制时的时间要求很紧迫，必须事先决定好联络部门、联络人员和联络手段。

(2)统一施工地点名称。在发生紧急情况时，为了及时地迅速将多数的有关人员和必要的机械、材料集中到出事现场，平时就需要各工作场所建立统一的适宜该点确切的名称，避免出现差错而误时误事，建立日常的工作系统的统一名称用语也是十分必要的。

(3)明确指挥人员。紧急情况下的统一指挥是关键，因此必须明确总指挥和各个部分的指挥负责人。

3)异常情况处置

异常情况是多种多样的，只有根据设备、机械等的构造和性能，设备和物质的状况，从过去的案例作出正确的控制对策。

异常情况发生时，应根据情况采取下列有关措施：

(1)确认异常情况，判断必须采取的措施；

(2)组织人员采取适当应急措施；

(3)与有关部门联系，求得必要的协助；

(4)根据需要隔离无关人员，如有危险，应停止施工和回避危险区；

(5)向上级报告有关异常发生的状况和情况，紧急处理情况以及有关必要的对策等；如上级领导指示需要立即实施的事项，应在应急处置中实施；

(6)支援队伍到达时，应确定指挥者和施工分配，同心协力控制和消除异常，避免盲目行动；

(7)上级到达时，应报告异常状况的处置事项，并听取下一步指示。

发生异常时，一定要沉着、迅速地采取对策。同时，必须以指挥者为中心采取统一的行动。但特殊情况下为控制或消除异常以及进行现场抢救时，允许个人自主行动。

为在实际中发生异常情况时，能够随机应变地处置，必须通过日常防灾知识的教育培训，具备对付异常情况的能力。

8.5 安全活动

沥青路面养护机械使用单位应积极组织、开展国家、省、市规定的“安全生产月”、“反三违月”、“安全活动日”等专项安全活动。广泛开展安全宣传活动、安全教育活动、安全竞赛活动、安全科技等活动，以提高全员安全意识，激发广大干部员工对安全生产的责任心与使命感。

组织开展消防演练、现场模拟、应急救援等活动，使职工熟练掌握消防器材及劳动防护用品的正确使用，对可能发生的险情做到正确判断、处理、求生。

组织开展安全生产竞赛，争创“安全生产先进单位”、“安全生产先进集体”、“安全生产先进个人”等活动。另外，可根据本单位实际，在施工生产过程中，开展无事故运动、4S 活动、隐患排查活动、安全自主活动等群众安全自主管理活动，以提高基层安全管理水平。

8.5.1 无事故活动

无事故活动是一种“全体人员参加的预先确保在现场的安全和健康”的尊重人、爱惜生命的活动。无事故活动以“基本观念三原则”为立足点。

(1)无事故原则。无事故是指发现并整改隐藏在现场的所有隐患，而从根本上消灭生产安全事故。从对人的爱护观点出发，从最高意义上讲，指“不能使任何人受伤害”。决心达到绝对无事故，并加以宣布，是这个活动的出发点。

(2)“先下手”的原则。为达到绝对无事故，必须“先下手”采取安全措施。也就是在行动前预知、预防，发现和把握现场的一切事故隐患，通过采取措施来预防和防止事故的发生。即使是可能发生的擦伤或碰伤等这类小事故，也应高度重视，并切实地加以解决。

(3)全体人员参加的原则。在推进以无事故为观念，采取“先下手”的措施时，必须由全体人员参加。为解决伴随施工而产生的危险，在各岗位上，以全体人员都加入以实施的氛围来解决问题。施工人员本身也应根据上级的管理和各种实施方案，创造一种自主解决危险的气氛。

无事故活动的方式很多，被普遍采用的有：

(1)履行确切的施工指示和复述汇报。确切的指示和命令及其正确的传达和实施，对确保沥青路面养护机械施工现场的安全是极为重要的。管理监督者要每天下达与施工有关的命令和指示，但要下达适合该时、该场合、该人的确切指示是困难的，所以要对管理监督者进行施工指示培训，要不断地实践、总结，以提高管理水平。

施工指示通常包括下述六个要素(简称 5W1H)：

①为什么，施工目的(Why)；

②什么时候，日、时(When)；

③什么地方，场所(Where)；

④什么内容(What)：

⑤施工者是谁(Who)：

⑥如何做，方法(How)。

复述。施工指示结束时，必须让施工者复述隐患排要点，确认对特定施工者叮嘱、告诫、传达了指示的内容。

汇报。施工完成时，施工者要向指示者汇报是否能按指示完成，存在什么问题或危险。如不能按指示所规定完成，必须立即采取相应措施。

(2)开展安全无事故竞技活动。安全竞赛及安全技术、技能竞赛多种多样，旨在推进安全无事故活动，提高安全知识水平，强化安全意识，提高安全操作技能等。有代表性的如安全技术比武或安全知识竞赛等。

(3)无事故记录竞赛。这是开展长周期无事故活动的重要内容之一。参赛可以是班组与班组之间、项目部与项目部之间，也可以是个人之间。

(4)其他。如急救方法比赛。进行小组或个人之间的急救方法比赛，进行小组或个人之间的急救方法比赛，防火、灭火比赛，可燃物、危险物品的识别等。

8.5.2　5S 活动

5S(整理、整顿、整备、整洁、修养)活动不仅是安全管理的基础，也是所有生产管理工作的基础。有的单位根据业务内容从中选取四项内容而称 4S 活动；有的单位把教育培训内容列入而称为 6S 活动。5S 活动包括以下五个方面的内容：

整理。把必要的和不需要的物品区分开，将不需要的扔掉或处理掉。

整顿。把必要物品有序化，排列整齐，便于需要时能安全取出。

整备。做好设备维护工作。

整洁。维持“整理、整顿”情况，将垃圾、粉尘等污染物及时扫除，使设备，仪器一目了然，同时便于尽快维修检查，提高设备等的利用率，也达到操作安全可靠的目的。清洁的工作环境可使操作者心情愉快，也可提高效率及产品质量。

修养。讲文明、守纪律、懂礼貌。

1)5S 活动的具体内容

(1)紧急出口、消火栓、灭火器、电动机、配电盘等前面 2m 内以及通向上述场所的通路上不得放置物品；

(2)通道、出入口、楼梯、高处的走廊以及沥青路面养护机械上不得放置物品；

(3)物品应放置在规定的场所，堆放要正确和稳定；

(4)不得在开关箱中放置物件,物件的堆放应考虑堆放方法;

(5)氧气瓶、乙炔气瓶和液化石油气瓶使用后必须盖上盖子并立即收检好;

(6)不要把危险物品放在一起(明火和可燃物、氧气和油脂类、可燃性气体、碳化物和水等不能置于一起),应分开存放;

(7)经常准备好工具和器具,并保管在规定的场所;

(8)沥青路面养护施工终了后进行现场清理;

(9)把扫除用具正确存放在规定场所;

(10)应按规定的方法处理废品和尘土;

(11)经常保持休息场所的清洁。

2)开展5S活动的条件

(1)应使工作现场全体人员理解5S活动的必要性,认识到"不进行彻底整理的场所没有安全",积极参加5S活动;

(2)使全体人员详细知道5S活动的具体内容和实施方法;

(3)确定整理的范围及责任者;

(4)应由监督者带头进行场所整理;

(5)班长应不断检查和指导工作现场的5S活动;

(6)5S活动不只是一时的,而是长期的。

3)5S活动持续推进的方法

(1)作为班组制度来检查和纠正;

(2)定期进行活动开展情况检查、评比;

(3)进行与其他工作现场相互检查,学习对方的经验和做法;

(4)每月开展一次全面检查,纠正不正确做法的活动;

(5)督促有关部门、人员进行废弃材料的规范处理;

(6)对于闲置物品的处理,应向上级申报。

目前有的单位实践中提出5ST(T表示滞留),即5S活动的持续与保持。

8.5.3 隐患排查活动

能够及时发现事故隐患,是安全行动的出发点。隐患排查活动就是预防为主的具体有效措施。隐患排查活动,不光要看到眼前的危险,还要看到今后的危险,提前发现事故隐患,以便采取有效措施排除或避开。

为了随时确保沥青路面养护机械施工现场的安全,在沥青路面养护机械施工现场工作巡查或安全巡查中,能较短时间,发现、把握和解决现场或施工中存在的事故隐患,同时使每个施工者对危险的感受性和解决问题的紧迫感以及解决问题的能力都不断得到提高。

隐患排查培训就是在现场进行的班组活动。它的特点是:

(1)根据现场或施工状况中的事故隐患所引起的现象(事故)作为经验教训,从中再认识;

(2)自然形成现场的自主活动小团体;

(3)用很短的时间,在施工行动前进行商议、分析和总结;

(4)确认对危险点或重点实施项目的安全措施。

隐患排查培训是解决实际问题的培训。在一些单位中,往往将隐患排查培训与手势、呼唱活动有机地结合起来，即经隐患排查培训后，对施工要领和当时当地的情况，用手势呼唱来确认，这种活动方式容易接受、感受深、易记易行。

隐患排查活动开展的原则如下：

(1)隐患排查的课题应能迅速和正确地进行。仅凭“每月一次相当长时间的会议来讨论安全问题”，不能及时根据现场条件和工作情况来确保安全。要利用每日的很短时间的碰头，来推进根据当时当地的情况的隐患排查进行会商。“全体人员迅速地正确地预知危险”，可以说是推进将要进行的施工安全的决定因素。但“迅速地”与“正确地”常常是矛盾的，“迅速”就易马虎、遗漏，“正确”就需要时间。在现场沥青路面养护机械施工现场就不能使“迅速”和“正确”成为对立，而要经过反复地培训，从易到难，从少到多，从需要长时间到很短的时间内解决问题，如从 30min 的解说和会商，减少到只需 3min 就可以了解排查的要点。为节省时间和接近实践，全体人员站着进行。

(2)每天实行、经常实行。每个月即使进行一次长时间艰苦的培训，也不可能使大家在感受性方面保持高的水平，所以每天进行培训是非常必要的，称为“每天碰头，每天培训”。在工作开始到达现场时，或在施工过程中或午休、午后施工开始时，或工作结束时等，都应以沥青路面养护机械施工现场的监督者或领导为中心，用 3～5min 时间对将要进行的施工商讨“隐藏着何种危险?”这种短时间的隐患排查活动，无论如何都要在日常施工中固定下来。如果没有隐患排查培训，就不可能进行快速而正确的隐患排查，没有经常、反复的培训就不可能把小组或每个成员的感受性保持在较高的水平。

(3)创造活跃气氛，真诚对话。由于成员即使每天开展“岗位碰头会”、常常进行隐患排查，但不一定得到理想的效果，如出现客客气气和不坦率的情况，则使小组的活动气氛沉闷。解决的方法是热烈地进行，如在一间屋里几个小组同时讨论同一个题目。在这种活跃的场面下，发言自由和坦率，容易获得预期效果。

隐患排查活动首先确定领导和记录员。隐患排查一般有四个阶段：

第一阶段，全体人员寻找解说图中隐藏的事故隐患，讨论推想这些事故隐患会引起什么现象(事故)，“由于××，会造成××”，“如果××做就会造成××”，做好记录。主要事故隐患一般不多于 5 个。

第二阶段，经会商，用记号◎来表示特别重要的危险，用记号 0 来表示其中主要的项目。必须是经大家商定都一致认为该项是最危险点的才打◎号。

第三阶段，对于标有记号◎的重要危险，全体人员慎重考虑如何做才能解决，具体地定出可能实行的对策，其他各个因素也相应会商出对策。

第四阶段，用记号◇表示重点实施项目，为实施这些项目，设定小组的行动目标，并取得全体人员的赞同。

在执行新隐患排查时，必须确定针对事故隐患实施对策时在现场用的手势和呼唱项目，并演练 3 次。

进行隐患排查活动，必须具备以下几个条件：

(1)准备的物品，如解说图、道林纸、黑板等；

(2)小组的组成通常是 5～7 人一组；

(3)职务分配，确定主持和记录员，也可根据需要确定发言者；

(4)时间分配和项目数，各个阶段占用几分钟，各个阶段包括几个项目等，都要预先加以确定，并使每个成员知道。

8.5.4 安全自主活动

安全自主活动是以“自己的身体自己保护”的意识和“从自己的工作岗位消除不幸的工伤”的立场出发，在沥青路面养护施工的现场进行为保证安全而由全体人员参加和进行的自觉的安全活动。

有效的安全自主活动来自于“与单位的安全管理相协调的，一体化的自主活动”。沥青路面养护作业现场的安全自主活动是以小组形式进行的，以解决和保持安全意识的不断提高，事故隐患的排除。这样就能在不增加或少增加投入的情况下，也能保持安全生产形势的稳定。

安全自主活动的内容如下。

1)提高安全意识

安全生产事故是人的不安全行为和物的不安全因素结合的结果，全体沥青路面养护施工人员应时刻注意，在自己的周围是否存在有危险因素，如何使用机械、材料、工具才能不发生事故，能做到这些就是有了安全意识。

对于所存在的危险，人的意识和行动经常会出现偏差，本能的安全意识适应不了复杂的生产环境，特别是对安全没有认识、对危险没有具体知识的人，更易出现偏差。十分谨慎的人，有时也会出现偏差而导致事故的发生。因此，应避免偏差和粗心大意，在依靠技能的同时始终要有注意安全的习惯。

实际上，安全管理就是依靠和提高安全意识、提高和维持安全意识的方法。

2)排除事故隐患

事故隐患，有可能就是隐藏的“工伤趋势”，因此进行沥青路面养护施工前后都要自主地根据事故隐患的内容立即实施对策，花时间进行纠正，这就是“首先要排除危险”的原则。

3)正确对待人的心理

应该充分了解人在安全方面的很多欠缺，从人的生理和心理的自然因素上讲要正确对待。

(1)误认和错觉。错误地操作开关和阀门，用手触及危险物等实例数不胜数。在生产施工中为防止误认和错觉，就要设法避免以下容易产生误认和错觉的心理情况：强烈的愿望、先入为主之见、情绪高涨、疲劳、担心、急躁等；缺乏培训或经验不足；天真地观察某种情况等。人的这些情况不是人人所能轻易完全避免的，但要进行指导，努力避免，而且只有依靠自主自觉才能避免。

(2)疏忽。注意力不能长时间集中或注意力分散，是人们很难克服的弱点。在不能疏忽的沥青路面养护施工中发生了疏忽，就会造成事故。

(3)意测判断。意测判断常常是“以前是这样的，这次也是这样的吧”简单的判断。对变化的东西以及沥青路面养护施工中存在的各种各样的未知数，根据意测判断是危险的。习惯性违章操作就是这样。因此，全体沥青路面养护施工人员要在正确判断的基础上进行确认。

(4)近道反应，省略行为。人在做某件事时，图省事、尽快而简单地完成，遇紧急或认为麻烦的情况下，这种想法会变得很强烈。明知有一条安全通道，但仍有人常常走危险场所的近道，对确定的工作偷工减料、省略检查和确认、不使用防护用品等工伤常常因此而发生。

4)培养工作岗位上的创造精神

创造精神对解决工作现场的安全问题非常重要。接受上级指示和借助专家的能力解决一部分问题，大量的问题必须自主地解决，因此需要培养独创的见解和解决实际问题的技能。

8.5.5 安全自主活动的推进

以小组的形式推进安全自主活动时，最好像QC小组活动那样编成小组，小组选定负责人，具体地确定活动题目和时间及任务分工。安全自主活动应根据工作现场的实际情况进行，用已确定的方式推进，使用方法如：

(1)开好班前碰头会，把要注意的问题讲清楚；

(2)召开工作现场恳谈会；

(3)安全巡视、安全值班制度；

(4)安全ZD活动，安全提案；

(5)每月的安全目标；

(6)隐患排查活动，事故案例的探讨，排查事故隐患；

(7)安全标语，告示板的利用；

(8)提高安全意识，调动职工主观能动性。

8.6 安全检查

安全检查是指对沥青路面养护机械施工过程及安全管理中可能存在的问题与事故隐患、缺陷等进行检查，以确定事故隐患、缺陷的存在情况，以及他们转化为事故的条件，以便制定整改措施，消除事故隐患，确保生产安全。

安全检查时应注意：

(1)应使沥青路面养护现场的有关人员理解安全检查的意义。

(2)检查者要在安全行为方面应始终作出榜样。

(3)应考虑到沥青路面养护施工者的安全。

(4)不要在沥青路面养护现场采取吹毛求疵的方法和态度。

8.6.1 安全检查的种类和主要内容

安全检查一般有：日常检查、定期检查、不定期检查、安全巡视等。检查次数和时间取决于检查内容、紧急程度、施工的情况等。

(1)每年一次对单位安全情况，沥青路面养护机械的维护等以及存在的问题进行全面的检查了解。

(2)年度审验检查，根据单位具体情况，由沥青路面养护机械管理人员、安全管理人员、技术人员组成检查组，对沥青路面养护机械安全技术状况进行全面的安全检查与审验。这种检查是根据制订的检查表进行，并涉及沥青路面养护机械技术、安全技术、安全防护等各个方面，每年初或年底进行一次。

(3)安全负责人员巡查。安全管理者每月进行多次巡视检查，以了解掌握沥青路面养护施工现场的变化情况，以便及时研究对策。

(4)安全员对所负责沥青路面养护机械范围内的施工现场进行日常巡视检查和指导纠正工作。

(5)班组长，每班进行沥青路面养护施工前对本班人员的精神情况、情绪进行询问检查，并对本班施工区域内及周围的危险点、重点危险源进行巡视检查。

(6) 沥青路面养护施工人员在进行施工前对岗位及周围进行自主安全检查，并检查劳动防护用品的穿戴是否符合要求。

(7)安全点检。安全点检是指沥青路面养护施工者在施工进行前对操作的沥青路面养护机械及其环境的检查。主要内容有：沥青路面养护机械操作条件、工具材料堆放、沥青路面养护机械安全装置、可能发生坠落物及撞头的物体等。

安全点检的方法是根据制订的环境安全检查内容(点检表)进行逐一检查。根据机械的结构特点及其危险程度，安全点检分为：

①每日安全点检。沥青路面养护施工开始时进行，根据需要决定每日点检次数，沥青路面养护机械外观判断。

②每周安全点检。不可能每天发生异常的地方，每周对沥青路面养护机械重要部位外观进行检查或根据特定需要进行。

③每月安全点检。沥青路面养护机械容易发生损伤的重点部位，外观难以发现的要做必要的拆检。

④定期安全点检(半年一次)。

⑤每年定期安全点检。

8.6.2 编制安全检查表

(1)检查表的项目。每个检查沥青路面养护机械都应制订检查表，检查表除检查日期和检查者姓名外，应包括检查项目、检查内容、检查方法、判定标准、判定结果、备注等项目。

(2)制订检查表时的注意事项。其具体内容如下：

①检查表内容要具体，在什么地方有什么危险，什么样的行动是危险的，分析过去的灾害案例，对所管沥青路面养护机械及其作业情况进行精密的检查和确定。

②表达上要易懂和正确，特别要避免对检查表有不同的理解，必要时要在备注栏作补充说明。

③因地制宜，即使同样的沥青路面养护机械，在很多情况下，速度、质量、用途和使用条件也有不同，不能照搬其他单位或现成的安全检查表。

8.6.3 检 查 结 果

(1)对检查结论要慎重。如对检查结果拿不准时，应与有关人员一起进行再确认，听取有关人员的意见，并与现场人员交换意见。对造成该情况的原因要进行认真的探讨。

(2)隐患整改对策。一般应由有关人员认真讨论、确立隐患整改对策，对策的方案要具体，避免难以落实。

(3)隐患整改对策的实施。对于检查人员和现场人员的权限能实施的对策应直接实施，并制订实施计划、确定完成日期，落实实施责任者。直接实施有困难时，应立即采取应急措施，同时研究实施对策的时间和必要条件的准备。检查结果的记录，隐患整改情况以及对检查结果的处理措施要一并妥善保存。

以下是安全检查制度实例。

安全检查制度

第一条 安全检查是消除隐患、防止事故发生、改善劳动条件的重要手段。各单位要建立健全安全检查制度。安全检查采取定期和不定期检查相结合，全面检查、抽查、重点检查、专项检查相结合的原则。

第二条 公路管理局安全委员会每季度进行一次安全大检查，并根据省、市政府及市交通局要求和安全形势进行不定期安全检查。

第三条 安全检查的主要内容包括：

(1)检查安全管理组织机构建设及运行情况；

(2)检查安全工作各项规章制度的制订、执行情况；

(3)安全生产管理“一岗双则”责任制落实情况；

(4)安全消防、特大安全生产险情及事故应急处理预案制订和落实情况；

(5)单位安全(管理)评价标准实施落实情况；

(6)对省、市、局及各单位检查出的事故隐患整改落实情况；

(7)检查施工生产施工现场是否符合安全生产要求；

(8)检查各单位领导、职工对安全生产重要性的认识。

第四条 各单位根据本单位安全工作情况，每季度至少应组织一次安全大检查。各分队或项目部至少每月组织一次安全检查；分部或班组至少每周进行一次检查。节假日及专项活动期间要组织进行专项安全检查。

第五条 安全检查本着突出重点的原则，对于危险性大、易发生事故、事故危害大的生产系统、部位、装置、设备等要加强检查。一般要加强对以下对象的安全检查：易燃易爆物品，锅炉，压力容器，起重、运输、电器设备，高处施工和本单位易发生工伤、火灾、爆炸等事故的设备、工种、场所及其施工人员，以及直接管理危险点和有害点的部门及其负责人。

第六条 各施工、生产、经营单位还要根据生产情况，由生产负责人或安全人员进行经常性安全检查，检查中要抓住易发生和可能发生事故的主要环节进行检查。根据季节变化，进行季节性检查。如冬季防冻、防火、防中毒检查；夏季防暑降温、防汛防洪、防雷电检查等。

第七条 各单位定期聘请有关专业人员对锅炉、压力容器、防火、防爆、电气及防护、信号装置等进行安全可靠性专业检查。

第八条 岗位操作人员对所用设备的安全防护、信号装置、每班都要进行逐项检查，并做好交接班记录。

第九条 施工现场管理人员对施工现场必须认真检查，发现违章指挥、违章施工、违反劳动纪律的人和事应立即制止。

第十条 安全检查要有方案、有记录、有专项档案资料。对查出的不安全问题，要及时整改，要做到有始有终。对查出的事故隐患，要下达“隐患整改通知书”，并督促落实整改。检查记录应包括检查时间、检查地点、检查内容、查出问题及其处理意见，检查记录要有检查人员和被检查单位负责人签名。

第十一条 对安全检查情况，应按上级要求，按时上报书面材料。

8.7 工伤事故管理

避免沥青路面养护机械事故及其作业过程中的事故的发生是安全管理的目标。然而无论安全工作如何周密，事故总是难以避免的。当沥青路面养护机械事故及其作业过程中的事故发生时，为了避免或减少事故的损失，应对紧急情况，我们应做好应急与急救的组织、准备和处理工作。

未雨绸缪、常备不懈，才能在沥青路面养护机械事故及其作业过程中事故发生的紧急关头迅速采取措施，从容应对紧急情况。这就需要周密的应急计划、严密的应急组织、训练有素的应急队伍、快捷的联系网络、完备的应急设施和有效的快速反应机制。

快速反应和正确决策是处理紧急事故的关键。快速反应是指：迅速查清事故发生的位置、环境、规模及可能发生的危害；迅速沟通应急救援领导机构、应急救援队伍、辅助人员以及灾区内部人员之间的联络；迅速启动各类应急设施，调动应急人员赶赴现场；迅速组织医疗、后勤、保卫等队伍各司其职；迅速通报故事或灾害的情况，做好各项必要准备。

公路沥青路面养护施工单位从事的多是野外露天作业。各种恶劣的自然环境，如台风、地震、雷雨、潮汐、泥石流等均有可能对施工人员、施工设备乃至沥青路面养护工程本身的安全造成威胁，因此，做好事故的应急工作，是十分必要的。

8.7.1 事故发生时的措施

(1)救出受伤者。万一发生工伤事故，必须采取能够确保进行救出伤者的顺序和方法，把受伤者尽快从危险区域转移到安全场所。这时管理人员的正确判断是最重要的，决不能失去镇静或无防备地突然进入危险情况。如在电源未被切断的情况下，赤手空拳救助触电者；不佩戴呼吸器就进入有毒气体或缺氧场所进行救援等。

(2)急救处置。急救处置是在医生开始对受伤者进行诊疗前，临时采取的抢救措施。针对各种类型的受伤者采取相应的处置方法，这是一种实用技术，必须通过平时的反复培训才能掌握。因此，沥青路面养护机械使用单位有必要平时对全体人员进行急救培训。

(3)联络。在进行急救处置的同时，必须迅速与有关人员联络。请求救护车、急救部门，根据事故报告，做好准备，配置必要器材，安排适当的医生，并用最短的时间到达现场，所以请求急救车时必须确切地传达下列要点：

什么时间——发生或发现的时刻；

什么地方——发生工伤的场所、设备：

什么人——单位、受伤者姓名(不能判明时只说单位)、人数；

受什么伤——伤者受伤状况和程度；

当时情况——急救处置状况；

车到何处——急救车到达位置；

其他——如现场附近有特别危险性，提醒注意事项等。

与上级联系：逐级上报事故情况；必要时向当地政府或援助部门汇报和联系；与家属联系，除受轻伤及受伤者本人不要求告诉家属而不联系外，一般都要及时和家属联系。在这种情况下，由于医生还未诊断，所以要亲切、简洁地告知家属被伤害人员的受伤情况、送达的医院及地址等，请家属到医院。但要考虑到不使家属过分地不安和受到打击。

(4)现场保护。急救车将受伤者送往医院时，应选择能说明工伤发生情况的人作为护理者；同时，现场留下可详细了解工伤发生状况的人员保护好现场。

现场保护是为了进行事故的现场调查，所以要禁止无关人员进入，并终止必要范围内的有关施工。在必要的范围内用绳索圈围，并张挂为保护现场所需的禁止入内的标志。按原样保存好发生事故时的状况；为救助受伤者或防止事故扩大进行应急措施而变更现场是允许的，但要尽可能留下标记。

(5)事故调查。工伤事故调查是实施适当对策的第一步，最重要的是了解真实的情况。工伤事故调查事项如下：

①收集工伤发生前的某一时刻到事故发生时的情况，从人、物和管理方面尽可能多地收集与工作有关的事实；

②把真实情况作为事实记录，现场推测和论证作为参考记录；

③站在第三者的立场，两人以上进行全面的调查和取证；

④向受伤者了解工伤发生状况(应先稳定受伤者的情绪)；

⑤根据调查的初步情况写出报告。

⑥恢复现场。工伤现场调查结束后，向上级报告现场已无保存的必要，经上级同意后恢复工作现场原状。恢复现场原状的同时，要进行清理工作。

8.7.2 事故原因分析与对策

为探讨防止再次发生沥青路面养护机械事故及其作业过程中的事故的对策，要及时召开由事故发生部门和有关部门参加的原因分析及对策会议。

1)分析原因

(1)根据调查结果了解工伤发生情况。

(2)不安全情况分析。主要是指出与工伤有关的不安全情况以及分析产生这种情况的背景。

(3)不安全行为分析。不安全行为主要指不遵守安全操作规程、施工标准或指示。有时虽然不能具体确定，但可能发生欠缺的动作行为，以致造成事故的发生。

(4)人的要素的欠缺分析。事故发生与个人的性格有什么关系，身体和生理上有什么欠缺，如是否受人体“生理节律”的影响等。

(5)管理要素欠缺的分析。是否有施工要领，检查体制、施工指示和教育指导等方面的欠缺。

(6)设备、技术上的欠缺分析。

进行上述分析，不能和责任分析相提并论。要明确并不是追究谁的责任，而是探讨防止不幸事故再次发生的对策，使参加者理解进行分析的目的以及听取参加者的意见。

2)对策及实施

针对原因分析而采取的防止沥青路面养护机械事故及其作业过程中的事故再次发生的对策，必须考虑到：

(1)对策包括与提出的原因直接有关的对策、具有辅助效果的对策以及能使对策效果持续的措施；

(2)应有实施的可能；

(3)虽有最佳的对策，但需要时间或暂时不能实施的，应制订当前能实施的应急对策；

(4)实施对策时如有可能对其他部门产生影响，或要求其他部门协助实施时，应具体商谈落实；

(5)应布置并实施防止类似事故的对策。

根据讨论记录，整理出包括确定由谁负责实施以及完成日期的对策及实施计划。

对策及实施计划完成后，把从事故的发生情况一直到预防再发生的对策，归纳调查等进行整理，按规定提出报告书，向单位或上级报告。

对已确定的对策要实施，并确认是否能按计划实施。

实施计划一旦下达就要监督其执行，并经常了解实施进展状况。

在按计划实施时，如发生问题应给予指导和妥善处理；与施工有关的方面，应督促其纠正和适应。

8.8 安全评价

对安全的评价，首先应是对人的不安全行为和物的不安全状态的评价。

8.8.1 对人的不安全因素的评价

如何使沥青路面养护机械的操作人员、维修人员、施工人员少出错误，是安全管理的重大课题。

对人的因素进行安全性评价的项目有以下几个方面：

(1)事故案例的收集和分析，已发生的事故是最好的教材。

(2)对职工的教育情况，内容包括：

修养教育——道德修养、人道主义；

技术教育——基本技术、施工安全标准；

技能教育——沥青路面养护机械的操作技术、维护技能教育。

(3)施工组织设计的审查。

(4)是否加强现场监督检查。现场监督检查是发现和纠正不安全行为的有力措施之一。

(5)沥青路面养护机械的操作规程和施工标准执行情况。评价操作人员在正常施工和非正常施工时是否遵守安全技术操作规程和施工技术规范。

人的因素比设备、工艺更加复杂，尤其人的性格、心理变化。为防止人为的错误，一般要从教育、管理、技术三个方面着手开展工作。

8.8.2 对沥青路面养护机械使用单位安全管理状况的评价

1)安全管理方针

(1)安全管理是否作为企业管理的重要组成部分；

(2)是否适当地确定了安全管理方针；

(3)方针中的内容是否正确和具体化。

2)安全管理组织

(1)安全管理组织的机构职能是否适当；

(2)安全管理的各有关人员的职责权限是否明确而适当；

(3)安全员的职责是否适当；

(4)安全委员会的组成是否适当；

(5)安全委员会活动进展情况如何；

(6)安全管理制度是否健全；

(7)安全生产责任制是否全面落实；

(8)是否层层签订了安全生产责任书。

3)安全管理业务

(1)安全管理部门的业务内容是否适当；

(2)安全投入是否适当；

(3)安全管理上必要的调查、统计进行得充分与否，统计资料应用是否充分；

(4)对外租设备的安全管理指导是否适当。

4)安全设施管理

(1)对危险地点的安全设施整顿得是否充分和及时；

(2)安全设施是否完好并充分发挥功效；

(3)对沥青路面养护机械是否进行了维护和技术改造工作；

(4)必要的安全标志是否齐全，位置是否显要。

5)施工环境管理

(1)对沥青路面养护施工环境进行的实地调查和了解是否充分，正确性如何；

(2)根据调查、了解的结果，是否充分采取了防止事故的措施；

(3)对一般的沥青路面养护施工环境的改善是否进行了充分的考虑。

6)劳动保护用品的管理

(1)发放的保护用具是否具备了必要的性能；

(2)必须佩戴保护用具的职工对保护用具的佩戴情况如何；

(3)保护用具的配备情况如何；

(4)保护用具的保管、交接情况妥当与否。

7)整理、整顿和清扫

(1)具体明确整理、整顿和清扫地点、范围是否恰当，实施方法制订了没有，正确性如何；

(2)职工对5S活动是否积极参加，执行情况如何；

(3)是否定期进行活动和检查；考核和奖励办法制订了没有；方法是否恰当。

8)运输安全管理

(1)是否制订了沥青路面养护机械运输安全计划，情况如何；计划的适应性如何，执行情况如何；

(2)沥青路面养护机械运输安全管理进行得是否适当；

(3)人力运输的管理进行得是否适当；

(4)场区内交通注意要点是否明确；

9)危险品的管理和事故预防

(1)危险品、燃润料及电解液等管理的有关规定是否建立，内容是否恰当；

(2)危险品的使用正确与否；

(3)对事故预防是否进行周到的考虑；

(4)有关灭火设备和灭火活动的组织适当与否，消防计划是否制订，是否经常对职工进行必要的培训。

10)安全教育培训

(1)安全教育的计划是否适当；

(2)安全教育实施的效果如何；

(3)是否充分进行了安全教育与培训效果的检查；

(4)各种安全活动的开展情况及效果如何。

11)安全检查与点检制度

(1)安全检查进行得是否恰当，是否形成了制度化、经常化；

(2)安全点检是否已经制度化；

(3)安全点检制度的应用效果如何；

(4)对安全检查和点检中发现的问题是否进行了认真的处理。

安全评价实际上是对安全管理进行全面的、广泛的点检，其水平可以从点检项目的全面性和各项工作进行的深度去判断。

有条件的沥青路面养护机械使用单位可以聘请外部专家参与评价，其意义在于发现自己不易发现或容易疏忽的问题，并指出科学的改进方法和措施。

参 考 文 献

[1] 中华人民共和国行业标准. JTG B01—2003 公路工程技术标准[S]. 北京:人民交通出版社，2004.

[2] 中华人民共和国行业标准. JTG D50—2006 公路沥青路面设计规范[S]. 北京:人民交通出版社，2006.

[3] 中华人民共和国行业标准. JTG F40—2004 公路沥青路面施工技术规范[S]. 北京:人民交通出版社，2004.

[4] 姚祖康. 公路设计手册——路面[M]. 北京:人民交通出版社，2006.

[5] 邓学钧. 路基路面工程[M]. 北京:人民交通出版社，2003.

[6] 沙庆林. 高速公路沥青路面早期破坏现象及预防[M]. 北京:人民交通出版社，2001.

[7] 郝培文. 沥青路面施工与维修技术[M]. 北京:人民交通出版社，2001.

[8] 周余明. 高速公路养护管理[M]. 北京:人民交通出版社，2001.

[9] 张铁. 工程建设机械管理[M]. 北京:石油大学出版社,2000.

[10] 张铁,等. 高等级公路养护机械[M]. 北京:机械工业出版社,2003.

[11] 中华人民共和国行业标准. JTJ 073. 2—2001 公路沥青路面养护技术规范[S]. 北京:人民交通出版社,2001.

[12] 中华人民共和国行业标准. JTG F40—2004.

[13] 中华人民共和国行业标准. JTJ 052—2000 公路工程沥青及沥青混和料试验规程[S]. 北京:人民交通出版社,2000.

[14] 何挺继,等. 筑路机械手册[M]. 北京:人民交通出版社,2001.

[15] 王松根,等. 山东公路养护技术应用与研究[M]. 北京:人民交通出版社,2005.

[16] 杨士敏,等. 高等级公路养护机械[M],北京:机械工业出版社,2003.

[17] 郭贵平,等. 高等级公路养护技术与养护机械[M]. 北京:人民交通出版社,2001.

[18] 高建立,等. 高速公路沥青路面养护关键技术与工程实例[M]. 北京:人民交通出版社,2006.

[19] 张铁,等. 高速公路养护机械[M]. 北京:石油大学出版社,2003.

[20] 虎增福. 乳化沥青及稀浆封层技术. 北京:人民交通出版社,2001.

[21] 孙祖望. 稀浆封层技术与设备的发展[J]. 交通世界,2006. 5.

[22] 交通部公路科学研究所. 微表处和稀浆封层技术指南. 北京:人民交通出版社,2006.

[23] 殷岳川. 公路沥青路面施工. 北京:人民交通出版社,2000.

[24] 美国沥青再生协会. 美国沥青再生指南. 北京:人民交通出版社,2006.

[25] 周宏春. 循环经济的发展模式与经济学分析. 中国科技成果,2007,14.

[26] 朱铁臻. 循环经济的理论基础是生态经济. 中国经济时报,2005-04-19.

[27] 薛学伟. 建设节约型社会和循环经济对工程机械产业的重要性. 国际工程机械.

[28] 拾方治,等. 沥青路面再生技术手册. 北京:人民交通出版社 2006.

[29] 张铁,等. 工程建设机械机电液一体化. 北京:石油大学出版社,2001.

[30] 陈拴发,等. 沥青混凝土设计与施工. 北京:化学工业出版社,2006.

[31] 田奇.混凝土搅拌楼及沥青混凝土搅拌站.北京:中国建材工业出版社,2005.
[32] 徐世法,等.沥青铺装层病害防治与典型实例.北京:人民交通出版社,2005.
[33] 孙祖望.沥青路面再生技术的发展与现状(一).建筑机械,2005,3.
[34] 孙祖望.沥青路面再生技术的发展与现状(二).建筑机械,2005,4.
[35] 贾建利,等.路面铣刨机养护.建筑机械与机械化施工,2005,8.
[36] 马韶阳,等.就地冷再生剂喷撒系统设计.筑路机械与施工机械化,2007,9.
[37] 田流.现代高等级公路养护机械.北京:人民交通出版社 ,2003.
[38] 张铁,等.间歇强制沥青混凝土再生机双层滚筒设计//中国公路学会筑路机械分会第16届学术年会论文集.北京:人民交通出版社 ,2007.
[39] 公路筑养路机械保修规程汇编.北京:人民交通出版社,2002.
[40] 20. Prithvi S. Kandhal, Rajib B Mallick Pavement Recycling Guidelines for State and Local Governments-Participant's Reference Book FHWA-SA-98-042 December 1997.